CONNAIS-TOI TOI-MÊME

LUCIEN JERPHAGNON

CONNAIS-TOI TOI-MÊME

... et fais ce que tu aimes

Préface de Stéphane Barsacq

ALBIN MICHEL

À Jean d'Ormesson

« Ad augusta per angusta. »

Victor Hugo, *Hernani*

PRÉFACE

Lucien Jerphagnon, une recherche ardente

I

Tant va le voyageur à Rome qu'à la fin, il y demeure. Rome chemine avec lui. Rome ? Je veux désigner le point de chute de la pensée grecque à dater du Ier siècle avant notre ère, autant que l'ouverture à l'aventure moderne, celle d'un christianisme qu'elle accueille et qu'elle abrite depuis déjà près de vingt siècles. De l'Académie de Platon au Vatican des papes, Rome tisse un lien entre tous les âges et toutes les traditions occidentales : la louve y répond à l'aigle ; les gladiateurs y côtoient dans le sang les martyrs glorieux promis à la couronne éternelle ; et la Messaline de Suétone y fait pendant à la *Pietà* de Michel-Ange. Entre meurtres et prières, complots et conciles, celle qui fut longtemps la capitale de la Méditerranée – donc du monde – a assumé mieux qu'aucune autre cité sa vocation à diriger ce qui prétend à l'universel : les arts, les lois et les armes. Vaincue par les Barbares, Rome a néanmoins conquis le monde par deux fois – grâce à César, puis à Jésus –, alors qu'Athènes n'a pas survécu à l'Antiquité. D'ailleurs existe la même nuance entre les deux villes que celle qui départage l'exil et l'asile : on choisit l'une ou l'autre pour s'enfuir ou se réfugier ; à l'une, la part du passé révolu ; à l'autre, celle du présent perpétuel, qui s'enfante à soi. Car, à l'échelle des siècles, même si Venise et ses marchands ont capté l'Asie au Moyen Âge, même si Florence et ses banquiers ont tenu l'Europe au *Quattrocento*, pour ne rien dire de Paris au XVIIIe siècle, de Londres au XIXe, de New York au XXe, Rome n'a pas cessé d'être à l'avant-garde de la catholicité. Mais derrière la catholicité, qui a réinventé à son usage l'héritage de Jérusalem non moins que celui de Caton et de Cicéron, perce toujours une autre musique : une musique que les siècles se sont répétée, une musique qui se compose d'*intervalles*. Il faut avoir foulé une fois, fût-ce en imagination, les pierres qui cerclent le Colisée – *opus incertum* – et s'être promené au gré de rues sans âge, qui débouchent sur des places d'une féerie telle qu'elle exige que l'eau épouse le marbre, pour admirer ce qui fait de cette ville, mieux qu'un musée, et le plus grand qui soit à l'échelle des siècles et des cieux – un seuil fait pour être franchi, et dont les clefs ne sont ni aux Césars, ni à saint Pierre, mais à qui exerce sa joie. Partout, à perte de vue, ce ne sont que stades, thermes, villas, églises couleur d'ivoire, pans de murs jaunes, ocre ou rose thé, et vols d'étourneaux qui percent les nuages ; mais surtout, sur un pied d'égalité, le passé, le présent et l'avenir, tant c'est le miracle de ces ruines mêlées aux palais et aux maisons, qu'elles entretiennent dans une même clameur les souvenirs et les prophéties.

Mais de quels souvenirs, de quelles prophéties s'agit-il ? À Rome, les empereurs philosophent : c'est Marc Aurèle et ses *Pensées* ; et les évêques sont des empereurs : c'est saint Augustin et sa *Cité de Dieu*. Double prodige en vérité. Des prodiges que l'on retrouve dans l'une des basiliques les plus étonnantes de la ville, dont la configuration est à l'image de l'œuvre et de la pensée de Lucien Jerphagnon – voyez se lever Saint-Clément-du-Latran. Rien toutefois qui distingue cet édifice imposant des autres, pourrait-on croire, n'était sa construction étagée sur plusieurs niveaux, assez profonds, qui ne se découvre que les portes franchies. Fondé sous la république s'élevait d'abord un temple ; à ce temple en est venu se superposer un autre au IIe siècle : celui-là dédié à Mithra dont on sait seulement, dans les dévotions des Romains, qu'il fut un rival oriental du Christ. On peut voir la pierre qui représente le sacrifice d'un taureau par le jeune dieu, une scène d'autant plus terrifiante qu'elle se déroule plusieurs mètres sous terre. Quand on remonte, l'église offre un aspect lumineux, grâce à Masolino – l'ami de Masaccio et l'auteur avec lui de la chapelle Brancacci – qui a œuvré aux fresques. Que l'on n'aille pas parler trop vite de syncrétisme, ni qu'on ne s'empresse de mêler les ordres. Car ce dont cette basilique témoigne, c'est que la foi a varié, mais qu'elle demeure la foi ; et qu'à un mystère, elle a choisi d'en opposer un autre qu'elle a estimé être plus grand, sans doute à mesure que les questions grandissaient elles-mêmes : questions sur Rome, sur l'avenir ou sur l'éternité. Toutefois, ce qui importe en un tel lieu, c'est d'abord l'inquiétude qui l'a fait naître et la volonté de créer un espace où recueillir le mystère qui nous gouverne. De même, Lucien Jerphagnon est double : il rassemble l'Ancien et le Moderne ; on le sait en visite chez les penseurs sans qu'il ait renoncé à la contemplation. Quoi qu'il écrive, il sait concilier l'ironie et l'amour, la toge et la mitre. Bel exemple d'un homme qui eût pu vivre au IIe ou IIIe siècle de notre temps et s'émerveiller avec les philosophes, autant qu'écouter avec curiosité les annonces des chrétiens. Non qu'il n'eût pas eu l'envie de polémiquer, mais ce dialogue possède son prix. Plus haut, on imagine assez qu'il eût été un prélat soucieux du fait quotidien ou un politique méditant sur le cours des choses, leur vanité et leur promesse.

II

C'est que ce sacré penseur – affirmons d'emblée qu'il est aussi un penseur du sacré – est également un historien formé à l'école de Jean Orcibal, mais encore que ce diable d'historien est aussi un philosophe, et de quel rang : il vient en droite ligne de Bergson pour avoir été l'élève bien-aimé de son propre disciple, Vladimir Jankélévitch, qui plaçait au plus haut Erik Satie et saint François de Sales. Bergson prisait le rire ; Jankélévitch louait l'ironie ; deux manières de se défier des formes de la pesanteur, et de savoir tenir à bonne distance les faux-semblants ; tous deux ont pensé en poètes de l'intelligence, préférant, quel que fût leur sérieux, les lignes courbes aux lignes droites. Comme eux, Lucien Jerphagnon est l'homme d'un mouvement de pensée qui s'invente lui-même au fur et à mesure qu'il découvre l'essentiel – un mouvement qui s'agrandit de tout ce qu'il poursuit au plus intime ; de là ce ton si libre où la trouvaille est continue, la ligne zigzagante, l'intelligence altière. Peu importe dès lors qu'il cherche souvent à mettre en relief la même chose, selon des angles d'attaque différents : cette chose apparaît toujours autre, toujours différente, toujours singulière. Ce mouvement infini consacre la légitimité, non moins que la profondeur, d'une quête qui, tel le dieu d'Héraclite, ne s'offre qu'en se dérobant. Un paradoxe dont Blaise Pascal, auquel Lucien Jerphagnon a consacré de forts ouvrages dans sa première période, a aussi fait son miel dans le domaine de la mystique. « Tu ne me chercherais pas si tu ne m'avais pas trouvé... »

De fait, si Lucien Jerphagnon est un penseur si important, c'est pour ne jamais cesser d'être double au cœur d'une unité, tel son sujet d'élection, Rome. Philosophe et historien, il creuse sous les apparences. Réaliste et mystique, il sait rire en bonne intelligence et s'enthousiasmer au sens propre – pour autant que la gravité soit de mise, où les hellénistes reconnaîtront la racine du mot, *en theos* : être pris par la divinité. Des points admirables qui signent la marque d'un esprit rare et ami du rare, et, après Montaigne et Montesquieu, le troisième à être venu de Bordeaux innerver ses forces sur celles de Rome ; des points qu'il s'agit cependant de mettre en perspective avec le coup de génie qui fut, sur un mode similaire, celui de Nietzsche et Heidegger. En effet, si Nietzsche est si capital sur le plan de la pensée, c'est pour avoir, le premier, fait le pari d'un retour radical aux Grecs des temps présocratiques. Heidegger, quant à lui, dès *Être et Temps* en 1927, reprenant Nietzsche, puis Hölderlin, a expliqué que l'essentiel ne venait pas de la lumière telle qu'on peut la recueillir au terme de son voyage, mais à son origine : par-delà les traditions du platonisme. La vérité ne tient pas à la tradition, mais à ce qui a permis celle-ci – non pas à son halo, mais à son foyer. D'où des polémiques qui n'en finiront pas, mais qui sont suggestives.

Assurément, en vrai maître ayant travaillé à se rendre libre en tout, Lucien Jerphagnon n'est pas un disciple de Heidegger, ni l'écolier d'aucune école, mais, comme lui, il a su inverser la vision des choses, quant à la méthode nécessaire pour aborder la question du passé. Qu'on lise ses études, on devine que ce qui retient

Lucien Jerphagnon, ce n'est jamais de comprendre comment une pensée ou un fait d'histoire sont venus jusqu'à nous, mais comment ce qui a précédé les a rendus possibles ou, mieux encore : comment l'improbable a favorisé l'inespéré. Or rien n'est plus révolutionnaire sous l'aspect de la légèreté ; rien n'est plus profond sans jamais donner l'impression d'être dogmatique – ce serait une inélégance impardonnable quand on écrit en français et que l'on cite Pierre Dac. De même que Heidegger explique que pour comprendre les Évangiles, d'abord rédigés en grec, mieux vaut lire Aristote que saint Thomas d'Aquin, Lucien Jerphagnon rappelle que pour pénétrer saint Augustin, Cicéron doit être préféré à Jansénius. Impossible d'être plus insolent, ni plus frondeur, mais c'est la vérité qui l'exige. Non qu'il faille intervertir les ordres, soyons précis ; mais il importe en toute clarté de les ressaisir à leur racine afin de bien les approcher.

Rome est deux en un, où il faut entendre le contraire de divisé : chaque image ne se réfléchit que grâce à l'autre. Elle l'enrichit, elle la prolonge, elle la corrige. Partir en voyage avec Lucien Jerphagnon, c'est répudier l'Antiquité, au sens scolaire ; c'est comprendre que sous l'étude, ce n'est pas l'érudition qui ressuscite, mais la vie elle-même, ou ce qu'il appelle « l'air du temps » : des êtres de chair et de sang, des humeurs, des conflits, des rires et des pleurs – une inquiétude qui pourrait être la nôtre, et qui cependant a un accent bien distinct dont le charme tient à ce qu'il n'est ni trop semblable, ni trop éloigné : un accent qui nous entretient de l'histoire, comme s'il y allait du présent ; et de la pensée, comme si rien n'était plus évident, rien n'était plus naturel ni spontané. La raison, s'il en est une ? L'Antiquité n'est jamais le passé, prévient Lucien Jerphagnon : l'Antiquité, comme l'avenir, est ce qui ne peut pas mourir.

III

Parmi les figures de ces temps reculés que Lucien Jerphagnon a étudiées, il en est deux qui se détachent, celles de Plotin et de saint Augustin. Elles sont aussi contraires l'une à l'autre que celles du dieu Janus avec sa double face. Contraires, mais, aimerait-on dire, complémentaires. D'un côté, Plotin, le philosophe à l'ancienne, pourtant fortement épris de mystique, qui vient de Lycopolis – la ville des loups, référence obligée au dieu qui y était honoré, Oupouaoût ; de l'autre saint Augustin, le rhéteur chrétien qui se passionne pour la philosophie et la théologie. Plotin vient de haute Égypte ; saint Augustin, des confins de l'Algérie et la Tunisie ; et tous deux d'être à la pointe de la romanité. Un siècle se tient entre eux, et quel siècle ! Celui qui voit l'effondrement de Rome. Plotin meurt en 270, quand saint Augustin naît en 354. En 410, c'est l'invasion de Rome. Et à sa mort, le 28 août 430, dans Hippone assiégée, c'est pour saint Augustin l'assurance qu'il recevra la vision de Dieu, avant celle des Vandales. On pourrait certes dresser la liste des oppositions entre Plotin et saint Augustin. Le premier, dit Porphyre, avait honte d'avoir un corps – où il faut entendre, comme l'a expliqué Lucien Jerphagnon, un propos destiné à entrer en polémique avec les zélateurs de Jésus qui osaient proclamer qu'il était un Dieu fait homme ; le second est l'inventeur du sujet en Occident, de celui qui dit « je », comme dans ses *Confessions* où il s'agit de mettre au jour sur un plan inédit péché et louange. Pour Plotin, l'Un est au-delà de l'Être et de ses phénomènes, pour ne pas dire de ses « péripéties qu'un peu de sable efface », comme le dira un jour Céline ; or, pour saint Augustin, l'Un se confond avec l'Être, et se révèle par le *cor inquietum*, « le cœur privé de repos », cette fébrilité de l'âme en quête du salut. Néanmoins, Plotin n'a eu de cesse que de vouloir « fuir seul vers le Seul », comme il l'a consigné à la fin des *Ennéades* ; et saint Augustin de batailler, de lancer des lettres et d'écrire des sermons en vertu de la raison, « l'intelligence de la foi ». Plotin est un sommet de la mystique, saint Augustin en est un autre, mais selon des chiffres contraires, qui ont pour mérite de poser la question du Dieu-Homme. Nourris d'une même culture, ils se situent avant et après la fin de l'Antiquité, laquelle, dans ses écrits, a survécu souvent grâce aux citations de saint Augustin. Et si Plotin tire en amont sa puissance des grands Grecs, saint Augustin tire la sienne en aval de témoins futurs – Paulin de Nole, Thérèse d'Avila, Rousseau, Chateaubriand ou

Proust –, puisqu'il sera pour tout l'Occident le « docteur de la grâce ». Plotin clôturait un monde, et saint Augustin en ouvrait un autre.

Il n'empêche : Lucien Jerphagnon a passé autant de temps avec l'un qu'avec l'autre – sans doute un effet de sa double nature d'« agnostique mystique ». Mais pourquoi Plotin ? Porphyre disait de son maître qu'il avait eu la vision d'un absolu « par-delà l'intelligence et l'intelligible », ce que Jankélévitch dénomme, pour sa part, le tout-autre ou encore « l'absolu absolument absolu ». Le monde de Plotin tend un arc entre deux extrémités, qui symbolisent l'existence. D'un côté, la lumière, qu'il appelle l'Un ; de l'autre, la ténèbre qu'il lie au rien. Toute la visée de Plotin, toute sa philosophie, qui n'est pas tant volonté qu'attention, est de nous révéler que cette obscurité n'est rien en tant que telle et qu'elle se décante, si on sait percer son absence, qui est par nature sans fond. Cette obscurité est privation de lumière ; cependant, elle n'est quoi que ce soit qui aurait une quelconque valeur, ni même, a fortiori, une quelconque réalité. L'ascèse de Plotin est une théorie supérieure à toute pensée – c'est-à-dire, en termes grecs, une vision des choses qui conspire avec elles au foyer de leur être. Ainsi, à une pratique du dépassement qui signe toute entreprise moderne, Plotin oppose-t-il celle du recueillement, ce que l'on peut définir comme une *conversion*. Cette giration de soi à soi est le mouvement par lequel l'être revient à lui-même, l'élan qui replace les lignes, les révèle et les amène en face des Idées – et au-delà. Et Lucien Jerphagnon d'avoir fait sienne cette intuition, l'unité du regard avec le monde, l'unité du monde avec soi, chacun à sa place ; ce double dévoilement de l'Un, ce transport des essences les unes aux autres, dans l'effusion, à quoi Plotin a accroché son ascèse, à savoir l'absolu qui se découvre au-dessus du sens et qui entretient la discipline de son extase, cette vision est celle de notre auteur.

Pour autant, si Lucien Jerphagnon a travaillé à remettre à flot un penseur, ce fut saint Augustin, avec qui il partage tant de points communs : la recherche de la raison par la foi, et celle de la foi par la raison. Saint Augustin était évêque et philosophe ; Lucien Jerphagnon est philosophe et historien. Tous deux se sont cherchés et se sont découverts autres qu'ils ne le pensaient ; ils sont devenus une question ouverte. De l'Antiquité, saint Augustin a sauvé ce qu'il pouvait comme Lucien Jerphagnon s'y est employé, allant d'ailleurs jusqu'à inclure dans ses choix saint Augustin. Deux raisons peuvent être invoquées : sans doute, la joie au travail, mais aussi la certitude d'une fin – fin d'une époque bénie et d'un monde plus ou moins clément. Il fallait du courage pour proclamer la grandeur de Dieu, quand Rome s'effondrait, et il en faut aujourd'hui pour résister à ce sentiment de fin d'un empire, signifié par la fin des études classiques, sinon des références livresques. Saint Augustin et Lucien Jerphagnon se rejoignent dans l'angoisse que Constantin Cavafy a transcrite dans son poème « En attendant les barbares » :

– Qu'attendons-nous en foule sur cette place ?
– Les barbares qui, aujourd'hui, vont arriver.

Aujourd'hui comme hier, les Barbares sont au-devant – ce qui ne nous empêche pas de considérer que nous sommes, nous autres, des Barbares de l'intérieur. Pour autant, si nous en sommes à notre soir, Lucien Jerphagnon nous invite à le contempler avec le regard jeté en arrière d'un homme instruit de trois millénaires de beautés. Ce peut être quelque part sur une terrasse à Rome, à admirer le même ciel que celui que virent en leur temps Jules César, Virgile, Plotin et saint Augustin, un ciel dont on sait qu'aucun couchant ne peut lui être comparé, en raison de son ardeur, car, dans la lumière qui tombe, se déploie l'espérance.

Stéphane Barsacq
Juillet 2011

AVANT-PROPOS

Du risque de philosopher

Intempestiva sapientia.
Tacite, *Histoires*, III.81

Les sociétés n'aiment guère qu'on bouscule leur manière de penser et de vivre le quotidien, redoutant les possibles répercussions sur le politique, le religieux, ou sur les deux mêlés. Comme si l'idéal était, en somme, l'exacte coïncidence de toutes les consciences individuelles et de la conscience collective, elle inspirée, sinon modelée, par l'axiologie des pouvoirs en place. Bref, il faut penser poliment. C'est tout juste ce que Marcel Aymé appelait « le confort intellectuel » ; c'est aussi ce qu'on met de nos jours sous le concept de « politiquement correct ». Dans cette optique, le fait même que la philosophie naisse de l'étonnement, comme nul ne le conteste depuis Platon et Aristote, entraîne nécessairement des mutations dans la façon de penser de ceux à qui advient cette surprise. Du coup, la nouvelle vision du monde née de cet imprévu va déranger plus ou moins celle qui avait cours jusque-là, et qu'on regardait comme allant de soi. D'où le risque auquel s'expose le bénéficiaire de cette révélation, pour peu qu'il s'avise de la diffuser, voire de la prôner comme la bonne façon de voir le monde et les hommes. Il est toujours difficile, souvent périlleux, de naviguer vent debout, ou simplement à contre-courant.

Ce fut, bien sûr, le cas lorsque l'extension territoriale de Rome fit se rencontrer deux cultures dont un ouvrage de Paul Veyne a précisé les spécificités respectives, et suivi les relations au cours des siècles qui aboutiront à un « empire gréco-romain [1] ». Fascinant affrontement de deux consciences collectives ! D'un côté, les Romains, sûrs, comme le chante Virgile, d'être mandatés par les dieux pour gouverner le monde. De l'autre, les Grecs, se sachant l'unique peuple dont la civilisation s'impose d'elle-même. Heureux face-à-face entre deux complexes de supériorité, dont chacun des partenaires saura tirer le meilleur parti. Côté Grecs, une stabilité politique dont Plutarque, Épictète, Aelius Aristide ont bien vu les avantages. Côté Romains, la progressive conquête du conquérant par le conquis, comme l'a dit Horace, puisque c'est Rome hellénisée qui hellénisera l'Occident. Là où Rome régnera, Athènes rayonnera.

Le génie romain de l'adaptation avait tôt compris que s'helléniser n'était pas s'aliéner, mais devenir soi-même.

1. P. Veyne, *L'Empire gréco-romain*, Seuil, 2005.

Aussi l'art grec de bâtir, de décorer, puis de dire s'imposera-t-il, rencontrant de moins en moins de résistance. Dans la Rome moderne d'un Martial, d'un Juvénal, la mode voudra qu'on cite du grec à propos de tout et de rien, suscitant leur ironie malicieuse. Toutefois, il n'en alla pas de même au cours des siècles pour la philosophie, ainsi qu'il ressort des quelques exemples que j'ai cru bon de rappeler ici.

On tient d'Aulu Gelle qu'en 173 av. J.-C., « un senatus-consulte fut voté concernant les philosophes et les rhéteurs », et il fut décidé « que le préteur M. Pomponius aviserait, veillerait, dans la mesure où il le jugerait conforme à l'intérêt public et à son devoir, à ce qu'il n'y en ait point à Rome ». Aulu-Gelle poursuit, relatant que, douze années plus tard, on porta un nouveau décret, cette fois contre les seuls rhéteurs, car, dit le texte, « ces nouveautés étrangères à la coutume traditionnelle des ancêtres ne nous plaisent pas ». Cela se passait, précise Aulu-Gelle, « en des temps trop rudes, que la culture grecque n'avait pas encore affinés » (*Nuits attiques*, XV, 11). L'amalgame, du reste provisoire, des deux professions en dit long. Sont touchés à la fois les gens de pensée et les gens de parole. Autrement dit, à travers les activités confondues des uns et des autres, ce qu'on bannit, ce sont les débats, sinon d'idées – les Romains n'étant guère passionnés par les spéculations –, du moins d'opinions. Tout cela, en effet, menace de déstabiliser une société fondée sur le respect pointilleux du *mos maiorum*, autrement dit sur l'indéfinie reconduction des valeurs qui déterminaient la façon de penser et de vivre des ancêtres.

Cicéron, Plutarque, Aulu-Gelle et Macrobe font état d'un second épisode dont la mémoire aura décidément survécu au temps. En 156-155 av. J.-C., trois Grecs arrivent à Rome en mission : il leur faut défendre les intérêts d'Athènes accusée d'avoir pillé la ville d'Orôpos, et condamnée à une amende. On notera que c'est à des philosophes que les Athéniens s'en sont remis : à Diogène de Babylone le stoïcien, à Critolaos le péripatéticien, et à Carnéade, le maître de la Nouvelle Académie. Les trois intellectuels mettent à profit leur passage pour donner des conférences qui ont grand succès auprès des jeunes. Celles de Carnéade notamment : dissertant de la justice, il avait démontré du jour au lendemain le pour et le contre avec un égal brillant.

En ces temps où prévalait l'influence du vieux Caton, viscéralement attaché au *mos maiorum*, fond de tout enseignement, l'affaire ne traîna pas. Caton obtint du Sénat qu'on fît droit à la requête d'Athènes, écourtant ainsi le séjour à Rome de personnages aussi sulfureux, qu'il ne fallait à aucun prix laisser répandre leurs doctrines subversives.

Cependant, à mesure que Rome s'ouvre à la culture grecque, la philosophie suscite un intérêt grandissant, encore que nuancé de méfiance. Seuls, deux grands noms sous la république : Cicéron, familier de tous les systèmes, et l'épicurien Lucrèce. C'est sous les Césars que la philosophie gagnera en influence.

Lassée d'une guerre civile de cent ans, la vieille république avait fini par remettre ses multiples magistratures entre les mains d'un seul, qu'on appellerait tout au long de l'histoire César Auguste, du nom du premier titulaire. Récupérée par les courants politiques, la philosophie allait connaître des fortunes diverses, selon la situation du moment et les personnes en place. Ainsi, « la révolution romaine », pour le dire comme sir Ronald Syme[1], n'avait guère plu à la classe dominante s'estimant frustrée des pouvoirs discrétionnaires dont elle tirait jusque-là profit. Tenant cette confiscation pour une atteinte à la liberté en soi, les notables invoquèrent les thèses des cyniques et des stoïciens, cela afin de donner à leur opposition au nouveau régime une justification philosophique. De là nombre de malentendus personnels entre tel empereur et tels philosophes, qui y perdirent la vie : Paetus Thraseas sous Néron, Helvidius Priscus sous Vespasien. De là aussi la fronde que menèrent cyniques et stoïciens contre les empereurs flaviens. Fronde qui trouva son dénouement en 93 par un édit de Domitien expulsant de Rome et d'Italie les philosophes. C'est à cette occasion, selon Aulu-Gelle, qu'Épictète se retira définitivement à Nicopolis. Tacite précise que « l'on ne

1. R. Syme, *La Révolution romaine*, trad. R. Stuvéras, Gallimard, 1978.

se déchaîna pas seulement contre les auteurs, mais contre leurs livres eux-mêmes et que l'on chargea les triumvirs de brûler en plein forum les ouvrages des plus illustres esprits » (*Vie d'Agricola*, II). Tenu au courant par ses services de renseignements, auxquels Tacite fait allusion, Domitien avait su mettre à profit une situation plutôt défavorable aux philosophes depuis un temps : trop d'individus douteux se prétendaient tels, suscitant les sarcasmes de plus d'un auteur.

Passé le règne du « Néron chauve », comme l'appelait Juvénal (*Satires*, IV, 38), la philosophie n'en continua pas moins à prospérer dans le monde romain avec les stoïciens tout spécialement auprès des Césars. On s'appuya aussi, des siècles durant, sur les traités néo-pythagoriciens *Peri basileias* d'Ecphante, Diotogène et Sthénidas, qui assimilaient le César en place au Roi idéal tel qu'on le concevait dans les temps hellénistiques : mandaté par les dieux, garanti par les sages[1].

Avec Constantin et ses successeurs, l'empire était passé au christianisme. Comme l'a montré de façon minutieuse Anne-Marie Malingrey[2], l'usage va s'installer de regarder la nouvelle religion comme une philosophie, au sens où on l'entend aujourd'hui d'une vision du monde. Mais, peu à peu, ainsi que l'ont fait Eusèbe

1. Voir L. Jerphagnon, *Les Divins Césars. Idéologie et pouvoir dans la Rome impériale*, Tallandier, 2e éd., 2004.

2. A.-M. Malingrey, *Philosophia*, Klincksieck, 1961.

de Césarée, Augustin et bien d'autres, on en viendra à la tenir pour la seule vraie, dès lors que les autres écoles émanent du paganisme, et donc à l'imposer comme telle. C'est dans cette perspective qu'il nous faut considérer les deux derniers épisodes de la présente étude.

C'est dans l'Alexandrie du Vᵉ siècle qu'enseignait Hypatia, la fille du mathématicien Théon. Savante, de mœurs irréprochables, la jeune femme enseignait Platon dans la ligne néoplatonicienne, mais aussi Aristote et les stoïciens. À ses cours se pressait l'intelligentsia alexandrine. Synésios de Cyrène tenait d'elle sa formation philosophique. Devenu chrétien, il lui garderait autant de respect que de reconnaissance. Mais en mars 415, à la suite d'une série d'émeutes entre partisans de deux ennemis avérés, le préfet Oreste – un fidèle auditeur d'Hypatia – et l'évêque Cyrille, un commando de moines intercepte la litière de la jeune femme qui rentrait chez elle. Ces hommes de main entraînent la philosophe dans une église, la dénudent et la tuent à coups de tessons. Après quoi ils dépècent son corps avant d'en brûler les restes sur la place publique (Socrate, *Histoire ecclésiastique*, VII, 15).

Dernier épisode : on est au VIᵉ siècle, sous Justinien. Derniers feux de l'empire, derniers efforts pour la reconquête territoriale et la réunification de ce que les siècles ont dispersé. Cela même se traduit sur tous les plans : militaire, policier, juridique, et bien sûr religieux, l'unité religieuse garantissant, dans la tradition romaine, l'unité politique. Redoutant le danger que représentait selon lui le prestige de la pensée païenne, Justinien décrète en 529 la fermeture de l'école d'Athènes et, trois ans plus tard, il confisque les biens des platoniciens. « Nous interdisons, dit le texte, qu'aucun enseignement soit professé par ceux qui sont malades de la folie sacrilège des Hellènes[1] » – entendez : la philosophie et le droit. À la conversion, Damascios et les derniers penseurs préférèrent l'exil chez les Perses.

Cette liste ne se prétend pas exhaustive. Étrangère aux différends de personne à personne, comme il arriva plus d'une fois, elle retient tout juste les conflits entre deux entités. D'une part, les pouvoirs politiques, toujours décidés à faire prévaloir dans la pensée commune les valeurs, les fantasmes, les automatismes de leur choix, toutes choses devant aller de soi indéfiniment. D'autre part, il y avait ces intellectuels aussi divers que les écoles de pensée dont ils se réclamaient, et qui attestaient qu'une autre vision du monde était possible, génératrice de comportements différents. Engendrée par les philosophes, une autre organisation du monde se profilait, là où précisément tout était censé aller de soi et pour toujours. Cela, des pouvoirs apparemment aussi divers que la Rome républicaine, la Rome des Césars, l'empire chrétien d'Orient, l'avaient pareillement compris. Tous avaient évalué la portée de semblables initiatives, et leurs

1. Malalas, *Chronographia*, éd. Dindorf, p. 449-451.

conséquences pratiques, ce qui chaque fois s'était traduit en termes de périls qu'il fallait conjurer par décret. Née de l'étonnement, la sagesse des penseurs pouvait-elle apparaître rassurante aux yeux de dirigeants ? À tout le moins, pour reprendre le mot de Tacite que je cite en exergue, rappelant l'aventure du stoïcien Musonius, qui, en pleine crise de régime, se mêlait aux soldats pour les moraliser, et s'en était tiré de justesse, il était fatal que la philosophie apparût hors de saison, *intempestiva sapientia*. Au reste, ne l'est-elle pas toujours ? Socrate l'a su mieux que personne.

L. J.

I

LA LUMIÈRE GRECQUE

Mythes et raison, duel ou duo ?

Si répandue est l'opinion qui oppose mythe et raison comme le faux et le vrai, qu'on serait tenté de s'y rallier. À y regarder de plus près, il pourrait s'agir là d'une question de point de vue sur le monde. « L'homme, dit Sartre, est l'être dont l'apparition fait qu'un monde existe. » Je serais tenté d'ajouter : et les dieux.

Dès les tout premiers textes dont dispose l'histoire, Homère, Hésiode, la Bible, etc., les dieux sont là. De même, en Égypte, en Grèce, à Rome, on les reconnaît sculptés ou peints. Une présence qui atteste que, depuis bel âge, les hommes d'alors avaient réalisé qu'en ce monde on ne fait que passer. À commencer par celui qui s'en avise : « L'homme, la bête penseuse qui sait qu'elle doit mourir », dit Jean Rostand. C'en était fini du sempiternel présent de ses ancêtres préhominiens, qui ne se posaient pas plus de questions qu'avant eux le diplodocus moyen, ou que de nos jours la vache regardant passer le TGV. Du coup, l'*Homo sapiens* en savait trop et pas assez. De là ces questions, ces angoisses :

d'où pouvait bien venir ce monde et ce qui s'y passait ? Vers quoi allait-on ? Qui décidait du jour et de la nuit, de la pluie et du beau temps, de la vie et de la mort et – sait-on jamais – de l'après-mort ? Il fallait quand même que tout cela ait un sens. « L'Adam des cavernes », comme dit Teilhard de Chardin, ne retrouverait jamais l'insouciance de son zoo perdu.

Par chance, l'homme ne se voyait pas seul. Où qu'il vécût, il savait depuis l'enfance les mille et une façons dont les dieux s'y étaient pris pour tout fabriquer, à partir de quoi, parfois à partir de rien, et comment s'étaient passés tous les matins du monde. Les dieux s'occupaient de tout. Ils avaient tout leur temps : ils étaient immortels. Étonnamment semblables pourtant aux mortels, vivant, en plus surnaturel, les mêmes aventures. Ils n'étaient pas commodes, et mieux valait ne pas se les mettre à dos. Si l'on n'en vivait pas mieux, du moins le monde était-il plus cohérent, et ce qui restait d'angoisse s'éclairait d'un soupçon d'espérance. Paradoxalement, avec l'extension au monde des notions de cause et d'effet, c'étaient les mythes qui gratifiaient l'*Homo sapiens* de la première forme du rationnel. Mais quelle foi accordait-on alors à ces bandes dessinées célestes et infernales ? À cela, on ne répond de façon précise qu'en considérant la mutation qui survint au VIIe siècle avant notre ère, du moins à nous en tenir à l'Antiquité gréco-romaine, dans la manière de regarder le monde. En effet, plutôt que sur leur mystérieuse cause première, c'était sur « la nature des choses » qu'on s'avisait de réfléchir.

En observant les astres, en méditant sur des figures dessinées sur le sable comme le faisait Archimède, en regardant l'ombre portée des pyramides comme Thalès, en associant les nombres aux figures comme Pythagore, on voyait tout autrement le monde. La physique était née, et l'*Homo sapiens* l'était, mais cette fois pour de bon. Et c'était bien un cadeau des dieux que de découvrir qu'il n'était pas besoin de remonter jusqu'à eux pour rendre compte de tout ce qu'ils avaient mis à la portée des hommes : l'air, la terre, l'eau, le feu... Quant aux dieux eux-mêmes, on s'en faisait une idée moins rustique. Xénophane de Colophon l'a bien vu : « Les Éthiopiens voient les dieux noirs, avec un nez épaté ; les Thraces les voient avec les yeux pers et des cheveux flamboyants. » Et il renchérit : si les bœufs, les chevaux, les lions avaient des dieux, on voit bien de quoi ils auraient l'air. Cela dit, Xénophane n'en croyait pas moins à une divinité à l'origine du monde. Selon lui, en effet, « ce n'est pas dès le commencement que les dieux ont tout dévoilé aux mortels, mais en cherchant, et, avec le temps, ceux-ci ont découvert le meilleur ». La physique allait conduire à la philosophie.

Les visions du monde se succéderont au cours des âges, et cependant les mythes vont demeurer. Des siècles durant, naturel et surnaturel, mythique et rationnel vont coexister de façon pacifique, s'éclairant l'un l'autre. Les deux plans de vérité étaient regardés comme compatibles : il ne serait venu à l'esprit de personne d'opposer les règles de la géométrie et les légendes de la mythologie. Il fallait des mathématiques pour construire un temple, et des prières pour l'inaugurer. Ainsi les hommes ont-ils longtemps vécu selon les deux dimensions, la mythico-religieuse et la philosophique, et aucune des deux ne prétendait évincer l'autre, indépendamment des préférences de tout un chacun.

Trois observations à ce propos : dans le polythéisme, l'idée de dieu n'était pas affectée du même coefficient de transcendance que dans les religions monothéistes ; aucune réglementation dogmatique ne s'imposait aux fidèles : tout reposait sur des traditions ancestrales qu'on observait sans toujours bien comprendre. On ne prenait guère les légendes au pied de la lettre ; on en décryptait le sens symbolique grâce à la méthode allégorique mise au point par Théagène de Rhégium au Ve siècle av. J.-C. Philon d'Alexandrie en usera d'ailleurs en milieu juif ; Clément d'Alexandrie, Origène, Ambroise, en milieu chrétien. Bref, on pouvait croire raisonnablement. Ainsi Varron (IIe-Ier siècle av. J.-C.), dans sa célèbre théologie tripartite, distinguait trois plans, chacun correspondant à une attente spécifique : la théologie mythique, celle des poètes ; la théologie civile, qui honore les dieux officiels aux moments voulus de l'année, et enfin la théologie des philosophes, qui traite de la nature des dieux. Une phénoménologie avant la lettre.

Cela durera jusqu'à l'hégémonie des religions monothéistes, chacune tenant sa croyance pour la seule authentique. Les autorités religieuses sont alors tentées de subordonner le rationnel au mythique, certains même de l'évincer carrément, avec ou sans l'appui des autorités civiles. D'où les aberrations de l'Inquisition, de l'affaire Galilée, du créationnisme hostile à Lamarck et Darwin, etc. C'est d'ailleurs en réaction contre cette dictature de la foi que s'est levée une résistance plus ou moins ouverte mais décidée, qui commence à la Renaissance avec Rabelais et Montaigne. Elle se précise au XVIIe siècle avec « le grand rationalisme », comme dit Merleau-Ponty : Descartes, les cartésiens, Pascal. Elle se radicalise au XVIIIe siècle avec les Encyclopédistes, Voltaire, Diderot, et se ridiculise à la Révolution, avec la déesse Raison… Chassez le mythe, il revient au galop. Au cours du XIXe siècle, l'idéologie rationaliste se dégrade en sectarisme avec ce que Merleau-Ponty a appelé « le petit rationalisme », tandis que prolifèrent les intégrismes religieux. Leurs empoignades sont à la fois navrantes et distrayantes.

« La vérité est plurielle », dit fort justement Paul Veyne. Peut-être serait-il bon de chercher à concilier l'une et l'autre aspiration, l'appétit de savoir et le goût d'espérer. Le rationnel retiendrait le mythico-religieux de délirer ; le mythico-religieux retiendrait l'homme sur la pente de la chosification. Mais ce disant, peut-être ai-je versé moi-même dans l'illusoire, autrement dit dans ce qu'on appelle aujourd'hui… un mythe ?

Platon, la carrière d'un philosophe

Les amours platoniques, le monde des Idées, la Caverne, les femmes en commun dans la république idéale (ce point éveillant toujours un certain intérêt) : c'est à peu près tout ce qu'on ramène à la surface en citant Platon dans une conversation de type courant. Rien de tout cela n'évoquant un penseur « engagé », peu de gens imaginent que ce philosophe, dont l'œuvre fut une des plus lues et commentées vingt-quatre siècles durant, était obsédé de politique et que sa vie fut un vrai roman d'aventures. Le jeune Aristoclès, à qui resta le surnom de Platon, « le Large », était né en 427 av. J.-C. dans une Athènes au faîte de sa puissance politique. Le grand Périclès (env. 492-429), chef du parti démocrate, qui avait fait prospérer la cité, était mort deux ans auparavant. Sur l'Acropole, le Parthénon flambant neuf célébrait au grand soleil la gloire d'Athéna, patronne de cette ville au prestige écrasant pour les cités qu'elle tenait sous sa coupe.

Platon avait une belle galerie d'ancêtres. On disait que, par son père Ariston, il descendait de Codros, le dernier roi légendaire d'Athènes. Quant à Périctionè, sa mère, lointainement apparentée à Solon (env. 640-558), le fondateur de la démocratie, elle était sœur et cousine de deux notables qui feraient plus tard parler d'eux : Charmide et Critias, partisans d'un régime autoritaire. Veuve peu après la naissance de Platon, elle s'était remariée à l'un de ses oncles, ancien ambassadeur et conseiller de Périclès. Ainsi, dans cette maison fastueuse, Platon côtoya, tout au long de ses jeunes années, les cercles politiques les plus opposés. Ayant reçu l'éducation complète et raffinée des jeunes gens de son milieu, ce rejeton de l'aristocratie athénienne avait un avenir tout tracé. En grandissant, le goût lui vint d'un grand rôle dans l'État. Revenant sur ses années de formation à l'âge mûr, il écrira : « Jadis, dans ma jeunesse, j'éprouvais ce que ressentent tant de jeunes : j'avais le projet, du jour où je disposerais de moi-même, d'aborder tout de suite la politique » (*Lettre* VII, 324 b). Les circonstances – les hasards d'une guerre interminable et les conséquences d'une défaite – allaient modifier radicalement le cours d'un destin trop bien dessiné.

Le conflit couvait depuis plusieurs années entre Sparte et Athènes. Les deux grandes cités rivales se disputaient l'hégémonie dans une Grèce morcelée en une infinité de cités-États d'importance inégale – de la superficie d'un gros bourg à celle d'un de nos départements. Ces cités-États rivales avaient en outre des régimes politiques différents : démocratie à Athènes, oligarchie à Sparte… Si bien qu'en 431 (Platon n'était pas encore né), à la suite d'incidents dus à ce sempiternel conflit d'influence, la guerre finit par éclater entre Sparte et Athènes. Les deux États se retrouvaient chacun à la tête d'une alliance : les démocraties derrière Athènes, les oligarchies aristocratiques derrière Sparte. Et, comme chaque cité était elle-même divisée en partis antagonistes, on devine à quelles empoignades donna lieu ce long conflit connu dans l'histoire sous le nom de « guerre du Péloponnèse » (431-404 av. J.-C.).

Pour Athènes, les choses tournèrent mal. Au terme de quelque vingt-sept années de batailles gagnées ou perdues, de sièges, de navires envoyés par le fond, de fausses paix et de vraies trahisons, la ville dut capituler en 404 devant le général spartiate Lysandre : Sparte avait gagné. Beau cadeau qu'une débâcle pour les vingt-trois ans d'un jeune homme ! À dire vrai, Platon n'avait jamais connu autre chose que la guerre et ses répercussions politiques. En 411 déjà – il avait seize ans –, Athènes la démocrate, déstabilisée par tant de revers, avait connu un régime oligarchique modéré (celui des « Quatre-Cents »), mais cela n'avait duré qu'un an. La défaite entraîna un nouveau changement de gouvernement : Sparte victorieuse imposa à Athènes l'oligarchie dite des « Trente Tyrans ».

La chose n'était pas pour déplaire à Platon : son milieu ne l'inclinait pas à la démocratie. Et puis, son oncle Charmide et son cousin Critias étaient de la nouvelle équipe : de ces « hommes forts » dont Platon espérait la restauration de l'État sur des bases nouvelles. En fait, c'est la terreur : on purge, on liquide, on exile ; au lieu d'instaurer le règne de la justice, on règle des comptes. Critias se distingua particulièrement dans cet exercice énergique du pouvoir, si bien qu'au bout de huit mois, une fois les Trente déposés par Thrasybule (à l'été 403) et la démocratie rétablie, la famille de Platon sortit compromise de l'épisode, et Platon lui-même consterné – et suspecté. Cela pourrait expliquer un certain flou dans la biographie du jeune aristocrate : en dépit de l'amnistie décrétée par Thrasybule, il se peut que Platon ait choisi ce moment pour entreprendre ses voyages.

Ces années d'éducation sur fond de guerre et de troubles l'avaient cependant instruit des difficultés de la politique. Athènes connaissait une vie intellectuelle intense ; on s'intéressait beaucoup au maniement du langage, au choix de l'argument qui fait mouche au bon moment. C'est que, dans une démocratie directe où tout un chacun pouvait faire valoir son avis dans les assemblées, l'art oratoire était le plus sûr moyen de faire triompher ses intérêts. De cette technique, ceux qu'on appelait les sophistes, c'est-à-dire les professionnels de la *sophia* (la sagesse), s'étaient fait une spécialité. Platon avait eu tout le loisir d'entendre ces virtuoses de la persuasion, dont plus tard il dira grand mal[1]. Car il avait

1. Cf. « Faut-il réhabiliter les sophistes ? » p. 56 du présent ouvrage.

rencontré un vieil original, merveilleux selon les uns, fort dangereux selon les autres : un certain Socrate (470-399), qui serait le maître de sa vie.

La tradition est dans l'ensemble généreuse à l'égard de Socrate : il est le sage buvant la ciguë, le martyr de la philosophie. Les contemporains étaient moins unanimes. Ce qu'on sait de lui nous vient de trois sources : Xénophon (env. 430-355), un ancien élève devenu général, historien à ses heures ; Platon, qui s'en est institué le légataire spirituel, et Aristophane (env. 446-386), qui l'a méchamment épinglé dans ses comédies.

À rapprocher ces images, on est déconcerté. Voilà un bonhomme plutôt laid, qui attire les jeunes gens sans toutefois profiter de leurs faveurs. Marié, père de famille, Socrate est dépourvu de fortune personnelle. Brave à l'occasion sur le champ de bataille, il tient bien sa place dans les banquets. Il prêche la vertu civique aux Athéniens, mais lui-même se tient à l'écart de la vie publique – attitude inexcusable à l'époque. Il se prétend investi d'une mission par l'oracle de Delphes, qui l'aurait désigné comme sage entre les sages. Cela même, qui aurait pu lui valoir la considération, suscite en fait le trouble et va lui attirer beaucoup d'ennuis.

En quoi consistait cette mission divine, et comment s'y prenait-il pour la remplir ? Socrate passait ses journées à questionner les gens, à l'affût de quelque définition parfaite : à des généraux, il demandait celle du courage ; à un devin célèbre, celle de la piété ; à un sophiste, qui enseignait à la jeunesse d'Athènes l'art du parler efficace, il demandait si la vertu pouvait s'enseigner, etc. Personne n'était capable de répondre, bien sûr. Socrate ne savait pas non plus, mais il s'en vantait ! Car, nuance : lui *savait* qu'il ne savait pas. Alors que les autres ne se gênaient pas pour discourir quand même, et pour prétendre à des responsabilités au gouvernement.

On entrevoit les mobiles qui poussaient Socrate à ces enquêtes faussement innocentes, qui renvoyaient tout le monde dos à dos : selon lui, ni les oligarques ni les démocrates ne peuvent assumer la direction de l'État. Aux uns comme aux autres il manque une chose : la science. Constatant l'incapacité des spécialistes à définir l'objet de leur spécialité, il a beau jeu de dresser un procès-verbal de carence. Et que dire des foules, sur lesquelles Socrate ne nourrit aucune illusion : un troupeau peut-il se mener tout seul, sans berger ? Qui, alors, gouvernera ? « Celui qui s'y connaît » (Xénophon, *Mémorables*, III, 9-10). Retenons bien ce point, sans lequel on ne comprendrait rien au projet de Platon.

Toujours est-il que dans ce contexte de guerre perdue, après l'éphémère dictature des Trente et le retour à la démocratie – de nouveau menacée en 401 par une conjuration –, les positions antidémocratiques de Socrate attirèrent sur lui l'attention du nouveau régime. Et s'il n'y avait que cela ! Isador Feinstein Stone dresse de manière sagace et vivante l'inventaire des griefs accumulés de longue date contre le philosophe. On le sentait séduit par Sparte ou la Crète, par leur régime autoritaire et leur encadrement militaire. On lui reprochait ses fréquentations pendant la guerre : un Critias, le plus implacable des Trente ; un Alcibiade, noceur et aventurier, un temps passé à l'ennemi... Et avec cela, Socrate soutenait que, dans l'état actuel de la politique, on ne pouvait garantir la santé de son âme sans s'en écarter ! On portera donc contre lui l'accusation « de ne pas croire aux dieux de la cité et d'en introduire de nouveaux, et de corrompre la jeunesse ». Ne disait-on pas qu'il avait, des années durant, appris à des adolescents, sous couvert de sagesse, à tourner en ridicule les notables d'Athènes ? Il avait monté la jeunesse dorée contre la démocratie que tant de gens des couches moyennes, sans parler du petit peuple, jubilaient précisément d'avoir restaurée. Il dut donc comparaître devant un tribunal.

Les choses auraient pu s'arranger s'il y avait mis du sien. Mais il fit de son mieux pour indisposer ses juges : « Je crois être l'un des rares Athéniens, pour ne pas dire le seul, à pratiquer la science politique... » (Platon, *Apologie de Socrate.*) Il réclamait en conséquence d'être entretenu à vie au Prytanée, qui accueillait les héros et les magistrats en fonction. La sentence tomba : c'était la mort. Procès inique, bien sûr : Socrate n'avait rien fait, ou plutôt, il n'avait fait que dire, dans un régime qui posait la liberté de parole comme un droit absolu ! On lui laissa cependant, entre la sentence et son exécution, tout le temps de s'évader ; mais, par fidélité aux lois de la cité autant qu'à son propre personnage, il choisit de boire la ciguë. Il embarrassa ainsi jusqu'au bout le régime qui l'avait condamné. Par cette ultime preuve de civisme, par son courage tranquille devant la mort, il authentifiait les valeurs qu'il avait défendues toute sa vie.

Présent au procès mais absent lors de l'exécution – et à l'abri –, Platon accueillit la nouvelle avec un vrai désespoir. Ce n'était pas seulement l'ami, le maître perdu qu'il pleurait, c'était sa propre vie, ses espérances, ses illusions : voilà qu'Athènes avait occis l'homme « le meilleur, et en outre le plus raisonnable et le plus juste » – ce sont les derniers mots du *Phédon* –, le seul qui aurait pu surmonter l'antagonisme entre les partis et fonder la politique sur des bases rationnelles. Platon, encouragé à l'exil, on l'a vu, par le discrédit qui frappe sa famille, décide alors de voyager, d'élargir son expérience, d'étudier les gouvernements des autres peuples.

Suivre Platon dans ces années-là est aléatoire : on ne s'est guère intéressé jusqu'à présent qu'à ce qu'il a écrit. Si bien qu'entre 399 et 388, on a un trou de onze années, que l'on comble à l'aide de traditions peu sûres et indéfiniment recopiées. Selon Diogène Laërce, un compilateur du IIIe siècle ap. J.-C., on aurait vu Platon à Mégare, tout près d'Athènes, en compagnie d'autres disciples ; peu après, il serait reparti pour Cyrène (en Libye) étudier les mathématiques sous la direction d'un certain Théodoros et, de là, il aurait gagné le sud de l'Italie

– lieu de prédilection des pythagoriciens, ces philosophes pour qui la science des nombres fournissait l'ultime explication du monde. Là, il rencontra Archytas de Tarente (Ve-IVe siècle), mathématicien, philosophe et homme d'État apprécié, ce qui nourrit sans doute la réflexion politique de Platon. Séjourna-t-il ensuite en Égypte, comme l'assure Diogène Laërce ? Il est impossible de l'affirmer. Ce qui, en revanche, est certain, c'est que Platon, au cours de ces années, a déjà commencé à écrire ses premiers *Dialogues*. Idéalisée, la figure de Socrate y prend un relief saisissant.

En 388, Platon aborde en Sicile. Invité par Denys Ier dit l'Ancien, le tyran de Syracuse, il tente de convertir ce dernier à sa philosophie de l'État. Le résultat n'est pas encourageant : Denys donne l'ordre de l'expulser. Platon n'a pas tout perdu : il s'est fait un ami et bientôt un disciple en la personne de Dion, le beau-frère du monarque. Le retour à Athènes fut, dit-on, mouvementé : capturé à Égine, alors en guerre avec Athènes, voilà Platon vendu comme esclave ! Sans doute Denys était-il complice. Par chance, le philosophe est reconnu sur le marché par un Cyrénéen qui l'achète et le libère sur-le-champ. En 387, Platon est de retour à Athènes. Fort de ses expériences, il acquiert un domaine à l'extérieur de la ville et y fonde son école : l'Académie.

Le programme des études mais aussi le fonctionnement de l'institution devaient beaucoup à l'esprit des confréries pythagoriciennes d'Italie. On y étudiait les mathématiques et la politique. C'est de ce temps que date une seconde tranche des *Dialogues* (dont la *République*). En compagnie de ces jeunes intelligences, Platon est à son affaire : on cherche, on discute, on met en commun intuitions et hypothèses. Le succès de l'École est encourageant : les élèves affluent, et plus d'une cité se dotera d'une Constitution inspirée des principes de l'Académie.

L'occasion s'offrit d'ailleurs à Platon de vérifier sur le terrain le bien-fondé de ses théories. En dépit des vingt ans écoulés depuis la première aventure sicilienne, Dion pensait toujours à lui. En 367, il rappelle Platon à Syracuse : le vieux Denys vient de mourir, remplacé par son fils, deuxième du nom. Belle occasion de former un jeune roi dans les principes de l'Académie ! Le dossier est complexe : on peut se demander si Dion n'avait pas déjà des visées sur le trône, et si Platon, discernant finalement en lui de meilleures dispositions qu'en Denys II, ne l'aurait pas encouragé à renverser le souverain… Toujours est-il que Dion est banni et que Platon est d'abord mis en résidence surveillée, puis autorisé à partir, avec promesse de revenir. Il rentre alors à Athènes. C'est de ce temps que date une troisième tranche des *Dialogues*.

Cinq ans plus tard, en 361, dans des conditions obscures, Denys II rappelle Platon en Sicile. Mais Platon est resté l'ami de Dion, que Denys II refuse d'amnistier. Assigné à résidence, menacé de mort, Platon ne devra le salut qu'à l'énergique intervention d'Archytas de Tarente. On peut difficilement parler de succès. Quatre ans plus tard, Dion, à la tête d'une petite troupe, réussit à débarquer en Sicile ; mais sa politique se heurte à une vive résistance populaire et il meurt assassiné en 354 par... un autre élève de Platon, Callipos. Denys II, quant à lui, s'installe à Corinthe en attendant de remonter sur le trône. Les travaux pratiques de Platon étaient achevés bien avant cet ultime gâchis. De retour à Athènes, il s'en tient à la théorie, ne marchandant jamais ses conseils aux gens de gouvernement et rédigeant ses derniers *Dialogues*. Il s'éteint en 347, à l'âge de quatre-vingts ans, laissant inachevé l'énorme volume des *Lois* : la passion politique l'aura décidément tenu jusqu'au bout.

Quelle était donc la pensée de Platon ? En fait, le philosophe étant mort octogénaire, mieux vaudrait parler de ses pensées, car il a évolué au cours de sa vie. Tout cela tient en quelque deux mille quatre cents pages, sur le sens desquelles les spécialistes ont parfois du mal à s'entendre. Dialogues, avons-nous dit, souvent pleins de charme, entre Socrate et ses interlocuteurs supposés, où s'entrecroisent, d'une réplique à l'autre, la géométrie, la politique, la physique, la métaphysique, la dialectique et la mythologie – une œuvre qui décourage toute tentative de résumé.

Si l'on s'en tient à la pensée politique de Platon, il faut bien comprendre que, pour lui, tout le mal vient de ce que le gouvernement de la Cité se fait au hasard des passions liées aux intérêts : instincts prédateurs des nantis, avidité des masses. Et, quand il arrive qu'on délibère avant de prendre une décision, c'est la confusion. Au lieu de se fonder sur une science incontestable, chacun s'appuie sur des opinions. Bref, ce n'est pas la raison qui gouverne, mais les appétits, et, la raison du plus fort étant toujours la meilleure, la politique tourne à la foire d'empoigne. Il serait certes profitable à tout le monde que le gouvernement fût exercé par les meilleurs – ce qui est la définition de l'*aristocratie* (en grec *aristos* signifie « le meilleur ») –, mais, les hommes étant ce qu'ils sont, le pouvoir est bien vite accaparé par des gens assoiffés d'honneurs et l'aristocratie dégénère en *timocratie* (en grec *timè*, la considération, les honneurs).

La timocratie se transforme en *oligarchie* ploutocratique, une poignée de riches faisant la pluie et le beau temps. Leurs excès engendrent fatalement la révolution, qui impose la *démocratie* (de *dèmos*, le peuple), ou gouvernement du peuple par lui-même. Mais, exposée par nature à l'*anarchie*, la démocratie fait le lit de la *tyrannie*, avec son cortège inévitable d'exactions, de purges et d'éliminations physiques. Rien de tout cela n'étant bien enviable pour les citoyens, Platon entend faire table rase de ces régimes et reconsidérer la politique sous un autre éclairage : celui de la raison souveraine.

Comme tout Grec instruit de son époque, Platon sait bien que nul ne se suffisant à soi-même, l'homme ne se réalise que dans la société de ses semblables. Cité et individu ont partie liée, au point qu'observer l'État, c'est observer l'individu « à la loupe ». On voit alors clairement que la déchéance du citoyen précipite la désintégration de la Cité, et que la déchéance de la Cité gâte les meilleurs citoyens. Pour inverser le mouvement, il faut une réflexion et une action engageant les deux niveaux à la fois : c'est l'objet de la célèbre *République*.

Entre Cité et individu, Platon voit un rapport d'analogie, selon une hiérarchie à trois niveaux. À la base, l'âme de l'homme est faite de pulsions fondamentales. Elles doivent être mises en forme, un degré au-dessus, par le désir de la valeur. Dominant le tout, il y a la raison. Cette distribution est illustrée par le mythe bien connu du char ailé tiré par deux chevaux : un noir, puissant mais indiscipliné, et un blanc, noble et docile, conduits d'une main experte par un cocher (cf. *Phèdre*, 246 a et suiv.). La même structure se retrouve dans la société : en bas, les producteurs, voués aux tâches économiques, encadrés au milieu par les gardiens, à qui incombent la discipline et la défense extérieure de l'État, et en haut, ceux qui réalisent l'idéal de la raison, les philosophes. C'est à eux que revient le gouvernement, car – rappelons-nous ce que disait Socrate – ils sont les seuls à « s'y connaître ».

Ainsi, dans la Cité idéale, régneront les vertus : sagesse, bravoure, tempérance, justice. Les gardiens étant la cheville ouvrière du système, la formation de ce corps d'élite requiert le maximum de soin. Si ferme doit être leur âme qu'aucune tentation n'aura prise sur elle. L'or et l'argent corrompent : ils ne posséderont rien en propre. Les attaches familiales divisent et fragilisent : ils n'auront ni épouse ni enfants à eux, mais pourront disposer des femmes que leur octroie l'État, sélectionnées pour leurs qualités reproductrices. Les enfants issus de ce très noble élevage assureront la relève de leurs pères collectifs. Ajoutons à ce programme une forte éducation physique et sportive, une bonne formation artistique et un solide entraînement au raisonnement. La poésie est contre-indiquée : les poètes ne parlent pas comme il faut des dieux. De la musique, oui, mais plutôt des marches militaires.

Cela étant dit du personnel d'encadrement, venons-en au niveau supérieur : les philosophes-gouvernants. Est philosophe, selon Platon, celui qui connaît le réel, alors que les autres hommes n'en voient guère que les apparences. Il accède aux réalités situées au-delà du sensible, et donc immuables : les nombres, les figures, bref, les réalités mathématiques. Au-delà de tous les ronds que je trace au tableau existe en effet *le* cercle, dont la perfection idéale guide ma main. C'est pourquoi, à la porte de l'Académie, Platon avait fait graver l'inscription fameuse : « Que nul n'entre ici s'il n'est géomètre. »

Le chemin de la philosophie passe par les mathématiques, mais ne s'y arrête pas. Au-dessus des figures et des nombres, on trouve les Formes, que Platon appelle aussi les Idées. Ce sont des réalités purement intelligibles, parfaites, éternelles, dont le monde sensible n'est que la réplique imparfaite. Au-dessus de ces archétypes de toutes choses rayonne l'Idée suprême du Bien, qui est aussi l'Un absolu. Gardons-nous de faire des Idées un monde à part, à côté du sensible : Platon a devancé nos objections dans des textes qui dépassent l'objet de la présente étude. Retenons seulement que le philosophe de Platon est l'homme qui a accès à *la* Justice, à *la* Vertu, à *la* Beauté, etc. Et parce que au bout de son effort il a contemplé ces splendeurs, l'envie lui est venue de les faire advenir ici-bas pour le plus grand bonheur de la Cité. Le philosophe est donc un homme « éclairé », par opposition aux gens ordinaires qui végètent dans l'obscurité et s'en accommodent, hélas ! fort bien, puisqu'ils se liguent contre celui qui prétend les en tirer et finissent par le mettre à mort – on reconnaît en filigrane la figure de Socrate. Voilà pourquoi les cités ne seront au bout de leurs peines, dit Platon, que le jour où les philosophes seront rois, à moins que les rois actuels ne se fassent philosophes (*République*, V, 473 c-d).

Platon a-t-il jamais cru à l'avènement de sa Cité idéale ? Nous serions bien imprudents de le penser ; il suffit de citer ce dialogue de la *République* (IX, 592, a-b) : « J'entends bien, dit-il : tu parles de l'État dont nous venons de tracer le plan et qui n'existe que dans nos conversations, car je ne crois pas qu'il y en ait un pareil au monde. – Mais, répondis-je, il y en a peut-être un modèle dans le ciel pour celui qui veut le contempler et régler sur lui son gouvernement » (*République*, IX, 592 a-b). C'était une utopie, bien sûr, projection dans les cieux de toutes les nostalgies d'une politique enfin réussie. Au reste, instruit par son triple échec de Sicile, Platon reprendra, à la fin de sa vie, dans les *Lois*, le projet de la *République*. Mais si la *République* avait la chaleur et le charme d'une utopie, les *Lois* ont un caractère austère, pointilleux, avec quelque chose d'administratif dans le style. Voici, par exemple, à quoi, selon Platon devenu vieux, doit ressembler le Grand Maître de l'Éducation : « Parmi tous les magistrats dont il a été question, il nous reste à parler de celui qui aura la surveillance de l'éducation tout entière, pour les filles comme pour les garçons. Que, d'après la loi, ce soit encore un magistrat unique, n'ayant pas moins de cinquante ans, père d'enfants légitimes et, de préférence, ayant des fils et des filles, mais si ce n'est pas le cas, les uns ou les autres. »

Les textes politiques de Platon, parce qu'ils sont porteurs d'une énorme charge métaphysique, garderont au cours des siècles un pouvoir de séduction sur les esprits spéculatifs, lassés des laideurs – ou des horreurs – de la politique ordinaire. C'est ainsi que six siècles après la mort de Platon, tandis que l'Empire romain connaissait de sérieuses difficultés, le philosophe Plotin (205-270), lointain disciple du maître de l'Académie, avait imaginé de relever de ses ruines une ville abandonnée de Campanie. Il voulait y fonder une Cité de philosophes : elle s'appellerait Platonopolis et on y vivrait selon les lois de Platon ! Sollicité de donner son aval au projet, l'empereur Gallien (218-268) refusa le permis de construire.

Le plus curieux de cette aventure est que Platon est resté dans l'histoire moins comme théoricien de la politique que comme philosophe, et même l'un des plus grands. Brisé par la mort de Socrate, deuil personnel et scandale absolu, il était parti à la recherche de la Cité idéale, qui devait procurer aux hommes la joie de vivre sous le soleil de la raison. On sait ce qu'il en advint. Mais il avait tracé un chemin, ouvert à la pensée un espace nouveau. Fidèles ou infidèles, dociles ou critiques, ses disciples à travers les âges s'en sont allés chacun vers leur aventure personnelle, mais toujours à partir de la sienne.

Faut-il réhabiliter les sophistes ?

À part quelques spécialistes, qui connaissait les sophistes il y a seulement quarante ans ? Le mot n'a déjà pas si bonne réputation : il sent la poudre aux yeux, l'intellectuel ergoteur au discours aussi séduisant que spécieux, qui veut vous payer de mots. En somme, le discours du sophiste valant au regard de la vérité ce que vaut en banque le chèque dit « en bois », le sophiste serait quelque chose comme un escroc à l'aphorisme. Pourtant, ce terme n'a pas toujours été péjoratif : jusqu'à Platon, il désigne d'abord le possesseur d'un savoir, alors que le mot « philosophe » peut encore avoir l'acception dépréciative de « celui qui désire savoir » parce qu'il ne sait pas.

Mais on sait mieux maintenant qui étaient ces gens : une pléiade de grands intellectuels venus de tous les coins de la Grèce enseigner dans l'Athènes du milieu du Ve siècle : c'était l'Athènes de Périclès, l'Athènes de Phidias, de Sophocle et d'Euripide, d'Hérodote et de Thucydide, de Socrate et bientôt de Platon ; bref, une ville au faîte de sa puissance et de sa gloire pour peu de temps encore, dans laquelle ces professeurs avaient eu, les premiers, l'idée de monnayer leur science. Ils venaient là pour apprendre à la jeunesse dorée l'art du langage.

Savoir parler en public ne signifiait pas seulement s'exprimer sans bafouiller, mais aussi et surtout capter l'attention de l'auditoire et décocher comme une flèche l'argument qui fait mouche s'il est pointé où et quand il faut. Rien de plus grec que le mot d'ordre *Kairon gnôthi*, « Repère le moment » ! Aussi cette denrée nouvelle et surfine que proposait l'enseignement des Protagoras, Gorgias, Hippias, Prodicos, Antiphon, Thrasymaque et autres, suscita-t-elle dans le monde politique une formidable demande, un remaniement complet des habitudes de pensée, et aussi une violente réaction allergique dont les effets, comme nous venons de le dire, se font encore sentir de nos jours.

Cette hérédité chargée s'explique, en fait, par un concours de circonstances : le plus clair de leurs œuvres s'étant perdu au cours des âges, on ne connut plus guère les sophistes que par leurs adversaires du moment. Essayons d'imaginer la biographie d'un homme politique d'extrême droite écrite par un homme politique d'extrême gauche (ou l'inverse), et assortie d'un florilège de citations : le résultat serait consternant ou distrayant selon le point de vue du lecteur, mais il n'aurait que peu de chances d'être considéré comme objectif. C'est un peu ce qui s'est produit avec les sophistes, qu'Aristophane cloue au pilori dans une pièce à thèse, *Les Nuées*. Platon en fait les adversaires de Socrate dans de nombreux dialogues, et Xénophon ou Aristote parlent d'eux avec autant de sympathie que les Évangiles des scribes ou des pharisiens. Fallait-il pour autant les prendre au mot ? Par chance, les choses se sont mises à bouger depuis quelque temps, et l'on révise le procès.

Ce changement tient d'abord à une plus large divulgation du peu qui nous reste des textes et de la doxographie, c'est-à-dire de ce qu'on a rapporté sur ces auteurs à travers les âges. Pour recourir aux *Fragmente der Vorsokratiker*[1] de Diels et Kranz, bible des spécialistes, aux *Sofisti*[2] d'Untersteiner, ou à l'édition anglaise de Freeman[3], le lecteur devait être nécessairement rompu aux langues anciennes et modernes. Certes, l'édition revue et augmentée de *Trois présocratiques*, par Yves Battistini, parue en mars 1968 dans la collection « Idées » (Gallimard), était accessible à tous. Mais un pas décisif fut franchi en 1969, lorsque le public français

---

1. H. Diels, W. Kranz, *Die Fragmente der Vorsokratiker*, Berlin, 1934-1937. Nombreuses rééditions sans modifications.

2. M. Untersteiner, *Sofisti, testimonianze e frammenti*, Florence, 1961-1967. Les travaux de Mario Untersteiner ont inspiré une étude de Clémence Ramnoux, *Études présocratiques*, Paris, Klincksieck, 1970.

3. K. Freeman, *Ancilla to the Pre-Socratic Philosophers*, Oxford, 1948.

put disposer de la traduction, parfaitement encadrée et annotée, de Jean-Paul Dumont. C'est encore grâce à lui que nous disposons, dans la « Bibliothèque de la Pléiade » de l'ensemble complet des textes philosophiques, fragments et témoignages antérieurs à Socrate. Le tout est établi, traduit et commenté, avec la rigueur, les bonheurs de plume et l'humour qui ont fait la réputation de ce savant. On peut, d'autre part, s'informer commodément et non sans plaisir de cette aventure philosophico-littéraire athénienne dont le retentissement fut immense grâce à deux études conçues selon un point de vue et dans un esprit différant sensiblement l'un de l'autre.

Gilbert Romeyer-Dherbey (*Les Sophistes*, P.U.F., 5e éd., 2002, coll. « Que sais-je ? ») adopte sur les sophistes le point de vue du philosophe rompu à la pensée grecque de l'époque classique : ces marchands de savoir qui venaient de partout ne tombaient pas sur l'Agora d'Athènes comme des aérolithes. Nourris de haute culture, ils connaissaient parfaitement Homère et Hésiode – « les théologiens », comme on les appelait alors. Ils avaient été à l'école de grands maîtres, mais, au lieu de les imiter, ils prenaient position sur ce que les philosophes avaient censément révélé touchant le fond des choses : le mouvement, l'être et les apparences, et ce fameux problème de l'Un et du Multiple qui passionna l'Antiquité.

Les sophistes avaient leur idée sur tout et prenaient le contre-pied de toutes les théories ; mais gardons-nous d'y voir un simple goût du chambardement ou le comportement ludique d'intellectuels épris de nouveauté : sur ces hautes (trop hautes ?) spéculations, ils avaient décidé d'adopter le point de vue de l'homme-qui-parle-pour-dire-des-choses-utiles. Est vrai le discours qui est compris et qui porte. En lisant Romeyer-Dherbey, on vérifie que « l'hellénisme n'est pas compact », et que « la conservation de certains textes, la disparition de certains autres ont contribué à nous en donner une vision qui privilégie tel aspect au détriment de tel autre ». On donnait les sophistes pour des faiseurs, c'étaient des philosophes. En somme, on nous avait conditionnés.

C'est précisément sur ce point que Jacqueline de Romilly est irremplaçable. C'est en effet sur le phénomène de société qu'elle nous éclaire (dans *Les Grands Sophistes dans l'Athènes de Périclès*, 2e éd., Le Grand Livre du mois, 2000) sur le dialogue entre les sophistes et l'opinion publique athénienne. Tout se passe entre 450, date approximative de l'arrivée de Protagoras à Athènes, et 399, l'année funeste qui vit Socrate jugé et condamné par l'Assemblée populaire. Or ce demi-siècle conduisit Athènes de l'apogée de son rayonnement au déclin, et cela même n'est pas étranger à la réputation posthume des sophistes, ces intellectuels dont serait venu tout le mal.

Dans un régime de démocratie directe, où la persuasion était le principe fondamental du jeu politique, les sophistes faisaient profession d'enseigner exactement ce qu'il fallait pour faire carrière : être capable de soutenir avec un égal brio une thèse et son contraire, transformer la faiblesse de sa propre position en base d'attaque, terrasser l'adversaire en retournant contre lui ses points forts. Autrement dit, les sophistes apprenaient à convaincre et à vaincre en usant de toutes les ficelles de la dialectique et de la rhétorique. Pour cela, ils donnaient des clartés de tout et garantissaient le succès, en cas de litige, devant les tribunaux, devant l'Assemblée du peuple, partout. Leur réussite fut aussi immédiate qu'éclatante : « Athènes se jeta sans hésiter dans les bras de ces maîtres, au point que sa littérature en resta, pour toujours, marquée. »

Il faut dire qu'ils étaient portés par l'air du temps et qu'on ne les avait pas attendus pour être curieux de tout : d'astronomie, de physiologie, d'ethnologie, de législation comparée. On se réjouissait des progrès techniques ; et parce qu'on découvrait des explications naturelles à des phénomènes imputés jusqu'alors à l'arbitraire des dieux, parce qu'on s'avisait que les lois et les coutumes n'étaient pas partout les mêmes, on en venait à penser que rien n'était peut-être aussi divin ni aussi nécessaire qu'on se l'était figuré.

Dès lors, l'apparition fracassante des sophistes agit comme un catalyseur : ils donnèrent à cette critique larvée des valeurs traditionnelles une forme philosophique claire. Pour ces « nouveaux philosophes », qu'on a pu comparer à ceux des Lumières, plus rien n'était accepté a priori. Puisqu'il n'y avait de vérité qu'au niveau des impressions variables de tout un chacun, comme l'affirmait la formule fameuse de Protagoras : « L'homme est la mesure de toutes choses », on ne savait plus au juste s'il y avait ou non des dieux, et si la justice, « règle d'or de la morale grecque », n'était pas qu'une simple convention. Les sophistes faisaient table rase de tout ce qui, jusque-là, tenait lieu d'absolu (mythes, traditions, secrets supposés de l'univers révélés par les maîtres de vérité du passé), et bénéficiaient d'un préjugé favorable : là où les philosophes prêchaient la vérité, ils prônaient l'efficacité, sans cacher leur autosatisfaction.

Si les grands maîtres restaient cependant modérés dans le fond et la forme, leurs disciples, comme on pouvait s'y attendre, forçaient le trait et en faisaient souvent trop. Cette prédication hardie divisa un peu plus les Athéniens : certains milieux s'en félicitaient comme d'une libération, trouvant là une justification philosophique à ce qu'il faut bien appeler « la foire d'empoigne », d'autres croyaient y voir la cause des épreuves qui accablèrent la Cité dans le dernier quart du Ve siècle – la guerre chaque année, l'Attique envahie et rapidement occupée, la peste et, pour finir, la guerre civile. On ne comptait plus les morts, on voyait les puissants abaissés et des gens de peu soudain élevés par un coup de chance. On commençait à douter de la justice des dieux et, chez les hommes, à constater l'évidente efficacité de la force.

Dans un tel contexte, on devine le tour que prit la réaction contre ces étrangers venus ruiner l'ordre civique, subvertir la Cité sacrée. Certains, comme Aristophane, rejetaient en bloc toute forme d'*intelligentsia* ; d'autres s'en prenaient à ce qui pouvait encore distinguer les sophistes des philosophes, comme Xénophon ou Platon : d'un côté la vérité, de l'autre une science sans conscience parce que sans fondement dans le ciel des Valeurs.

Les sophistes ne voulaient pourtant pas d'un jeu de massacre pour le plaisir, sachant trop bien que personne ne peut vraiment trouver son intérêt dans l'anarchie. Aussi s'employaient-ils à reconstruire sur d'autres bases ce qu'ils avaient si allègrement ruiné. Se fondant sur l'expérience humaine, ils entendaient « définir une nouvelle morale, centrée sur l'homme seul », et montrer que la justice pouvait naître d'un consensus, d'un contrat social. « La loi, qui n'avait plus les dieux pour garants, en trouvait de nouveaux dans l'intérêt bien entendu des hommes. La justice, ainsi, se reconstruisait. » Ce ne fut pas cet humanisme lucide qui passa à la postérité, mais, pourtant, quelque chose du message des sophistes s'imposa durablement. On en trouve l'écho dans le théâtre d'Euripide et chez Thucydide, et les philosophes eux-mêmes, comme l'attestent les dialogues de Platon, durent modifier leur problématique et trouver de nouvelles réponses à ces nouvelles questions. « À partir des sophistes, la philosophie ne révèle plus : elle est obligée de raisonner et de prouver. » C'était une révolution.

Passionnant procès en réhabilitation devant l'histoire ! Si d'aucuns voulaient, sinon en savoir plus, du moins savoir autre chose, ils trouveraient des développements pleins d'intérêt dans les Actes du colloque de Cerisy, publiés par Barbara Cassin [1], où l'on s'efforce de discerner, dans les fragments des sophistes, les éléments d'une philosophie implicite du langage, selon l'esprit de notre temps. Toute philosophie est décidément affaire de relecture.

1. B. Cassin, *Le Plaisir de parler. Études de sophistique comparée*, Paris, Minuit, 1986, et *Positions de la sophistique*, Paris, Vrin, 1986.

Plotin et la figure de ce monde

On est moins porté, de nos jours, à accuser la distance qui sépare Plotin, sur le plan de la métaphysique, d'un Platon, d'un Aristote, voire des stoïciens. L'Alexandrin était donc moins oriental qu'on ne l'avait cru au temps où l'on spéculait sur les possibles contaminations de sa pensée par les sagesses réputées profondes et mystérieuses de l'Orient. Et Joseph Moreau, dans un livre remarquable[1], l'a confirmé de la façon la plus claire. Selon lui, Plotin est le point oméga d'un hellénisme dont il récapitule et accomplit l'ontologie intellectualiste. L'extase – si mal nommée et qu'il vaudrait mieux appeler *aplosis*, simplification –, l'extase elle-même ne serait rien d'autre, selon Moreau, qu'« un épisode transcendant de la vie de l'intelligence », et cela parce que « ce

1. J. Moreau, *Plotin ou la gloire de la philosophie antique*, Vrin, 1970. Voir, dans le même sens, J. Moreau, « Plotin et la tradition hellénique », *Revue internationale de philosophie*, 92, 1970, p. 171-180.

qui, chez Plotin, est au-delà de l'intellect, ce n'est pas un infini qui le borne, mais un absolu qui le fonde ». Ce qu'il y a chez Plotin de religieux, de mystique, se trouverait déjà, fût-ce en germe – sous une forme mythique, poétique, etc. –, dans l'intellectualisme grec. Ainsi, rien n'est dans Plotin qui ne soit d'abord dans l'Académie, dans le Lycée, dans le Portique. Pourtant, je serais tenté d'ajouter : *nisi Plotinus ipse*. Et mon propos est de justifier cette précision.

Il n'est pas douteux que Plotin reprend, mais en les transformant dans le sens de son propos, les notions grecques qui constituaient le fonds philosophique de son temps. Or la transformation qu'il impose à ces concepts familiers va dans un certain sens. Partant de ce syncrétisme que constituait le stoïcisme platonisant, Plotin en tire les différents éléments dans le sens de la transcendance, et cela à propos de chacun des plans onto-noétiques dans lequel il convient de situer les trois hypostases. L'Âme du monde, ce principe organisateur du grand Vivant qu'est l'univers, était pour les stoïciens purement immanente. Avec Plotin, cette instance revêt une dimension transcendante proprement platonicienne. Elle culmine, pourrait-on dire, dans une cime d'elle-même qui sait s'affranchir du « naturel », comme si elle refusait de s'identifier tout entière avec la besogne qui lui incombe et de pactiser sans réticence avec la nécessité de l'ordre universel. Pas davantage elle ne compose avec la matière, à l'instar des Formes aristotéliciennes. Il ne convient pas que le principe organisateur soit saturé par ce qu'il organise, mais bien plutôt, il faut qu'il surabonde. Ce quant-à-soi de l'Âme universelle plotinienne, requis d'ailleurs pour qu'il y ait monde organisé, vient du commerce contemplatif qu'entretient la troisième hypostase avec la deuxième, avec le *Nous* dont elle se voit procéder. Ce *Nous* lui-même, que fixe la *pschuké* dans sa contemplation féconde, apparaît chez Plotin comme la synthèse de deux notions tirées d'Aristote et de Platon. Il faut avoir présente à l'esprit la notion d'Intellect souverain : la *noéséos noésis*, mais à l'activité de quoi est dévolu comme objet éternel et identique l'Univers intelligible platonicien, archétype et organisation au niveau idéal du monde sensible. Il faut penser aussi à la notion d'Acte pur gouvernant le régime entier de l'Être. Seulement, chez Plotin, cet Intellect transcendant déchoit du rang d'absolument absolu, si j'ose dire, que lui reconnaissait Aristote, pour la bonne raison qu'étant un Pensant-Pensé, il inclut la dualité – fût-elle transposée sur le plan idéal – du sujet et de l'objet, entendons : de l'Être intelligible et de l'Intellect suprême qui le pense. Il faut donc qu'il y ait un Quelque chose – qui ne sera point une chose, fût-elle intelligible au suprême degré –, au-delà de sa propre transcendance. Et comme il ne saurait jamais y avoir d'Intellect seul, sans Intelligible qui lui corresponde, reste que le *Nous* procède d'un Premier qui, lui, est au-delà de la connaissance comme il est au-delà de l'Être : ce sera l'Un-Bien, première hypostase, synthèse du Bien selon la *République* et de l'Un selon la première hypothèse du *Parménide*. Et là, on sait quelles précautions a prises Plotin pour qu'en aucun cas le Premier ne fasse nombre avec ce qui découle de lui en fait d'êtres. Il faudrait tout reprendre, ici, de cette négation à la fois paisible et obstinée portant sur toute détermination applicable à l'Un, par laquelle Plotin renchérit sur le *Parménide* et pousse aussi loin que possible la « démonique hyperbole » de *République* VI, selon laquelle le Bien est dit « au-delà de l'essence ». Mais aussi bien sait-on qu'il n'a ni figure ni forme, qu'il est au-delà de la connaissance, au-delà de l'Intelligence, au-delà de l'Acte, au-delà de l'autonomie elle-même, bref, « au-delà de tout » (*Ennéades*, V, 4, 2) – expression que reprendra Grégoire de Nazianze pour l'appliquer au Dieu chrétien. On sait aussi qu'à la *via negationis* se superpose une *via eminentiae*, l'Un-Bien étant constamment dit hyper-bon, hyper-poétique, hyper-ontique, bref, hyper… sur toute la ligne. Ce procédé qui parfois confine au balbutiement est précisément un procédé. Si d'aventure vous saisissiez quelque chose, sachez d'avance que ce n'est pas cela. Que ce ne sera jamais cela. À la limite, on est incapable d'en rien dire, et les noms qu'on proposera ne seront jamais pris que par rapport à nous (*Ennéades*, V, 3, 13-14). « Lorsque vous prononcez son nom ou que vous pensez à lui, quittez tout le reste : faites abstraction de tout ; laissez ce simple mot : Lui » (*Ennéades*, VI, 8, 21).

On le voit : un décalage s'opère, chez Plotin, qui déplace chacune des notions de l'intellectualisme grec dans le sens de la plus haute transcendance possible. Comme du reste s'accomplira dans la direction de la plus haute transcendance la purification de l'âme individuelle, sa progressive simplification qui la conduira jusqu'à ressaisir – le temps d'un éclair – l'éternelle tangence avec l'absolument absolu qui constitue en son fond caché la vie de l'esprit. On sait que l'âme de chacun devra – devrait – premièrement renoncer à la complaisance gourmande pour les séductions du sensible. Laborieusement arrachée, non point au sensible – elle y garde sa place –, mais au prestige des engagements matériels délibérés, s'étant défaite de ces pseudo-additions de l'empirie, qui ne sont en fait que des pertes de charge, s'étant dépouillée de ces faux accroissements qui sont de vraies déperditions, l'âme dépasse les limites qu'elle s'était ainsi données. Coïncidant avec l'Âme du monde, dont elle participe, elle découvre avec le monde intelligible jusqu'à quel point et de quelle manière elle existe. Elle s'est élevée loin au-dessus de son premier système de jugement, qui l'impliquait si étroitement dans tout ce avec quoi elle traitait. Maintenant, les arbres ne lui cachent plus la forêt. Elle accède, au niveau du *Nous*, aux Idées. C'est trop peu de dire qu'elle y accède ; retrouvant là son statut d'idée, elle entre dans le jeu d'une transparence qui, en vertu de l'immanence mutuelle des essences, lui rend le monde intelligible présent en totalité, tandis qu'elle la rend elle-même présente au monde intelligible. Dans le moment où le monde se révèle à elle, la voilà révélée à elle-même. Elle *est* autant qu'elle peut être, elle est autant que *sont* les essences. Elle se délecte des visions promises dans le *Banquet* (211 d) : « C'est à ce point de l'existence, dit l'Étrangère de Mantinée, que, plus que partout ailleurs, la vie pour un homme vaut d'être vécue, quand il contemple le Beau en lui-même... » Elle se régale des paysages offerts à l'âme bienheureuse du *Phèdre* (247 d-e) : « Au cours de cette révolution, elle porte ses regards sur la Justice qui n'est que cela ; elle les porte encore sur la Sagesse, etc. » La parole de Platon est accomplie ; l'Ancienne Loi du platonisme est consommée. C'est alors qu'un autre ordre commence – si tant est qu'on puisse encore parler d'ordre ! –, que Platon, en *République* VI et en *Parménide* (141 e-142 a), avait, pourrait-on dire, prophétisé. Il s'agit maintenant que l'âme renonce même à cette vision heureuse, qu'elle dépasse vers l'absolu ce que même les plus élevées de ses connaissances incluent encore de multiplicité, ne serait-ce que la présence de soi à soi qu'implique encore la contemplation savoureuse des essences. Il s'agit maintenant de congédier jusqu'à ce minimum de multiplicité qui divise encore l'âme du fait qu'unie au *Nous*, elle se voit en quelque sorte voyant :

« L'être qui se pense se scinde en deux » (*Ennéades*, V, 3, 10), et on sait que le *Nous* implique par essence cette dualité-là. Il faut aller jusqu'à l'absolu d'unité. Suprême simplification, l'« extase » plotinienne rend l'âme bonne suprêmement oublieuse, qui actualise – l'espace d'un instant – l'éternelle coïncidence de son centre avec le centre universel, du présent de qui tout procède. Ainsi, « les trois hypostases ne se trouvent pas seulement dans la nature, mais en chacun de nous » (*Ennéades*, V, 1, 10), où elles peuvent être – où elles doivent être – retrouvées par-delà la dissipation des engagements terrestres. Et si tard qu'on les découvre, elles seront déjà là. Les belles méditations de Jean Trouillard ont définitivement montré qu'elles étaient autant de niveaux noétiques, dont la découverte est la vocation de chacun, et la finalité de la philosophie.

Nous ne pouvons ici que réfléchir sur ce décalage infiniment infini – pour le dire comme Pascal – vers la transcendance, que Plotin imprime aux catégories reçues de l'hellénisme. Tout se passe comme s'il voulait qu'à aucun moment notre recherche ne s'arrête, satisfaite de la compréhension que lui permettraient, chacune en ce qui la concerne, les notions explicatives existantes : Âme du monde, Formes, Acte pur, substances... Ni que s'adultère du même coup cette génération, en nous, dont parlait Diotime dans *Le Banquet*, car l'Idée est instance objectivante avant d'être objet, elle est valeur et tâche à accomplir. Il semble que, pour Plotin, il y ait toujours mieux à faire que s'inscrire dans la ligne des philosophies, ou plutôt dans leur stricte observance, et c'est sans doute pourquoi, comme l'a finement dit Pierre Hadot, « Plotin utilise Platon comme les mystiques chrétiens utilisent le *Cantique des Cantiques*[1] ». Plotin entend conduire jusqu'à un certain point dont il a l'expérience, dont il garde en lui le souvenir toujours vivant : jusqu'à la tangence extemporanée avec le Premier d'où tout procède, contact impossible à maintenir, qu'on ne peut qu'attendre en s'y disposant de son mieux, et jamais provoquer.

Le phénoménologue impénitent que je suis ne peut ici se demander qu'une chose : sur le trajet de quelle intention de la conscience se situe, chez Plotin, ce propos de forcer dans le sens de la plus grande transcendance les catégories philosophiques de son temps ? À cela, je ne puis donner qu'une réponse : il s'agissait, pour Plotin, de faire porter par une langue philosophique, dont il trouvait tout faits les éléments dans la pratique en usage, un contenu dont il savait de bonne source qu'il était, à la limite, intransmissible. D'une part, il y avait chez Plotin ce que nous lui connaissons d'hérédité philosophique, et qui est, à vrai dire, le lot de tout philosophe : cet attachement que nous éprouvons nous-mêmes à une certaine formation philosophique, qui nous a accoutumés à certains concepts

1. P. Hadot, *Plotin ou la simplicité du regard*, Plon, 1963.

traditionnels où se condense une sagesse qui pour nous a valeur, et qui fournissent des développements logiques dont on ne se dessaisit point à la légère. Ce n'est pas pour rien que Plotin situe sa pensée parmi les interprétations de Platon, d'autant qu'à l'époque, on était toujours, ouvertement, le disciple de quelque Ancien, le commentateur de quelque philosophe qui avait tout dit. L'originalité en tout domaine n'est une recommandation que depuis peu. Et ces systématisations antiques se déroulaient toutes selon une raison admirable : Plotin n'est point tenté, c'est le moins qu'on puisse dire, d'exprimer ce qu'il avait éprouvé dans le langage délirant des gnostiques. Pas davantage il n'a choisi de s'en tenir aux ferveurs et paroxysmes suspects des Mystères, dont il ne retient les liturgies que par manière de dire, pour faire comprendre autre chose (*Ennéades*, VI, 9, 10-11). Autre chose, c'est-à-dire le second élément, irréductible à toute expression philosophique, et qui est, précisément, son expérience à lui. Une expérience dont il ne parle que d'un air entendu : « Celui qui a vu sait ce que je dis » (*Ennéades*, VI, 9, 11). C'est cela qu'il devait tenter de suggérer, de faire passer dans le circuit de la raison philosophique. Il fallait dès lors affecter d'une « hausse de visée », comme dirait Henry Duméry, chacune des catégories de pensée dont on se servait à l'époque, les décaler encore une fois vers l'absolument absolu de la philosophie première.

Maintenant, qu'en était-il de cette expérience ? Le chercheur est réduit aux conjectures, et j'ai conscience ici de quitter la science pour l'hypothèse. Pourtant, il me semble discerner une voie d'approche, sinon vers l'expérience elle-même, du moins vers la compréhension du climat métaphysique dans lequel elle survient, et c'est du côté de la durée qu'il faudrait, selon moi, la chercher. Je le pressentais depuis longtemps, et c'est la précieuse étude que donne du temps selon Plotin Joseph Moreau qui confirme ce sentiment.

Il faut souligner d'abord qu'il y a, chez Plotin, une incontestable présence au monde, ainsi que l'a noté Jean Trouillard : « Tantôt Plotin parle de la nature qui s'offre à nos sens avec une véritable ferveur spirituelle, une admiration de croyant et d'artiste. Il la défend contre le pessimisme gnostique (*cf.* II, 9). Tantôt il enseigne qu'il faut s'en détourner comme d'un lieu de perdition et d'illusion, qu'il faut fermer ses sens (I, 6, 8)[1]. » Inquiétant sensible qui jamais ne laisse indifférent, et dont l'âme humaine tend toujours à épouser le déroulement ! « Le sensible, écrit encore Jean Trouillard, c'est la limitation se manifestant sous une forme éclatante, douée d'un certain charme héroïque, esthétique et tragique à la fois. Nous en faisons l'instrument d'une sorte de paradis artificiel, d'extase infé-

1. J. Trouillard, *La Purification plotinienne*, PUF, 1955, p. 32-33 ; voir aussi *La Procession plotinienne*, PUF, 1955, p. 41.

rieure… » Mais cette ambiguïté à l'égard du sensible se comprend mieux dans la mesure où l'on a compris aussi que, pour Plotin, l'existence de ce sensible est perçue comme une existence dérivée, dont le principe est dans l'intelligible qui transcende l'espace et le temps. Ainsi, note Joseph Moreau, pour Plotin, « le temps est la réfraction, dans le sensible, de l'éternité qui est la condition propre de l'intelligible », et les « deux » univers, le sensible et l'intelligible, s'opposent comme le temps et l'éternité. Mieux : « Le temps est à l'éternité ce que le *devenir* de l'Univers sensible est à l'*être* intelligible. » Ainsi, ce que nous éprouvons dans la durée dont notre âme est le siège – ainsi qu'il ressort d'un très important passage (*Ennéades*, III, 7, 11) –, c'est un monde qui procède en même temps que nous, un monde qui avec nous *ne cesse de* procéder, dispersant dans le fleuve d'Héraclite l'immuable plénitude, la richesse absolue, le *tota simul* dont parlera Augustin, c'est-à-dire, finalement, l'Intelligible pur. Et cette procession incessante s'accomplit à partir d'un horizon éternel dont nous ne pouvons jamais – et pour cause – que pressentir plus ou moins fort la présence. Et c'est bien pourquoi il faut entreprendre le voyage, l'ascension qui recueillera le dispersé (*Ennéades*, V, 1, 4) avec l'âme qui se dispersait, et rejoindre d'abord l'Intelligible (*Ennéades*, V, 1, 4), puis – peut-être – le point au-delà de l'être, au-delà de l'intelligible… dont tout procède.

Comment éclairer davantage, et plus particulièrement pour ceux qui ne sont pas sensibles à ce déroulement ontique de la durée, cette expérience-là ? Comment en suggérer le climat ? Bien sûr, on songe tout de suite à Bergson, et ce n'est pas sans raisons qu'il s'est attaché à Plotin. On pense à cette contorsion de nos pragmatismes spontanés qui nous donne accès au pur déroulement de la durée, c'est-à-dire au monde durant. Mais il n'y a pas que Bergson, et l'on songe aussi au premier Sartre, de *La Nausée*, avec les expériences de Roquentin : « Où aller ? *Tout* peut arriver (...). Tant que je pourrais fixer les objets, il ne se produirait rien : j'en regardais le plus que je pouvais, des pavés, des maisons, des becs de gaz ; mes yeux allaient rapidement des uns aux autres pour les surprendre et les arrêter au milieu de leur métamorphose. Ils n'avaient pas l'air trop naturels, mais je me disais avec force : c'est un bec de gaz, c'est une borne-fontaine, et j'essayais, par la puissance de mon regard, de les réduire à leur aspect quotidien... » Voici de même l'expérience d'un romancier, Luc Estang, décrivant la rupture soudaine avec l'ordre des évidences : « Une chaise à la terrasse d'un café, une table, une tasse, une soucoupe, une cuillère, accusaient soudain, isolément, un relief exorbitant. Et certes ces objets débordaient leurs limites utilitaires ; ils empiétaient sur moi en imposant à mon attention une réalité que je ne pénétrais pas. Et toutes les chaises, les tables, les tasses et les soucoupes, les cuillères que rencontrait ma vue et celles que suscitait mon imagination s'ajoutaient à celles-là. Elles se multipliaient à l'infini, l'air obtus, me narguant. Je demandais : *pourquoi* cela existe-t-il ? La raison me répondait par des fins pratiques et par des *comment*. Une relation essentielle me manquait toujours. Je regardais ma main. C'était elle, alors, qui acquérait une réalité excessive et incompréhensible. Tentative ultime : la saisie de moi-même par moi. Je m'échappais. Toucher terre ? La terre aussi bien ou l'asphalte qui la recouvrait, comme le marronnier planté là, ou le moineau posé ici, ou le nuage filant ailleurs, le passant indifférent comme l'ami à qui je me confiais, irréductibles à une prise intelligible me renvoyaient à moi-même qui ne pouvais plus me cerner. Toutes choses, les unes par rapport aux autres, et moi au milieu d'elles, vacillaient, dénonçant une fatalité vide de nécessité. Je me voyais nu et me sentais assailli comme un nouveau-né coupé de ses attaches. Je criais : pourquoi ça, pourquoi lui, pourquoi moi, pourquoi tout ? Oui, pourquoi tout ce qui est : voilà la question ; j'avais intolérance qu'il ne m'y fût pas répondu[1]. »

Voici encore l'expérience de Charles Lapicque, décrite cette fois sur le mode négatif : « Chacun s'est senti à certains moments, je pense, frappé de l'irréalité des choses, sans qu'aucune cause apparente puisse être découverte à cette sensation. Pour ma part, combien de

1. L. Estang, *Ce que je crois*, Grasset, 1956.

fois ne m'est-il pas arrivé, au cours d'une navigation mouvementée, de sentir en un instant s'effondrer la solidité du monde. Brusquement, la côte lointaine ensoleillée, les vagues qui déferlaient contre la coque, le bateau lui-même, tout bondissant qu'il était et se couchant sous les rafales, tout cela me paraissait une illusion sur le point de s'évanouir, et dont assez étrangement il me semblait même souhaiter l'évanouissement. À vrai dire, il eût été plus satisfaisant que toutes ces choses fussent anéanties et moi avec, puisqu'aussi bien ni leur poids, ni leur vitesse, ni leur couleur, ni même leur indéniable beauté, n'étaient capables de leur conférer l'existence, non plus que me la donner à moi-même. Et je croyais entendre une voix qui me disait : Que viens-tu faire ici ?, comme si je m'étais engagé dans une aventure absurde, celle de naviguer, bien sûr, mais derrière elle et plus profondément, celle de vivre. C'est qu'il ne suffit pas d'être animé pour être vivant : encore faut-il savoir ce qu'on entend faire de cette animation ; et dans ces moments-là, je ne le savais plus du tout[1]. »

Voici encore un dernier témoignage, celui de Jacques Maritain – tant sont différents les contextes intellectuels qui entourent cette expérience ! –, qui en bon réaliste parle de « transobjectivité consistante » ! « Il s'agit là, dit-il, de quelque chose de premier, de très simple et

1. Ch. Lapicque, « L'art et la mort », *Revue de métaphysique et de morale*, juillet-septembre 1959.

très riche à la fois et si l'on veut d'ineffable, en ce sens que c'est bien ce dont il est le plus difficile de décrire la perception, parce que c'est ce qu'il y a de plus immédiat. On peut dire, si l'on veut (...), que ce que je perçois alors est comme une activité pure, une consistance, mais supérieure à tout l'ordre de l'imaginable, une ténacité vivace, précaire (...) et farouche en même temps (en moi, hors de moi monte comme une clameur la végétation universelle), par quoi toutes les choses me jaillissent contre et surmontent un désastre possible, se tiennent là[1]... »

Je pourrais citer d'autres textes, invoquer d'autres témoignages, que je prendrais chez Jean-Paul Richter, chez le poète Jorge Guillén, chez Gabriel Marcel, chez Vladimir Jankélévitch (notamment dans l'admirable *Philosophie première*), bref, chez les gens les plus différents, représentant les philosophies les plus disparates, car cette expérience-là transcende les philosophies constituées. On pourrait même dépasser le cadre de l'exercice philosophique ou littéraire, et retrouver une expérience analogue dans le domaine artistique, comme l'a suggéré Jean Wahl à propos de Van Gogh et de quelques autres, dans leur recherche du « tout autre chose[2] ». Toujours est-il que de cette expérience, les uns

1. J. Maritain, *Sept leçons sur l'être et les premiers principes de la raison spéculative*, Téqui, s.d., p. 61.

2. J. Wahl, *L'Expérience métaphysique*, Flammarion, 1965.

tirent des implications transcendantes, d'autres point, mais cela n'importe pas ici. Chacun aura compris ce qui est en jeu par-delà les divergences propres aux systématisations philosophiques, et que j'entends désigner ici. Il est de fait que, pour certains hommes, l'existence du monde qui les entoure et de leur monde « intérieur » n'est jamais un donné qu'on pourrait mettre entre parenthèses, mais elle est toujours susceptible de leur apparaître, soudain, comme un surgissement perpétuel en mal de justification. Chaque chose se met, sous ce regard instantané, à exercer, si je puis dire, l'existence. L'objet le plus familier se donne, l'espace d'un instant, comme venant à eux du fond d'un horizon impossible à scruter. Et le survol des causes, allât-il à l'infini, ne résoudrait rien de cette question-là. C'est d'ailleurs pourquoi ceux qui récusent cette expérience le font à bon droit, dès lors qu'ils ne l'ont point éprouvée. « L'homme qui a une expérience métaphysique, dit Jean Wahl, est cette expérience métaphysique. » Avouerai-je qu'elle est mon tourment depuis toujours[1] ? Or il me paraît que Plotin, plus peut-être qu'aucun philosophe, fut attentif à ce que Vladimir Jankélévitch nous a appris à appeler le *Quod*, à ce fait *qu*'il y a un monde, ou, mieux, *qu*'il y a monde. Pour Plotin, ce fait-là jamais

1. Cf. L. Jerphagnon, *De la banalité. Essai sur la durée vécue : durée personnelle et co-durée*, Vrin, 1966. Voir également notre *Entrevoir et vouloir : Vladimir Jankélévitch*, La Transparence, 2008.

n'alla de soi. C'est une autre question de savoir dans quelle mesure les hérédités alexandrines de Plotin le prédisposaient à être attentif à ce qui échappe à la majorité des hommes. Aux spécialistes de le dire. Toujours est-il que de ceux que j'ai cités, qui témoignent chacun pour soi et à sa manière en faveur de ce que j'appelle, faute d'un meilleur mot, l'intuition de la contingence, aucun n'est oriental. Or je mets en fait qu'une telle intuition, si elle n'est pas nécessairement « extase », est cependant proche de cette simplification extrême, absolue, d'un instant qui fait qu'on atteint – si l'on peut dire – à la source de l'Être. Mais il ne faut pas oublier non plus que de telles intuitions doivent sans doute beaucoup, fût-ce contre le gré de ceux qui les éprouvent, à ce qui de l'Orient a filtré jusqu'à nous par les Pères de l'Église et les théologiens, avant que d'imprégner la philosophie d'Occident. C'est pourquoi, avec Jean Trouillard encore, je dirais volontiers : « Pour que le plotinisme naquît, il fallait que des préoccupations religieuses venues principalement d'Orient rejoignissent les exigences rationnelles de la culture hellénique et platonicienne, déjà empreinte par ailleurs de traditions religieuses. Il fallait que le très ancien dualisme du monde impur et du monde pur rencontrât la distinction platonicienne du sensible et de l'intelligible et fût transposé dans le registre noétique, que l'extase des mystères assimilât le Bien auteur des idées, que peut-être la création radicale des sémites et leur souci de l'âme individuelle fécondassent la procession dialectique et le monde intelligible esquissés dans les *Dialogues*, qu'une théorie de la régénération par illumination transcendante s'alliât à un processus d'intériorisation noétique, qu'une méthode critique pût passer pour une purification religieuse[1]. » Sans doute fallait-il tout cela, et qu'à l'intellectualisme grec l'Orient apportât de nouveaux irrationnels à rationaliser. C'est pourquoi je dirais, moi aussi, que « Plotin ne va pas originellement de la philosophie à la mystique. Il est plus réellement un mystique qui use du circuit philosophique. Il a cherché le langage le plus apte à traduire rigoureusement devant la conscience claire ce qu'il vivait déjà[2] », et qui était son secret. Plotin rayonne donc bien, comme l'a si parfaitement montré Joseph Moreau, « la gloire de la philosophie antique ». Mais c'est au travers de sa propre nature qu'il le fait. Une nature particulièrement vibrante et méditative, sensible à l'extrême à ce que j'appellerais, d'un hébraïsme hérité de l'Écriture, « la figure de ce monde », c'est-à-dire, finalement, à la contingence, à l'imparfaite perfection de ce qui passe et ne fait que passer. Au travers, aussi, d'une nature affinée encore par la formation spirituelle reçue en milieu alexandrin. Ainsi s'expliquerait que l'élève d'Ammonios dût sans cesse tirer dans le sens de la plus

1. J. Trouillard, *La Purification plotinienne*, *op. cit.*, p. 204-205.
2. J. Trouillard, « Valeur critique de la mystique plotinienne », *Revue philosophique de Louvain*, août 1961, p. 439.

haute transcendance, et jusqu'au-delà de la transcendance – si ces mots ont encore un sens –, les notions héritées de la philosophie grecque, pour, à travers elles, exprimer au plus près, fût-ce toujours à peu près, « ce qu'il avait vu ».

Les vrais-faux : Platon, Denys, etc.

Tout le monde connaît les *Dialogues* de Platon : Socrate y discute avec ses disciples, de l'amour dans le *Banquet*, de l'âme dans le *Phédon*, etc., et vers la fin du volume, nous tombons sur l'*Axiochos*, ou *De la mort*. Émouvante histoire. Un jeune homme en larmes accourt chez Socrate : son père a eu un malaise, il est à l'agonie et il a très peur de mourir. Qu'à cela ne tienne, Socrate se rend chez le mourant et l'apostrophe : « Allons, allons, Axiochos ! Tu faisais le malin, et voilà que tu te conduis comme un gamin ! » Et de le rassurer : « La mort ! Mais ce n'est rien, voyons ! D'abord, aussi longtemps que tu es là, elle n'y est pas, et quand elle est là, c'est toi qui n'y es plus ! Et puis d'abord, l'âme est immortelle ! »

Très beau. Du coup, voilà Axiochos rassuré, et presque content de s'en aller. L'ennui, c'est que Socrate n'est pas l'auteur de cette déclaration fracassante. C'est le philosophe Épicure qui, cent trente ans plus tard, écrit dans sa *Lettre à Ménécée* : « Sot est celui qui dit craindre la mort, non parce qu'il souffrira lorsqu'elle sera là, mais parce qu'il souffre de ce qu'elle doit arriver. Car ce dont la présence ne nous cause aucun trouble, à l'attendre fait souffrir pour rien. Ainsi le plus terrifiant des maux, la mort, n'est rien par rapport à nous, puisque, quand nous sommes, la mort n'est pas là, et, quand la mort est là, nous ne sommes plus. » Ces propos ont donc été prêtés ultérieurement à Socrate. Bref, l'*Axiochos* est un pastiche, aussi anachronique qu'une roue de vélo à Pompéi. Dès l'Antiquité, on savait que c'était l'ouvrage d'un philosophe bricoleur estimant génial de mêler toutes les écoles de pensée.

Maintenant, nous voilà à la fin de l'empire romain d'Occident, sous les empereurs chrétiens, et plus d'un Romain regrette le bon vieux temps. Alors, on lit des livres signés de six auteurs d'époques différentes, qui ont écrit des vies d'empereurs d'autrefois, depuis Hadrien jusqu'à Carin, autrement dit de 117 à 285. C'est intéressant, documenté, un peu érotique par endroits, mais enfin… Les siècles passent et on regroupe tout cela, au XVIIe siècle, sous le nom d'*Histoire auguste*, et nul ne se pose de questions jusqu'à la fin du XIXe. C'est alors qu'un savant découvre que bien des documents sont des faux et que les six rédacteurs supposés n'ont jamais existé que dans l'imagination de l'auteur, resté anonyme. Il vivait, pense-t-on, à l'extrême fin du IVe siècle, mais il s'était lui-même décalé dans le temps et il écrivait dans un présent d'emprunt. Bref, il s'agit d'un canular parfaitement réussi. En effet, dans ce livre à clefs, l'Anonyme, un fidèle des anciens dieux, adresse aux ultimes païens un message humoristique et vengeur à la fois. Sous les traits de tel empereur d'antan, dépeint comme crapuleux, les gens de l'époque reconnaissent... tel empereur chrétien particulièrement détesté. L'*Histoire auguste*, rééditée par des savants d'aujourd'hui, est un vrai régal.

On a toujours lu et étudié, chez les théologiens chrétiens, les magnifiques traités *Des noms divins, La Hiérarchie céleste*, etc., qui font partie du patrimoine de la philosophie. Ils sont signés de saint Denys, le premier évêque de Paris. Converti à la suite du discours de saint Paul à l'Aréopage d'Athènes (Actes des Apôtres, XVI, 22-33), il est pour cela surnommé l'Aréopagite. Il meurt martyr, décapité, et il passe pour avoir transporté sa tête sur un assez long parcours.

Rien de tout cela ne pose problème jusqu'à la fin du XIXe siècle. Une biographie du saint philosophe est même rédigée par Mgr Darboy, l'archevêque de Paris assassiné par les insurgés de la Commune. Mais, à mesure qu'on a de la pensée antique une meilleure connaissance, on découvre qu'il s'agit de l'œuvre d'un disciple du philosophe païen néoplatonicien Proclus, qui vivait au Ve siècle, autrement dit quatre cent cinquante ans après le discours de Paul à l'Aréopage. Converti, ce disciple vit tout le parti qu'on pouvait tirer de la pensée de son maître pour la théologie chrétienne, et écrivit un peu plus tard ses grands traités. Mais comment leur donner une chance de convaincre les hauts cadres de l'Église ? Le mieux était encore d'en attribuer la paternité à quelque successeur des apôtres. Denys l'Aréopagite ferait l'affaire : il avait écouté l'apôtre, était considéré comme évêque successeur des apôtres, et, mieux encore, c'était un saint martyr. Va pour Denys l'Aréopagite ! Ainsi s'imposent dans les milieux intellectuels de l'Église les textes d'un inconnu de génie, qu'on trouve aujourd'hui dans tous les dictionnaires sous le nom… de Pseudo-Denys.

Tout au long de l'Antiquité et du Moyen Âge, nombreux seront ces vrais-faux qu'on désigne sous le nom quelque peu barbare de « pseudépigraphes », et bien différents des textes authentiques quant à leur valeur et à leur portée. Ils n'en ont pas moins d'importance pour l'historien, de bien des points de vue : évolution des mentalités, autorité des auteurs détournés…

De nos jours, la propriété littéraire étant ce qu'elle est devenue, l'avenir, pour un jeune auteur qui se permettrait de pareils canulars, ce serait le fou rire des journalistes, et un procès coûteux assorti d'un traitement psychiatrique !

II

PRÉSENCE DE ROME

Que devons-nous à Rome ?

Que devons-nous à Rome ? Tout, bien sûr. Enfin presque... Voilà ce que d'emblée je serais tenté de répondre. Car enfin, il y a seulement deux mille ans, notre Europe des Vingt-sept presque entière était tout juste une partie d'un immense empire dont la capitale était Rome. Siècle après siècle, il avait fini par s'étendre du Maroc à l'Irak, de la Rhénanie au Sahara, de l'Écosse au golfe Persique. Vaste monde sillonné de routes propices au commerce et à la circulation des troupes, autour d'une Méditerranée devenue lac intérieur. Cette incroyable extension n'avait pas été sans résistances, on s'en doute. C'est Tacite qui rapporte dans la *Vie d'Agricola* ce mot d'un chef écossais à propos de la conquête romaine : « Là où ils font le vide, ils appellent ça la paix. » C'était injuste, en tout cas très exagéré. Rangeons-nous plutôt à l'avis de l'Illyrien Jérôme, pour qui Rome est la mère universelle. En effet, si la civilisation romaine n'avait évidemment pas réalisé le paradis sur terre, notamment du point de vue économique et social, elle apportait un mieux. Au reste, les indigènes de ces contrées disparates n'avaient rien de plus pressé que d'imiter les conquérants.

L'archéologie, l'histoire en témoignent : chaque cité de l'Empire se voulait une petite Rome, avec sa curie, son forum, ses colonnes. Et cela sans que ses citoyens dussent perdre pour autant leur langue, leur culture, leurs dieux, leur identité. Chacun restait libre, comme Plutarque entre autres, de cultiver sans se cacher son attachement à « la petite patrie ». Question de mentalité, variant avec les lieux : les Africains étaient plus chauvins, les « fils du Danube » plus romains que les Romains. Il faut de tout pour faire un monde, un monde qui aura tenu un large millénaire et qui hante encore notre présent.

Qu'avait donc apporté Rome à cet univers aux dimensions effarantes ? Bien des choses, mais d'abord la paix. L'arrivée des légions romaines avait mis un terme aux conflits chroniques entre peuples et peuplades, enclins depuis toujours à se poser en maîtres de leur coin. Les ethnies jusqu'alors hostiles devaient compter avec leurs voisins, vivre avec eux, sinon en bonne intelligence, du moins avec le minimum de hargne ou de peur. N'était-on pas logé à la même enseigne, contraint à la même retenue sous l'œil des légions ? On pouvait désormais s'adonner à des activités plus rentables que la guerre, et c'était autant de gagné pour la région, mais aussi pour la prospérité de Rome : le fisc y veillait… Bref, au temps de Trajan, né en Espagne en 53, Rome avait repris à son profit l'entreprise d'Alexandre le Grand quatre siècles plus tôt. Sur le champ des sempiternelles batailles, le Macédonien avait instauré le monde hellénistique, riche de réalisations et d'espérances. Plus d'un César se vit ainsi en « nouvel Alexandre » et, l'idéologie aidant, se posa en délégué des dieux exerçant la royauté cosmique. Tout le monde y trouvait son compte, le prince qui rencontrait sous lui moins de résistance ; les sujets qui trouvaient au-dessus d'eux moins d'arrogance. Cette idée d'un pouvoir émanant d'en haut aura un bel avenir, une fois recyclé par les chrétiens. Ajoutons que l'occupation militaire, si elle n'alla pas toujours sans heurts, sut néanmoins rester discrète. Au reste, plus d'un auteur chante les bienfaits de la *pax romana*. Plutarque se félicite qu'aient disparu « ces fléaux endémiques de la Grèce » : guerres, tyrannies. Grec lui aussi, Épictète jouit de ce calme : « Plus de brigandage, de piraterie ; on peut voyager de l'Orient à l'Occident. » Et le Syrien Aelius Aristide porte aux nues dans son *Éloge de Rome* l'efficacité de l'administration, qui excelle à maintenir « la démocratie universelle sous la domination d'un seul ». Même si Aelius Aristide « en remet », la mainmise de Rome sur tant de peuples était perçue comme globalement positive.

Avec la paix, Rome apportait un universalisme qui élargissait de façon bénéfique les sensibilités locales.

On gardait sa langue vernaculaire, mais prévalaient peu à peu le latin et le grec, langues de l'administration, du commerce et de la culture. On a retrouvé de commodes manuels de conversation latin-grec, avec les deux écritures et la prononciation figurée ! Du grec et du latin, l'essentiel survit aujourd'hui encore dans les langues de l'Europe. Jusqu'au XVIIIe siècle, le latin fut la langue des savants et, sans faire preuve de chauvinisme, je puis rappeler que le français, qui doit au latin sa concision et ses nuances, fut longtemps la langue diplomatique. Cette diffusion du latin et du grec dans tout l'Empire, ne fût-ce que pour les besoins du commerce, relativisa les particularismes, les démoda, ouvrit chaque contrée à d'autres influences, brassa les cultures. Le développement de la philosophie aidant, les plus évolués des ressortissants de l'Empire en viendraient à se dire citoyens du monde.

Car le grec et le latin éveillaient à une culture et les voyages à une esthétique. Horace, dans les *Épîtres*, reconnaît que « la Grèce subjuguée a vaincu son farouche vainqueur, et porté les arts jusqu'au cœur du sauvage Latium ». Encore que les Romains s'en soient d'abord défendus avec une touchante mauvaise foi, c'était bien de la Grèce que leur était venu le goût des lettres, des arts et de la pensée. La paix revenue sauvegarda les différentes formes du génie artistique et littéraire, et suscita partout l'émulation. Non que les

Romains se soient satisfaits de copier, comme on l'a trop dit, l'art des Grecs. Très tôt, on sut à Rome s'approprier, et de façon originale, l'énorme avance du monde hellénistique en architecture, décoration, lettres. Il y a une littérature spécifiquement romaine ; il y a bien un art authentiquement romain et j'ajouterai qu'il y a bien une philosophie romaine. Tout cela répondant aux aspirations d'un peuple à travers les âges, et diffusant ses valeurs ancestrales partout dans sa zone d'influence. Bien des vestiges en témoignent encore aux quatre coins du monde et dans l'Europe d'aujourd'hui, restes nostalgiques des théâtres, amphithéâtres, cirques, temples et colonnades, mosaïques et peintures qui toujours parlent aux visiteurs des musées. Comédies, tragédies ont longtemps reproduit sur nos scènes, et jusqu'à nos jours, ce qu'on admira au long des siècles de la grandeur de Rome et des Romains : *Horace* et *Cinna* pour Corneille, *Titus Andronicus*, *César, Coriolan, Antoine et Cléopâtre* pour Shakespeare, et j'en passe. Les révolutionnaires français pastichèrent la romanité jusqu'au ridicule. Il n'est pas jusqu'aux lois, du moins en France, qui ne descendent en ligne directe du droit romain. Le vœu de Rutilius Namatianus fut exaucé. Inconsolable de quitter sa Rome bien-aimée, il s'écriait : « Propage ces lois qui vivront avec toi de siècle en siècle. » Éternité de Rome.

« Les villes aussi peuvent mourir », déplorait le même Rutilius. Il devançait ainsi Paul Valéry assurant que les civilisations sont mortelles. À la fin du sinistre Ve siècle, l'empire romain d'Occident disparut. Mais avoir été est encore une manière d'être.

Roma æterna

Du Northumberland où s'élevait le mur d'Hadrien jusqu'à Ctésiphon, quelque part en Irak, de Cologne jusqu'à Timgad, dans les Aurès, de Mérida jusqu'au bord de la Caspienne : un espace dont seuls l'avion et le journal de 20 heures font oublier l'immensité. C'était l'Empire romain du IIe siècle de notre ère.

Tout avait commencé dix siècles plus tôt, quand une bourgade du Latium avait jugé utile d'élargir son périmètre. Obsession de la grandeur ? Pas au début. Réflexe de précaution : mieux valait mettre le plus de distance possible entre le Forum et les voisins, pas forcément conviviaux. Mais l'appétit vient en mangeant et, au cours des siècles, rappelons que Rome avait bel et bien encerclé autour de la Méditerranée – *mare nostrum* – une surface de quelque 3 300 000 km^2. Territoires peuplés d'ethnies disparates, parlant tous les idiomes et tant bien que mal le latin et le grec ; espaces s'étendant à perte de vue, sillonnés de routes – 75 000 km environ – reliant des villes qui toutes se donnaient des airs de Rome. Cela ne s'était, certes, pas fait sans guerres, mais la *pax romana* s'était imposée, car finalement chacun y trouvait son compte. Rome bien sûr, qui se fournissait partout en denrées, en main-d'œuvre à bon marché, voire gratuite, en soldats. Mais ailleurs, c'étaient moins de conflits locaux épuisants, plus de sécurité, une civilisation aussi, à laquelle la plupart des peuples, soucieux pourtant de leur identité, trouvaient profit à s'intégrer. Épictète et Plutarque, des Grecs, Aelius Aristide, un Syrien, saint Irénée, venu d'Asie Mineure, tous vous le diront. Il en irait ainsi jusqu'à la fin du Ve siècle, longévité qui intrigue, comme du reste les causes de sa fin.

Rome a grandi sous trois régimes. La monarchie d'abord (– 753 à – 509) ; mais le règne du dernier Tarquin rendit les Romains allergiques au mot même de roi, comme en témoignent Tite Live et Cicéron. Vint alors la république sénatoriale (– 509 à – 27). En droit, l'exécutif était réparti entre magistratures électives : consuls, questeurs, préteurs, censeurs. En fait, sur fond de conquêtes (Afrique, Gaule, Espagne, Orient hellénistique) profitables aux intérêts des grandes familles plus qu'au « peuple romain », la démocratie tourna vite à l'oligarchie ploutocratique, peu soucieuse de la « Rome d'en bas »... D'où plus d'une crise entre possédants et *proletarii*, gens qui ne pouvaient compter que sur leur descendance (*proles*) pour vivre. L'instauration d'un tribun de la plèbe ne suffira pas à normaliser les rapports. Et quand on voit Caton l'Ancien, parangon de la vertu ancestrale, énumérer dans son *Traité d'agriculture* « la vieille vache, le vieil esclave » comme biens sur quoi ne pas perdre à la revente, on comprend mieux l'épisode Spartacus (73-71 av. J.-C.). Et l'on est moins tenté de voir la République romaine comme on l'imaginait en 1789. Ajoutons l'absence d'une administration responsable dans les territoires conquis, ce qui ouvrait la voie à tous les détournements ; la montée en puissance des légions, dont les chefs étaient tentés de se mettre à leur compte ; la prolifération aussi des aventuriers de la politique dans une société instable. Ainsi, on ne s'étonnera pas que, de scandales en empoignades et règlements de comptes entre factions, la République ait basculé dans une guerre civile de cent ans. Puis ce fut la mise en place de ce qu'on appelle l'empire (27 av. J.-C. à 476).

« Rome doit beaucoup aux guerres civiles », chante Lucain dans la *Pharsale*... Et, paradoxalement, un régime qui va prolonger de cinq siècles son destin. Vainqueur à Actium (31 av. J.-C.) d'Antoine, qui autrement, en compagnie de Cléopâtre, se fût approprié tout l'Orient romain, le jeune Octave, un petit-neveu de César, prend les affaires en main. Un coup d'État ? Que non ! Il savait trop ce qui était arrivé à oncle Jules pour avoir tenté, à ce qu'on disait, de restaurer la monarchie. On ne touche pas à la république. Le Sénat, les élections, les magistratures, tout reste en place, garanti

SPqR[1]. Simplement, Octave se laisse confier tous les pouvoirs par le Sénat, avec en plus l'air de les refuser. À la rigueur, il veut bien être *princeps*, le premier des sénateurs. De tout cela, il s'explique dans les *Res gestae*, un testament gravé ici et là en latin et en grec. Du grand art : les apparences sont sauves, les fantasmes démocratiques aussi, et cette géniale astuce des magistratures rassemblées sur une seule tête va être reconduite cinq siècles durant par cinquante-huit « princes » aussi différents qu'il se peut. Tous porteront le nom de César et le surnom d'Auguste, dont Octave, le premier, fut décoré. Ce que nous appelons « l'empire » était né.

Mais comment un seul homme peut-il assurer la pérennité d'un aussi vaste monde ? Il lui faut répondre à des attentes, mieux : les devancer. Il doit incarner un idéal, fédérer des espérances et des rêves. Cela, tous les Césars l'ont su, un névropathe comme Caligula, un sage comme Marc Aurèle, une nullité comme Jovien, chacun à sa façon : l'Empire transcende le prince. Les hommes passent. Rome reste.

Octave Auguste sut répondre à ces attentes, au point que la littérature du temps – Horace, Virgile, Ovide, Philon d'Alexandrie, Crinagoras de Mythilène... – chante l'Âge d'or revenu. En fait, sous la poigne du « Premier », qui sait s'entourer de gens intelligents, un Agrippa, un Mécène, Rome revit. Auguste épure et

1. *Senatus Populusque Romanus*, le Sénat et le peuple romain.

réforme le Sénat, moins omnipotent ; il réorganise l'armée, désormais aux seuls ordres du prince. Il met en place les grandes préfectures chargées des services : sécurité, incendie, ravitaillement, etc. Quant aux provinces, il les confie à des proconsuls ou à des légats qui devront… rendre à César ce qui est à César, et non pas l'empocher. Du coup, l'opposition ne viendra pas de « la base » qui s'en trouve plutôt mieux, mais des grandes familles, très « républicaines », qui dénoncent avec des accents poignants les atteintes à « la liberté ».

Ajoutons que la littérature est florissante, ce qui tombe à souhait. Les poètes chantent les gloires d'antan et les bonheurs du jour ; ils exaltent la vocation de Rome à présider aux destins du monde. Les dieux s'en portent garants : la famille de César descendait de Vénus par Énée, et ne s'en cachait pas. Et n'était-ce pas à Apollon, le dieu-soleil, que Rome devait la souveraineté de l'Égypte ? Or, si le pharaon était dieu, son successeur Auguste l'était du même coup. C'est ce qu'en ville symbolisait l'obélisque rapporté de là-bas. Jouant sur l'ombre et la lumière, il constituait un cadran solaire à l'échelle cosmique. Il n'y avait pas, à l'époque, de décalage horaire… On était fier d'être romain, citoyen d'un peuple appelé à régir les nations. Du reste, Auguste avait restauré quatre-vingt-deux temples. Mais surtout, fin connaisseur des auteurs latins et grecs, il avait su tirer parti de la théologie politique des traités hellénistiques *De la royauté*. Le « Bon Roi », le roi idéal, y apparaît comme le mandataire des dieux, dépositaire de leur esprit et, comme tel, juste et bienfaisant. Lui obéir est donc se réaliser au mieux. Auguste était trop intelligent – et trop sceptique – pour donner dans la divinité, comme certains après lui le feraient jusqu'à la paranoïa. Assumant la dimension censément divine de sa charge, il montra n'en retenir que les exigences, inspirant ainsi crainte et respect. En sacralisant sa fonction, Auguste inséra Rome dans l'éternité, apanage des dieux : *Roma æterna*.

C'est donc cette structure qui, rappelons-le, une fois Auguste aux cieux, se transmit de César en César. Julio-Claudiens, Flaviens, Antonins, Sévères, etc., régnèrent avec des fortunes diverses, entre crises et guerres : sur les cinquante-huit Césars, quatorze seulement moururent dans leur lit. La colonne Trajane, l'Aurélienne, ces bandes dessinées sur pierre, témoignent d'une mystique de conquête et tout autant de sauvegarde qui animait citoyens et légions. Il en irait ainsi aussi longtemps que chaque Romain, à sa place, à sa façon, se ferait « une certaine idée de Rome ».

Dans cet immense ensemble et durant tant de siècles, les mentalités évoluaient. D'ancestrales valeurs demeuraient, de nouvelles s'imposaient, enthousiasmant les uns, agaçant les autres. Une chose est sûre : à Rome, on ne badina jamais avec les dieux tutélaires : les chrétiens en firent la pénible expérience. De même fut indéfiniment reconduit le thème du Bon Roi. Ainsi voit-on sur l'arc de Bénévent Jupiter remettant à Trajan le foudre, symbole du pouvoir divin. Au reste, sans tellement tenir compte de la parole de Jésus déclarant que son royaume n'était pas de ce monde, les chrétiens s'empresseraient, le moment venu avec Constantin, de s'approprier le symbole. Sur plus d'un point, en revanche, on voyait les choses autrement. L'empire était « progressiste », infiniment plus que la république, et socialement plus humain. Les philosophes, fort influents dans l'entourage des Césars, y ont été pour beaucoup. Sénèque, Pline le Jeune parlent des esclaves tout autrement que le vieux Caton. Au IIIe siècle, le juriste Ulpien déclarera l'égalité de tout homme devant le droit naturel, fût-il esclave : même sans droits civils, il doit être bien traité. Le même fait aux gouverneurs des provinces un devoir de veiller à ce que les puissants ne causent pas de tort aux petites gens. Mais Trajan déjà était attentif aux couches sociales modestes, instaurant les *alimenta*, première version des allocations familiales. Enfin, fait autrefois impensable, viendra ce jour de 212 où Caracalla étendra à tous les territoires la prestigieuse qualité de citoyen romain. Il nivelait ainsi par le haut l'immense population de l'empire.

« Ô Rome, tu as fait une cité de ce qui jadis était l'univers ! » Mais cela, Rutilius Namatianus le dira en 417, quittant à jamais sa Rome adorée pour regagner une Gaule sinistrée. Sept ans plus tôt, la Ville des villes avait subi l'outrage d'Alaric et de ses Wisigoths. C'était fatal : au cours du dernier siècle, elle avait abandonné aux mains de ses voisins du Nord des pans entiers de son hégémonie. Les frontières n'étaient plus qu'un souvenir, et les légions n'étaient plus romaines que de nom. « Les villes aussi peuvent mourir », a dit le même Namatianus. Il serait bon de ne point l'oublier.

Sénèque au cœur du siècle

Il est des gens à qui tout sourit dès le départ, même le beau temps : naître à Cordoue, de parents nobles, richissimes, cultivés... Deux frères sympathiques, garçons d'avenir. Quoi encore ? Une tante gâteau, femme du préfet d'Égypte : elle comptera dans l'avenir de Sénèque. Autant tordre le cou tout de suite à la prétention d'expliquer Sénèque par l'Espagne, comme Ganivet : on n'a jamais bien su si la famille était du coin ou s'il s'agissait, plus probablement, de colons romains.

Né entre 4 et 1 av. J.-C., Sénèque était le « conscrit » de Jésus. Entendra-t-il sous Claude parler, vaguement, d'un certain Chrestos ? Ou sous Néron des *christiani*, quand Rome brûla ? Il n'en a rien dit. La correspondance d'une nullité polie qu'on lui prête avec saint Paul, et dont les chrétiens firent leurs choux gras, si l'on en croit saint Jérôme et saint Augustin, est un faux du IVe siècle. En revanche, le Gallion proconsul d'Achaïe devant qui on traîna Paul (Actes des Apôtres, XVIII,

12-17) n'est autre qu'un des frères de Sénèque. Nous le retrouverons plus loin.

De sa jeunesse, on sait tout juste qu'il monta tôt à Rome : le père, introduit dans la meilleure société, dégagé des soucis de trésorerie, y faisait des séjours prolongés, fignolant son éloquence, soignant ses relations. Il tenait beaucoup à voir ses fils posséder à fond la rhétorique, cet art de soutenir efficacement tout et n'importe quoi, art sans lequel on n'arrivait à rien. Là, une déconvenue attendait le *pater familias*.

En effet, si ses deux autres fils marchaient sans problème dans les voies rentables du parler d'or, voilà bien que celui-là penchait vers une discipline que pour sa part il détestait : la philosophie. Discipline est le mot : cela impliquait alors une conversion, un engagement plus ou moins poussé dans ce que nous dirions une société, un tiers ordre – Paul Veyne dit carrément une secte –, avec des exercices, des observances, voire un accoutrement. En fait, sous ses trois formes les plus répandues dans la Rome du temps – épicurisme, stoïcisme, cynisme –, la *philosophia* venait combler le vide que peut laisser la vie la mieux réussie, et que la religion, essentiellement civile, à l'instar de nos flammes périodiquement ranimées ou de nos gerbes, ne prétendait aucunement remplir. Ces écoles ne proposaient rien de moins que le bonheur – entendez : la paix intérieure, loin des passions, des folies et des phobies. La vie et la mort étant ce qu'elles étaient, on voulait s'en tirer aux moindres frais. Cela en tenta plus d'un dans les grandes familles, du reste modérément enchantées. Le vieux Sénèque avait de quoi s'alarmer : son fils s'était entiché d'un nommé Sotion, un Alexandrin adepte du pythagorisme, vénérable secte implantée de longue date dans le Sud et dont les affidés, entre autres bizarreries, s'abstenaient de viande. Normal : croyant à la parenté de tous les vivants et à la transmigration des âmes, ils redoutaient de porter une dent sacrilège sur un ancêtre réincarné dans le rôti. Sénèque tint un an contre son père, préoccupé par les retombées de cette sainte diététique : et si on prenait son original de fils pour un isiaque, ou pour un juif, toutes gens qui, précisément, connaissaient des ennuis administratifs ? Par chance, Sénèque rencontra, entre autres, un certain Attalos, de Pergame, et ce fut la révélation – il serait stoïcien. Foin des régimes et des excès de bonne conduite ! Du raisonnable. Pourtant, il n'oublierait jamais cette saison un peu folle de sa vie, où il avait cru à un au-delà des choses.

Car, pour les stoïciens – disons-le comme André Breton –, « tout l'au-delà était dans cette vie », sans transcendance aucune, pas même pour Dieu. Ce qui n'allait pas si mal avec le positivisme romain, pour qui l'important est moins de penser que de réfléchir à ce qu'on va faire. Importé depuis un bon siècle et demi, le stoïcisme avait assez plu à l'élite : il donnait aux valeurs ancestrales un air de nécessité. Imaginez-vous pris dans un grand Tout, rond, corporel plutôt que matériel au sens où on l'entend aujourd'hui. En effet, ce Tout est vivant, animé par l'Âme du monde dans chacune de ses parties : ce pavé, votre chien, vous, César... Tel est le cosmos : tout s'y tient, une place pour chaque chose, chaque chose à sa place, contribuant selon sa finalité à la bonne tenue de l'ensemble, politique comprise, nous le verrons. Bref, la Nature ayant bien fait les choses, il faut et il suffit, pour être heureux, que l'homme la suive. Il a en lui, à cette fin, une parcelle du *Logos*, de la Raison universelle. Mais suivre la Nature n'est pas s'abandonner à ses petites voracités privées, c'est consulter la Raison présente en son âme. On découvre alors les desseins de la Providence et on les endosse sans rechigner puisque tout est pour le mieux. Et si cela nous gênait quand même que toute médaille ait son revers, que le poisson ait des arêtes, qu'il nous faille décéder dans des conditions déplaisantes, etc., c'est que nous serions victimes d'une erreur d'appréciation. La philosophie, précisément, permet de la redresser, de voir que tout cela contribue au bien du Tout. S'il vaut mieux être libre, bel homme et bien renté plutôt qu'esclave, bossu et sans ressources, du point de vue de la sagesse, c'est indifférent. La sagesse ? C'est y voir clair et marcher droit, sans états d'âme. Si l'on réussissait à en faire son état habituel, ce qui est la vertu, on serait un sage, le Sage. Cet oiseau rare n'existe pas, bien sûr, sinon comme un idéal qui nous juge.

Revenons à la politique : ne jamais perdre de vue non plus que les dispositions de la Providence s'étendent jusqu'à l'État, où il importe tant que chacun fasse gentiment ce qu'il a à faire là où le destin l'a mis. Mais qui en jugera ? Le sage, puisqu'il est, par définition, mieux informé que personne de l'ordre des choses ! C'est même à lui qu'il reviendrait d'être roi, mais comme souvent la place est prise, il lui incombe de conseiller les princes. Monarchique par vocation, le stoïcisme convient donc à cette royauté sans le nom qu'était la Rome des Césars : ce qu'est Dieu pour l'univers, ce qu'est la Raison pour l'homme, César l'est pour ses sujets. Encore faut-il qu'il soit un bon empereur, et donc qu'il y ait un stoïcien dans le bureau d'à côté. Mais le système allait aussi bien, avons-nous dit, aux leaders de la défunte république des grandes familles, qui cultivaient l'autarcie. Ainsi, en même temps qu'il offrait aux empereurs une idéologie de gouvernement, le stoïcisme fournissait aux nostalgiques de la république une idéologie d'opposition, qui aura son heure de gloire. Sénèque n'avait pas si mal choisi.

Cela dit, le jeune homme ne se portait pas très bien : il toussait, perdait du poids, faisait de la fièvre, bref, il avait besoin d'un changement d'air. On l'expédia chez la tante et l'oncle préfet d'Égypte, pour s'y refaire une santé. Une chance, là encore, dans son malheur ! À Rome, depuis la conquête et les aventures de César et d'Antoine avec Cléopâtre, l'égyptomania sévissait. L'Égypte ! La fascination de son passé insondable, le mystère de ses dieux et de ses rois, le prestige de ses savants, l'élégance de ses arts, et ce parfum d'exotisme... Sénèque profita à plein de ces longues vacances – cinq ans ? Il voyagea, étudia, se mêla aux milieux savants où Grecs, Romains, juifs côtoyaient les autochtones dans une Alexandrie cosmopolite. Bien dommage qu'on ait perdu son livre sur le pays. Son stoïcisme scolaire prit là une autre dimension : le monothéisme schématique de l'école devint chez lui moins « horloger », plus « sensible au cœur », et tout cela fut pour lui comme un don du Nil.

De retour à Rome en 31, Sénèque allait connaître dix belles années. La tante, restée veuve, n'avait rien négligé pour le lancer dans un monde politique plein d'embûches depuis le complot raté de Séjan contre Tibère. Elle y avait réussi : élu questeur, son cher neveu accédait à la grande carrière. Sénateur, à présent, orateur couru, écrivain à ses heures – des traités de sciences naturelles, un dialogue *Sur la colère...* –, Sénèque était très lancé dans la *gentry*. Les dieux pouvaient rappeler le vieux père : ses trois fils semblaient arrivés, même son philosophe.

Entraîné par les amis d'amis jusque dans l'entourage impérial, et même dans le cercle de famille, le trop brillant « quadra » prenait des risques à mesure qu'il approchait du soleil. Être visible, et même voyant, n'était pas recommandé sous le pharaon paranoïaque qu'était devenu Caligula. Tout, chez Sénèque, l'horripilait : sa vogue, sa façon d'écrire, l'effet qu'il faisait à ses trois sœurs bien-aimées... L'idée lui était venue d'expédier ce gêneur aux Enfers, où il avait déjà dépêché tant de beau monde, mais ce fut lui qui y descendit, suite à un complot. Sénèque était sauvé. Du moins pour le moment.

C'en était fini pour un temps de l'absolutisme flamboyant à l'égyptienne : Claude n'avait pas de ces fantasmes. Autrement sérieux – sauf avec les femmes et l'amphore –, il voyait bien que l'Empire avait besoin d'être repris en main, mieux administré. Il ôta donc aux fils à papa les grands – et juteux – « ministères », pour y placer des affranchis grecs. Un peu magouilleurs, c'est sûr, « initiés », n'en doutons pas, mais, en fin de compte, Rome y gagnait, car ils savaient leur métier. La bonne société ne décolérait pas. Et dans l'ombre, Messaline, l'épouse du moment, plus avide encore en politique que sur d'autres plans, décidait de bien des destins. Deux factions s'étaient durcies dans l'entourage : une coterie autour d'une Messaline empressée de régler de vieux comptes, et une autre autour d'Agrippine et de Julia Livilla, les deux sœurs de Caligula, Drusilla étant morte entre-temps. Contre cette Julia, à la cuisse légère, il ne fut pas difficile de monter un procès en adultère. Avec qui ? Mais avec Sénèque !

Sénèque, dont Claude n'était pas fâché non plus de se débarrasser.

On exila donc les présumés amants, et Sénèque se retrouva tout seul en Corse fin 41. À la quarantaine seulement, il se voyait fini. La Raison universelle l'aida-t-elle à digérer cette mise au rancart ? Dans la lettre de consolation qu'il envoie à Helvia, sa mère, il essaie péniblement de démontrer que l'exil n'est pas un mal, mais on sent que cela saigne noir. Apprenant en 43 la mort d'un frère de Polybe, l'un des fameux grands commis de Claude, il y va de sa lettre de condoléances : sait-on jamais ? Tous les moyens lui sont bons pour sortir de là, y compris la langue de bois précieux, car dans cette *Consolation*, il porte Claude aux nues : un chef-d'œuvre ! Pour rien : Messaline et Claude trouvaient Sénèque très bien où il était. La perpétuité réelle. Ou les Enfers un beau matin, comme il était advenu à la pauvre Livilla l'année précédente.

Huit ans, c'est long. Sénèque se morfondait toujours sur son île, quand, tout soudain, en 48, Rome apprit que Messaline n'était plus. Elle qui avait plus d'une élimination à son actif était morte bêtement, exécutée pour une sottise de trop. Non contente de cocufier Claude sans même se gêner, elle s'était permis de fêter publiquement des épousailles surnuméraires avec l'un de ses amants, que tentait peut-être bien la pourpre. Agrippine jubilait : son heure était venue. Elle para au plus pressé, fit occire son second mari Passienus Crispus et, libre, put épouser oncle Claude, qui ne demandait que cela. Elle était à pied d'œuvre. Et comme d'un premier mariage elle avait un fils, un bon garçon dont elle préparait de longue main l'avenir, Agrippine s'avisa que Sénèque était, à bien des points de vue, l'homme qu'il lui fallait. La lune de miel aidant, Claude consentit à rappeler Sénèque, qui reprit sa place comme devant. Plus que jamais philosophe, il écrivit ces années-là *De la brièveté de la vie* – à un temps qui passe, donner un sens qui reste – et *De la tranquillité de l'âme*. Il avait eu tout le temps de découvrir qu'on n'y atteint jamais, mais qu'il faut pourtant faire comme si.

Cela dit, pourquoi Agrippine tenait-elle autant à Sénèque, elle qui ne passait pas pour aimer la philosophie ? Une histoire d'alcôve ? Non : on n'a jamais su le fin mot de ce qui s'était passé avec Julia Livilla, et moins encore avec Agrippine, avant l'exil de Sénèque. Ce qui est sûr, c'est qu'Agrippine comptait sur lui pour l'aider de son influence dans un projet qui prenait corps jusqu'à l'obsession, maintenant qu'elle était la femme de l'empereur : faire adopter son fils par Claude. Le cher garçon devancerait ainsi le trop jeune Britannicus, l'enfant du précédent lit, et s'il arrivait quelque chose, comme on dit, à Claude, c'est lui qui revêtirait la pourpre. Alors, elle vivrait enfin, à travers lui, ce rêve de toujours : être maîtresse de Rome et du monde, comme aurait dû l'être trente ans plus tôt Germanicus son père… De l'adoption, elle faisait son affaire. Mais le

Sénat ? C'est là qu'interviendrait Sénèque. Elle se rappelait leurs années de jeunesse ; elle le revoyait, bavardant avec elles trois : son brillant, son art de défendre un point de vue, de retourner un auditoire, ses relations un peu partout. Et maintenant, la considération dont ses collègues l'entouraient. Jusqu'au pauvre Passienus Crispus, qui lui en avait dit tant de bien... Que de liens !

Tout se déroula pour le mieux. Sénèque mettait un peu de plomb dans la tête de son élève, passionné de beaux-arts, tenté par la philosophie – a-t-on idée ! – et envoûté par l'Égypte. Il est vrai qu'il écoutait aussi Chaeremon, le scribe sacré, ex-directeur du Muséum d'Alexandrie. Mieux valait quand même que Sénèque gardât un œil sur tout cela.

Adopté par Claude dès 50, son cher enfant avait donc pris le nom de Néron. Deux ans plus tard, on le mariait à la grande sœur de Britannicus, Octavie, gentille fille dont il n'y avait rien à craindre. Restait que Claude pouvait toujours jusqu'au dernier moment choisir Britannicus pour successeur, ce qui aurait été fort ennuyeux. Or, par une disposition troublante de la Providence, à la mi-octobre 54, Claude dîna d'un bon plat de champignons qui fut son dernier. Tant il est vrai qu'on est peu de chose sur terre, surtout chez les Julio-Claudiens. Agrippine n'avait plus qu'à s'occuper des obsèques et à faire acclamer Néron par la garde prétorienne, moyennant la gratification d'usage. Quant au Sénat, c'était l'affaire de Sénèque. Il se trouva bien quelques esprits tatillons pour demander ce que devenait Britannicus dans tout cela, mais les choses n'allèrent pas plus loin : le Sénat suivit dans la foulée des prétoriens. Sénèque avait fignolé les discours et, poliment, on vota l'apothéose pour le défunt.

Claude dieu ! Sénèque n'attendra pas la fin de l'année pour se défouler dans un pamphlet vengeur. Vous avez dit apothéose ? *Apocoloquintose* plutôt, transformation en potiron. Bien bon pour lui, qui l'avait expédié en Corse et qu'il avait dû cajoler, en pure perte, pour tenter de se faire rapatrier. Il faut lire cette pièce. Il y a parfois un clin d'œil philosophique inattendu : ainsi entend-on l'âme de Claude s'échapper bruyamment par où vous pensez, ce qui, à l'issue près, est dans le droit fil du stoïcisme, puisque, à la mort, l'âme, souffle vital, se dissipe dans l'air ambiant. Mais plus sérieusement, c'est un manifeste politique. Avec Néron César, on passait, comme a dit je ne sais plus qui, des ténèbres à la lumière ! Écoutez ce qu'Apollon-Phébus, le Soleil, dit de Néron : « Qu'il dépasse la durée d'une vie mortelle, lui qui me ressemble de visage, m'égale en beauté, me vaut par sa voix et ses chants ! Aux peuples éprouvés [entendez : par le règne de Claude] il va redonner des siècles de bonheur et mettra fin au silence des lois… Sitôt que l'aurore empourprée, chassant les ténèbres, a ramené le jour, c'est ainsi que le soleil rayonnant contemple l'univers, c'est ainsi qu'apparaît César, c'est ainsi que Rome va contempler Néron ! » Agrippine buvait du petit-lait. Décidément, ce cher Sénèque savait vivre, et, question propagande, on ne pouvait rien lui reprocher. C'était subtil.

Dans ce texte, qui piquait l'attention par sa rosserie envers Claude, Sénèque revenait comme sans y toucher sur les points forts du discours lu par Néron au Sénat : tout allait changer, le prince ne confisquerait plus la justice, ne confondrait plus sa maison avec l'État, respecterait les prérogatives du Sénat... Bref, Sénèque enfonçait le clou. Mais avec son Soleil, son Apollon, etc., il faisait mieux encore : il utilisait les mythes et les fantasmes qui hantaient les imaginations romaines, et il y en avait pour tous les goûts. Et d'abord le symbolisme égyptien qui était de mode, le Soleil-dieu qui magnifiait de ses rayons la splendeur du pharaon ; mais Néron aussi, à sa naissance, en avait été illuminé ! Il n'était d'ailleurs pas le dernier à s'enchanter de cette mythologie solaire qui le hanta sa vie durant : la Maison d'or – la maison du Soleil –, ses monnaies, sa statue en Hélios rayonnant... Sénèque se gardait pourtant d'oublier que, depuis les histoires d'Antoine et, plus récemment, les extravagances de Caligula, ce despotisme exotique indisposait le parti « vieux-romain », toujours influent et plus ou moins nostalgique de la république, si belle sous l'empire. Pour ceux-là, Sénèque avait glissé ce qu'il fallait d'Apollon romain, vieux mythe chanté par les poètes latins. Dieu-soleil pour Soleil-dieu, celui-là rassurerait les traditionalistes, et Néron s'en arrangerait aussi, lui qui, bientôt, jouerait les Apollon à la cithare…

Et ce n'était pas tout. Les gens tout à fait graves, ceux qui donnaient dans le stoïcisme distingué – et le Sénat en comptait plus d'un –, y verraient la *regia Solis*, cette royauté cosmique du Soleil chantée par Virgile et Ovide et, deux siècles et demi avant, par Cléanthe, l'un des pères fondateurs du stoïcisme. En somme, Sénèque avait mis à profit, d'un coup de génie, tout ce qui traînait, à différents niveaux, dans les têtes pensantes de l'époque et dans celle du nouveau prince. Ce mélange – pour nous surréaliste – de grosse rigolade aux dépens de feu Claude, de mythes égypto-romains et de philosophie grecque naturalisée, tout cela pour cautionner le fils d'Agrippine et d'un certain Ahenobarbus, adopté par Claude, voilà qui dut faire le tour des grandes familles romaines, qui n'étaient d'ailleurs pas si nombreuses.

Au reste, les cinq premières années du règne se passèrent plutôt bien, à part, on va le voir, un accroc. On suivait, en gros, le programme. Néron n'était pas, je pense, le criminel de bande dessinée qu'on nous a fourré dans la tête. Pour le moment, il écoutait Sénèque, il écoutait Burrus, l'excellent préfet du prétoire, deux bons amis, et leur influence sur la politique, au-dedans comme au-dehors, fut pour autant qu'on sache heureuse. En Arménie, en Germanie, sur le Danube, Rome montra sa force – quel autre moyen d'éviter les guerres ? –, mais ne se lança pas dans de nouvelles conquêtes. À l'intérieur, la justice fut moins arbitraire. Un moment, Néron voulut réduire la pression fiscale : c'est pour dire !

Pour Sénèque non plus, les choses n'allaient pas mal. Il logeait au palais, gardait un œil sur sa colossale fortune, réfléchissait à tel beau sujet de livre. Il avait épousé Paulina, Arlésienne bien rentée qui l'aimait. Bien agréable, tout cela, encore qu'indifférent au regard du Sage. À ce propos, Sénèque n'aurait jamais manqué son examen de conscience vespéral, et cela fait, il s'endormait d'un meilleur sommeil.

Agrippine, en revanche, ne dormait plus depuis un moment. Voilà bien que Néron, et en public s'il vous plaît, osait s'affranchir de sa tutelle ! De fait, lui qui, en Égypte, était « le dieu bienfaisant du monde entier » – c'était écrit quelque part –, lui qu'on créditait là-bas de telle crue du Nil particulièrement réussie, ce qui l'assimilait à Osiris, figurez-vous qu'il n'entendait pas se laisser remiser dans un rôle de fils à maman. Ulcérée, Agrippine tâta du chantage. Et Britannicus ? Y avait-il pensé ? Il avait ses partisans ! Elle n'avait qu'un mot à dire… Néron avait compris. Agrippine ne tarderait pas non plus à comprendre. En février 55, lors d'un repas entre amis, Britannicus se sentit mal et tout soudain s'effondra, fournissant à Racine un beau sujet de pièce. Il avait tout juste quatorze ans. Vous me direz : mais Sénèque, dans tout cela ? Allez savoir ! Sans doute pensait-il, comme ces gens qui suivaient les funérailles cette nuit-là, tandis que sur Rome s'acharnaient la pluie et le vent : « Le pouvoir ne se partage pas, *insociabile regnum* » – sublime Tacite ! Toutes les familles régnantes en passent plus ou moins par là, cela vaut toujours mieux qu'une énième guerre civile, autrement plus meurtrière. Sur ce, Sénèque pondit un ouvrage soigné, *Sur la constance du Sage*, que rien ne saurait atteindre, puisqu'il prend les choses comme elles viennent, heureux d'être sur le train du monde du même avis que la divinité. D'ailleurs, en bonne doctrine, le Sage est dieu, en moins puissant, certes, en biodégradable, mais dieu tout de même, puisqu'il fait corps sa vie durant avec l'instance dirigeante du monde. Mais ce tout dernier événement rendait urgent le projet que caressait Sénèque : compléter le travail amorcé dans les discours au Sénat et dans l'*Apocoloquintose* par une sorte de manifeste qui mettrait au clair l'idéologie du régime.

Depuis Auguste – cent ans bientôt ! –, Rome, qui ne pouvait souffrir les rois, vivait sous une monarchie. Certes, on n'avait rien touché aux magistratures de la république, à cela près qu'un seul homme, désormais, les exerçait toutes. Après Auguste, trois princes s'étaient succédé, chacun avec son style, aussi peu rassurant pour les grandes familles orphelines de l'ancien régime. Désenchanté, Tibère menait le monde d'une poigne de fer depuis Capri. Caligula était un paranoïaque dangereux. Claude avait géré l'Empire avec le sérieux d'un patron reprenant une entreprise en difficulté, sourd aux récriminations. Avec Néron, on allait enfin repartir sur des bases nouvelles, acceptables cette fois parce que établies sur la Raison universelle. Bref, dans son traité *De la clémence*, du début 56, Sénèque entend faire coup double : asseoir le régime en même temps que Néron.

Mais pourquoi chanter précisément la clémence d'un monsieur qui vient d'occire son frère adoptif ? Je sais bien : « C'est là où la chose manque, dit Montherlant, qu'il faut mettre le mot. » Mais Sénèque vous dirait que là n'est pas la question. Regardez les choses avec les yeux de la Providence ! Vous verrez que Néron s'est montré clément en évitant la guerre civile : il a réduit la casse au minimum. Mais surtout, c'est la clémence qui distingue d'un vulgaire tyran (ô sénateurs, pensez à Caligula, à Claude...) le roi à la stoïcienne, celui qui a mission d'exercer sur la cité le même pouvoir que le *Logos* sur le monde et la Raison sur l'homme. Tout est là : le monarque est une pièce essentielle du système universel mis en place par la Nature. À charge pour lui de s'autogouverner selon la vertu – et, à en croire Sénèque, c'était tout à fait le cas pour Néron. Cela s'accordait aussi avec l'image idéalisée du « Bon Roi » telle qu'elle ressortait de ces traités hellénistiques *De la royauté* qui circulaient à l'époque – des faux, en fait, mais qui n'en conditionneront pas moins l'idéologie impériale cinq siècles durant. Investi d'en haut, le Bon Roi administrant la cité était la vivante analogie de Zeus gouvernant le monde. D'une autre essence que le *vulgum pecus*, il était nimbé de lumière. Là, Sénèque irait de son couplet solaire : « Tu crois sortir de chez toi ; mais non : tu es le Soleil qui se lève ! » Sénèque ne faisait jamais les choses à moitié. En contrepartie, il incombait au Bon Roi d'être la copie conforme des dieux, qui ont toutes les vertus : le portrait même de Néron. De tous ces courants idéologiques, Sénèque avait su faire une utile synthèse. Dans le schéma de cette royauté nouvelle manière s'inscrivaient, Grimal l'a bien montré, les aspirations affectives d'un peuple en quête d'un dieu sur la terre, domicilié au Palatin, et les attentes d'un Sénat traditionaliste, assez stoïcisant, mais n'aimant pas qu'on fasse de la royauté un monopole. La quadrature du cercle ! Le *De la clémence* sera pillé par les auteurs à venir : Sénèque était le premier théoricien du régime. Là-dessus, on le bombarda consul, honneur indépassable, sauf à devenir César.

Mais sa situation d'« ami du prince », comme on disait, n'allait pas tarder à lui compliquer la vie. Suilius, un ancien de la « bande à Messaline », redoutable mouchard sous Claude, et du reste assez véreux, répandit sur Sénèque de si méchants bruits qu'il dut contre-attaquer. Le vieillard qui tant s'était réjoui, autrefois, de l'exil de Sénèque, perdit le procès et se retrouva à son tour sur une île. Mais derrière ce Suilius, Sénèque devinait

Agrippine. Agrippine qui, pas plus qu'à Burrus, ne lui pardonnait d'avoir pris le parti de Néron dans l'affaire Britannicus, et moins encore de la tenir désormais à distance des dossiers. Elle n'en cheminait pas moins, avec cette idée fixe du pouvoir qui ne l'avait jamais quittée. Et ces femmes autour de son fils ! Mieux que personne, elle en savait la menace... Acté, passe encore : elle se tenait à sa place d'esclave-maîtresse. Mais Poppée ! Poppée et ses intrigues : son vrai double ! Elle se voyait déjà l'épouse de Néron – certes marié avec Octavie, mais qu'à cela ne tienne : un jour, elle y arriverait... C'est alors qu'Agrippine joua son va-tout : séduire son propre fils. Consterné, alarmé surtout, Sénèque dépêcha la fidèle Acté en catastrophe : qu'elle aille dire tout de suite à Néron qu'on jasait déjà, que jamais les prétoriens ne voudraient obéir à un César qui coucherait avec sa mère. Néron se reprit. Il n'était que temps ! Des idées lui venaient. Agrippine en avait trop fait. C'est à Poppée qu'il s'en remettrait maintenant pour tout. Et ce n'était rassurant pour personne, à commencer par Octavie et Sénèque.

Sans doute est-ce cette année-là qu'il écrivit pour son frère Gallion un essai, *La Vie heureuse*. Toujours son sacré Sage avec sa sempiternelle vertu. Puis le voilà qui, d'un coup, pique une rogne contre ces gens trop prompts à dénoncer les aises que prendraient les philosophes avec leurs idéaux. Véreux vous-mêmes, dit-il en substance, vous qui si bien croyez voir le ver dans le fruit ! L'affaire Suilius lui était décidément restée en travers de la gorge. Il n'allait pas tarder à avoir d'autres soucis.

Il semblait bien, en effet, que Néron eût flairé les dernières manigances d'Agrippine. Après sa tentative ratée avec Britannicus, elle s'était rabattue sur Octavie : elle aussi avait ses partisans, et quel scandale s'il la répudiait ! On lui trouverait un autre époux, qui… Cela au moment où Néron rêvait de se débarrasser de sa femme, pour régulariser avec Poppée. Agrippine devenait lassante à la fin.

Par une belle nuit de printemps de l'an 59, alors que Néron et sa suite se trouvaient à Misène, dans la baie de Naples, Sénèque et Burrus furent réveillés en sursaut : chez le prince, tout de suite ! Une fois sur place, ils mesurèrent l'ampleur des dégâts. Après une petite fête donnée en son honneur, Agrippine avait pris place à bord d'une vedette qui devait censément la reconduire chez elle, à Antium. Mais là, il s'était passé quelque chose qui, en pire, évoque pour nous Greenpeace. Bricolée au préalable, mais par des amateurs, la cabine s'était bien effondrée sur la tête des passagers, en tuant plus d'un. Mais, voilà : la vedette n'avait pas coulé pour autant. Pire : Agrippine, à peine blessée, avait réussi à gagner la côte à la nage – elle venait juste d'envoyer un petit mot à son fils… Néron n'en menait pas large. Sénèque et Burrus réfléchissaient. Toujours cette hantise d'une guerre civile. Agrippine allait crier à la garde, rameuter ses partisans, se jeter dans les bras du Sénat et du peuple romain. Qu'allait-elle encore inventer, maintenant qu'elle était sans illusions sur les intentions de son fils ? Il n'y avait plus à tergiverser : on avait à peine le temps.

Le lendemain, le Sénat encaissa bravement la communication officielle : Agrippine s'était fait justice, suite à un attentat manqué contre la personne du prince. Sénèque oublierait-il jamais la nuit du cap Misène ? Dans son essai *Les Bienfaits*, de peu postérieur, on voit par instants errer le spectre d'Agrippine : « Si le salut de la patrie m'envoie là où je n'aurais pas voulu aller, je commanderai à mes scrupules ; je protesterai que j'avais tout fait… » Et, plus loin, à propos d'un obscur épisode de l'histoire grecque, cette justification lancinante : « Mieux valait un mal injuste infligé à deux individus qu'à la collectivité un mal public. » Et ceci : « Et puis, quoi ? N'y a-t-il pas des parents si durs, si criminels, qu'il ne soit légitime de s'opposer à eux et de les renier ? » Suivez mon regard… Responsable, en somme, mais pas coupable. À quoi tiennent les choses ! Sénèque était à deux doigts de trouver la formule.

Si Néron fut bien rongé par les remords que lui prêteront les historiens, il n'en jubilait pas moins d'être enfin le patron. Il lui venait une grosse envie d'être ce dieu-Soleil dont parlait si bien Sénèque, mais à sa façon : il allait imposer *Urbi et Orbi* ses goûts, son génie, ses bonnes idées. Parce que c'était lui. Un mégalomane, oui, mais cultivé, et d'esprit fécond. D'où ce mélange d'avisé et de loufoque dans ses initiatives. Raffolant de l'Égypte – il y était dieu et ne s'en cachait pas –, il manda des explorateurs à la découverte des sources du Nil, de « son » Nil. Ayant la bonne idée de percer d'un canal l'isthme de Corinthe, il y commit toute une équipe d'ingénieurs et d'architectes. Il se lança dans la bâtisse, multiplia les spectacles, les distributions gratuites. Puis il chanta sur scène, se produisit en Apollon conducteur de chars, en attendant des rôles mythologiques plus corsés. Les foules lui retournaient plus chaleureuse, multipliée à l'infini, la ferveur qu'il éprouvait pour lui-même.

L'ennui était que rien de tout cela ne cadrait avec l'idée que les sénateurs, même les plus ouverts, se faisaient du pouvoir. Certains avaient gardé sur l'estomac le vrai-faux complot d'Agrippine. Le fossé se creusait entre l'aristocratie et le prince. Néron n'écoutait plus Sénèque, cette sorte de *clergyman*, dit Paul Veyne, avec ses prêches, son Sage et ses vertus. Burrus était mort en 62, remplacé par un anti-Sénèque en la personne de Tigellin. Néron n'écouterait plus que des lèche-bottes comme il en grouillera dans tous les palais jusqu'à la fin du monde. La dyarchie que Sénèque avait cru instaurer était finie avant d'avoir commencé.

À mesure que passaient les mois, Sénèque, navré, voyait ses illusions tomber une à une. Comme prévu, Néron avait répudié sa femme et épousé Poppée. Peu après, il impliqua Octavie dans un vague complot à la Tigellin, l'exila et l'envoya tuer. Ainsi finit, en l'an 62, aux beaux jours, la seule femme innocente de la dynastie. Elle avait tout juste vingt-deux ans. Cette année-là, Sénèque avait écrit le traité *Du loisir*, de la retraite, en fait, où l'on peut enfin s'appartenir. Il retourna à ses chères études, se mit à un ouvrage de physique, les *Questions naturelles*. Il l'écrivit pour Lucilius, vieil ami fidèle – qui serait aujourd'hui préfet de région –, qui connaissait de sérieux ennuis. Dans ce vaste fourre-tout, il est aussi bien question de la foudre, des miroirs et des métaux que de la nature de Dieu. Le stoïcisme est fondé sur une physique : de la Nature, du divin agencement des phénomènes, curieux ou terribles, tout vaut d'être observé, consigné, médité. Rien de mieux pour relativiser nos peurs. Craindre un homme ? Alors que peut fondre sur nous un cataclysme ? « Affrontons la mort de toute la grandeur de notre âme, soit que sa ruée nous emporte tous pareillement, soit que nous sortions un par un, comme cela se voit tous les jours. » De fait, il allait sortir bien du monde dans les jours et les mois à venir, et Sénèque savait bien qu'il ne serait pas le dernier. Au reste, il n'avait plus rien à faire au Palatin. Quand le prince devient tyran, le Sage se retire : ainsi le voulait la doctrine. Et il s'en fut bravement porter à Néron sa démission. Son âge, sa santé, ses travaux..., il trouverait bien une excuse. Le fils de famille, l'affairiste richissime, couvert d'honneurs, pleinement satisfait que la place du Sage fût dans les coulisses du pouvoir, oui, Sénèque, l'homme de cour, était redevenu un pur. Maintenant qu'il savait ses jours comptés, sa jeunesse éblouie, un peu folle, et qui tant avait inquiété son père, lui remontait au cœur. Il sut alors qu'il finirait bien.

Néron, bien sûr, se récria, l'assura de ses sentiments distingués : mais restez donc, etc. Il ne mentait d'ailleurs qu'à moitié : trop tôt pour se défaire du cher homme. Au Sénat, dans Rome, Sénèque déplaçait un fort tonnage. Il avait peuplé les postes sensibles d'hommes à lui. Il fallait donner du temps au temps, et surtout à Tigellin, qui reprendrait tout cela en main. Et – sait-on jamais ? – une disgrâce prématurée pouvait entraîner des troubles, une conjuration… Néron n'avait jamais été très courageux.

Sénèque se retira chez lui, dégagé désormais de toute responsabilité. Il voyagea, poursuivit avec Lucilius une correspondance qui lui était chère, lettres de « direction spirituelle », vrai journal au demeurant, où l'on entrevoit des échappées sur la Rome du temps. Vrai écrit d'opposition aussi, à lire entre les lignes. Il acheva aussi un essai, *De la providence* : comment concilier son existence avec les malheurs qui accablent le juste ? Les exemples ne lui faisaient pas défaut. Sans doute avait-il depuis longtemps achevé son œuvre théâtrale, répartie, semble-t-il, sur toute sa vie, et qui plus d'une fois recoupe ses essais philosophiques. Son dernier projet était un livre de philosophie morale, dont il entretint à plusieurs reprises l'ami Lucilius. Il ne devait jamais l'achever.

Les événements se précipitaient. L'été 64, Rome brûla en partie. Si Néron n'y fut pour rien, les infortunés chrétiens non plus, qu'on supplicia pourtant. L'année suivante, ce fut Lyon. Tout cela coûtait cher au Trésor, obéré par les folies du prince. On dévalua, on instaura la terreur fiscale. Englué dans ses fantasmes, Néron multipliait de la meilleure foi du monde les provocations, que le Sénat dévorait en silence. Arriva ce qui devait arriver : en 65, on découvrit une conjuration. On devait éliminer Néron au profit d'un nommé Calpurnius Pison. Cet affable noceur faisait-il le poids ? Monté en dépit du bon sens, le putsch échoua, et la répression s'abattit sans souci du détail : rien de plus féroce qu'un peureux qu'on vient de rater. Plus d'un sénateur fut invité à quitter ce monde, le plus tôt étant le mieux. Sénèque était-il dans le coup ? Nous ne le saurons jamais. Disons qu'il connaissait trop de beau monde pour n'en avoir rien su. Les aveux plus ou moins sincères d'un certain Antonius Natalis l'y impliquèrent et c'est ainsi qu'un soir du printemps de 65, au dîner, Sénèque reçut de Néron l'ordre de mourir. Nous ne saurons jamais ce qu'il dicta à ses secrétaires. Le suicide était en ces temps-là moins facile qu'aujourd'hui. Le sien se prolongea. Laborieusement saigné, le stoïcien sut se tenir. Pauline tenta bien de le suivre, mais les envoyés de Néron la tirèrent de là juste à temps, la rapatriant, inconsciente, dans une vie dont elle ne voulait plus. Les deux frères de Sénèque se suicidèrent eux aussi cette année-là.

Ainsi donc mourut Sénèque. Et cette mort-là, qui fut, dit Pérez Galdós, la meilleure action de sa vie, éclaire d'un coup une longue – si longue – énergie qu'autrement nous serions peut-être passés sans voir.

Éduquer et instruire à Rome

À Rome ? Mais quand ? En douze siècles, de 753 av. J.-C. à 476 après, bien des choses changent. Laissons donc « les Romains », concept qui pour beaucoup ne dure que le temps d'un péplum. Concentrons-nous plutôt sur les quatre premiers siècles de notre ère, sur le temps des Césars, le mieux pourvu en documents. Ainsi verrons-nous de plus près où, quand, comment on étudiait dans le monde romain et ce qu'on étudiait.

Depuis le IIe siècle av. J.-C., l'envie de savoir s'était développée à Rome sous l'influence de la Grèce conquise. Tôt apparues dans l'*Urbs*, les écoles s'y étaient multipliées. Mais avec les Césars, plus ouverts que la république à l'assimilation des peuples conquis, l'enseignement s'était plus largement diffusé, sous Trajan notamment. Toutefois, ne plaquons pas sur les structures d'alors l'image de notre école à la Jules Ferry, ni de nos établissements gérés par l'État. Dans le monde romain, à de rarissimes exceptions près, l'enseignement est privé, donc payant.

De ce fait, si les gens déplaçant un fort tonnage – milieux sénatoriaux, équestres, d'affaires – n'ont aucune peine à pourvoir leur progéniture de pédagogues à domicile, souvent esclaves ou affranchis, il n'en va pas de même pour tout le monde. La classe moyenne, qu'obsède la réussite de ses enfants, s'en tire moins bien. Vers 309, le père du futur saint Augustin devra décrocher une bourse pour voir son fils poursuivre ses études. Quant à « la Rome d'en bas », où fourmillent les analphabètes, pour voir ses enfants s'évader des patois régionaux, il lui faut se contenter des écoles ouvertes ici et là par quelque maître en quête du minimum vital, ou, dans le meilleur des cas, par un évergète[1] gagnant du prestige à en doter sa ville. Cela étant, qu'en est-il des degrés et des programmes ?

À nos « petites classes » correspond l'école de quartier ou de village, souvent logée en un réduit ouvert à tout vent en un temps où les vitres faisaient défaut, et au vacarme de la rue. Martial enrage d'entendre le maître de l'école voisine hurler en rossant ses élèves. La pédagogie était musclée. Horace garde en tête le *plagosus Orbilius*, « Orbilius la Torgnole » (*Épîtres*, II, 1.70) ; Juvénal se revoit esquivant un coup de règle sur les doigts (*Satires*, I, 15) ; Augustin évoque les raclées reçues en classe, suivies d'une réplique à la maison (*Confessions*, I, 9.14). Détail éclairant : selon Artémidore, rêver

1. Équivalent de « mécène » à Rome.

qu'on apprend ses lettres est un cauchemar (*La Clef des songes*, I, 53)... C'est dans cette ambiance que le *litterator* enseigne aux gamins et gamines à lire, écrire et compter. Selon des méthodes plutôt routinières : d'après Quintilien, on rabâche plus qu'on n'avance (*Institution oratoire*, I, 1.26), et donc on s'ennuie. Aucune « incivilité » pourtant de la part des élèves... Cela dit, à Rome, le maître d'école n'a jamais eu bonne réputation, et ses émoluments sont ceux d'un tâcheron.

De douze à quinze ans, les jeunes dont les parents ont les moyens suivent chaque jour les cours du *grammaticus*, qui les initie à la littérature grecque et latine – Homère, Sophocle, Euripide, Cicéron, Virgile, Horace, Salluste... –, leur ouvrant ainsi l'esprit à l'histoire, à la géographie, à la mythologie, bref, à la culture. Citer du grec a du chic : être bilingue vous classe un homme. Ou une femme, car à en croire Martial, les filles en remettent (*Épigrammes*, X. 68). « Mieux que cela, ricane Juvénal, c'est en grec qu'elles font l'amour... » Si l'enseignement « secondaire » passe lui aussi pour fastidieux, le *grammaticus* est plutôt mieux vu du public que son collègue du « primaire » et, d'après l'*Édit du maximum* de Dioclétien, quatre fois mieux rétribué.

Vient enfin le temps des études supérieures. Technicien de l'éloquence, le *rhetor* enseigne aux jeunes en quête de réussite l'art de parler selon les règles. Tatillonnes, les règles, et scrupuleusement reconduites au long des siècles, ainsi la distribution de tout discours en six parties. Comme travaux pratiques, des sujets mettant en scène héros mythologiques, personnages d'épopée, célébrités défuntes, que l'étudiant doit faire discourir de façon classique. Les orateurs du passé sont partout mis à contribution, Cicéron tout particulièrement. Mais le *rhetor* peut aussi bien concocter des sujets farfelus – du genre « Éloge de la fièvre quarte » –, car, dit Favorinus, on a d'autant plus de mérite à y exceller (Aulu-Gelle, *Nuits attiques*, XVII, 12). Ce n'était pas du goût de tout le monde. Un personnage de Pétrone le dit sans se gêner : « Passe encore si les élèves y trouvaient des recettes d'éloquence. Mais ce blablabla boursouflé de formules creuses ne leur servira qu'à se croire tombés sur une autre planète lorsqu'ils iront plaider au Forum. Si nos écoles crétinisent la jeunesse, à mon avis, c'est à cause de ça... » (*Satiricon*, I.) Et de suggérer un programme mieux adapté à la vie professionnelle. Quant à la vie du *rhetor*, elle n'est pas toujours facile. Il arrive que les cours soient chahutés. Et s'il est mieux rémunéré, du moins en principe, que le *grammaticus*, encore faut-il qu'il réussisse à se faire payer. Un moment rhéteur privé à Rome, Augustin y connut des fins de mois difficiles. Plus tard, il accéda au très convoité poste de *rhetor* officiel de l'Empire, et comme tel chargé de prononcer le panégyrique de l'empereur. Ainsi la rhétorique servait parfois d'« ascenseur social ».

À lire, et chez de bons auteurs, autant de critiques visant tous les niveaux de l'enseignement à Rome et dans l'Empire, on pourrait s'étonner qu'il se soit pareillement maintenu. N'est-ce pas dans un livre, aujourd'hui perdu, de Cicéron, décédé quatre cent quinze ans plus tôt, qu'en 372, l'étudiant africain Augustin prit goût à la sagesse ? (*Confessions*, III, 4.7.) Il n'est du reste pas le seul à s'être construit une personnalité à partir des textes au programme.

Certes, les critiques ne manquent pas, dénonçant la routine des méthodes, la complaisance pour le « rhétoriquement correct », etc., bref, la forme ordinaire de l'enseignement. Mais elles n'en attaquent pas le fond. Comment faire, en des temps où le livre est chose rarissime et fort chère, sinon s'investir dans l'oral, et donc dans le répétitif et dans la mémorisation ? Mais surtout, tout le monde reconnaît implicitement ce qu'a d'éducatif le constant rappel d'un passé fondateur. Témoignent du souci de n'en rien perdre nombre de recueils au cours des siècles. Citons les *Actions et paroles mémorables* de Valère Maxime (Ier siècle), les *Nuits attiques* d'Aulu-Gelle (IIe siècle), les *Saturnales* de Macrobe (IVe-Ve siècle), etc., merveilleux bric-à-brac, brocantes inépuisables.

En des temps religieusement attachés au culte des ancêtres, l'instruction faisait corps, plus et mieux que de nos jours, avec l'éducation. Aussi les grandes figures du passé, si tôt découvertes et si souvent évoquées, assumaient-elles en quelque sorte auprès du citoyen du monde romain un rôle tutélaire. Éternisant le passé, idéalisant l'ancestral et le sacralisant, ces textes partout présents intégraient *Roma æterna* à la conscience collective et individuelle. Si le passant ne pouvait, même au péril d'un torticolis, détailler les spires de la colonne Trajane ou de l'Aurélienne, du moins lui suffisait-il d'un coup d'œil pour s'y savoir impliqué. Bref, grâce à tant de gloires recopiées, à tant de grandeurs récitées par cœur, « il s'était toujours fait une certaine idée de Rome »…

Psychopathes et médecins au temps des Césars

Chaque civilisation, au cours des âges, a son idée du normal et du pathologique, qu'il s'agisse du physique ou du mental. Dans nos sociétés occidentales, le psychique est omniprésent. Son équilibre supposé, ses déviances, ses pathologies alimentent les conversations. On déplore la dépression d'une cousine, l'alzheimer d'un voisin ; on se consterne des pulsions d'un multirécidiviste. On discute de traitements : anxiolytiques, antidépresseurs, neuroleptiques, suivi psychologique, psychanalyse… Qu'un car verse dans un ravin, qu'un crime survienne en milieu scolaire, et une « cellule psychologique » se met en place. Télévisions, radios, journaux s'en font l'écho, ainsi d'ailleurs que des controverses, voire des polémiques entre fanatiques et détracteurs de telle thérapie. C'est dire l'importance qu'a pris la psychiatrie depuis les débuts du XIXe siècle où elle s'affirma comme spécialité médicale, alors qu'on ne parlait jusque-là que de fous, de gens dérangés ou sains d'esprit. C'est que, dans le même temps, s'accroissait la dimension subjective de la vie sociale, frôlant parfois la hantise.

Il était loin d'en aller de même dans l'Empire gréco-romain, où la psychologie devait tout à la pensée grecque. De ce monde où une minorité savait lire et écrire ne nous sont guère parvenues que des allusions à ce que nous regardons aujourd'hui comme des maladies mentales. Et pas toujours fiables : il arrivait qu'on fît passer pour fou tel personnage haï. Selon Suétone (*Caligula*, 50) et Juvénal (*Satires*, VI, 614), Caligula aurait absorbé une overdose d'hippomane, un cocktail aphrodisiaque, d'où des comportements aberrants et cruels. En fait, ce qui est dit de lui n'est pas à prendre au premier degré, mais plutôt à décrypter. Ce n'est pas le seul exemple.

Cela étant, il ne semble pas que l'état psychologique des gens que l'on disait fous ait suscité de la compassion, ni même grand intérêt. On était, en effet, dans des sociétés où le « nous autres » primait spontanément le « moi, je ». Les auteurs ne parlent pas d'eux à la première personne, si ce n'est Marc Aurèle, mais dans des notes intimes relatives à ses exercices spirituels de stoïcien scrupuleux. Dans cette ambiance, la subjectivité, aujourd'hui première, restait à l'arrière-plan.

C'est que, dans l'univers mental gréco-romain, le critère de l'équilibre psychosociologique tenait tout entier dans les deux sentences de Delphes : « Connais-toi toi-même » (*Gnôthi seauton*) et « Rien de trop » (*Médèn agan*). La première n'invitait pas, comme on pourrait le croire, à s'abandonner aux délices de l'introspection, mais bien à acquérir de soi une exacte conscience, à commencer par ses limites. La seconde met précisément en garde contre l'*hubris*, la faute des fautes aux yeux des Grecs : la démesure. Fortune, plaisirs, honneurs, pouvoir, etc., point trop n'en faut. Céder à l'égocentrisme conduirait à la mégalomanie et à ce que nous dirions la paranoïa. C'est là le sens du mythe de Narcisse. Alors que pour aimer il faut être deux, comme le rappelle le mythe des androgynes dans le *Banquet* de Platon (189d-193d), voilà bien que cet insensé prétend se suffire, et il congédie toutes celles qui l'aiment, dont la nymphe Écho, qui ne s'en remettra pas. C'est donc pour avoir prétendu s'affranchir de l'humaine condition, et par conséquent du destin, qu'il sera puni. Ironie des dieux qui lui donnent la seule occasion qu'il aura de se voir. Fasciné par son image sur les eaux qui vont l'entraîner, Narcisse n'aura jamais aimé qu'un reflet. Cela vaut pour toute forme d'abus en faveur de son propre moi : « Le désir qui cherche avidement son objet, dit Cicéron ; la gaieté absurde avec ses élans désordonnés, ne diffèrent que peu de la folie » (*Tusculanes*, IV, 16) ; « la fureur amoureuse qui s'empare de l'homme, dit Plutarque, et le consume » (*Dialogues sur l'amour*, 759b), etc. Et même, tous le disent depuis Hésiode, le vin en excès… Aussi estimait-on que les gens qui avaient sombré dans la folie y avaient mis du leur, ce qui ne les rendait pas sympathiques *a priori*.

S'il en allait ainsi de la démence, le mieux était de n'y point tomber, et la seule prévention efficace était de tendre assidûment à ce que les philosophes appelaient la sagesse (*sophia*), chaque école ayant là-dessus ses vues. Selon les stoïciens, note Cicéron, « tous les non-sages sont des insensés » (*Tusculanes*, IV, 24). Mais qui avait jamais vu un sage ? Un autre thème courant. Si bien que l'hygiène mentale consistait à faire comme si on devait un jour atteindre à cet idéal. Ainsi, la *philosophie*, l'amour de la sagesse, aidait-elle à accomplir au mieux son destin. « Ce que j'ai de sagesse, dit Perse, me suffit largement » (*Satires*, III, 78-87). Un homme équilibré celui-là... À moins qu'on ne le dise prétentieux.

Touchant ce qu'aujourd'hui nous appelons psychopathologie, les médecins d'alors disposaient-ils d'une pharmacopée efficace ? Plus performants, d'après le peu qu'on en sait, en d'autres spécialités, sans doute reprenaient-ils d'antiques recettes. Philostrate rappelle ce qu'Homère disait de « ces drogues venues d'Égypte qu'Hélène mêlait au vin pour apaiser les souffrances dans l'âme des héros, tout en psalmodiant des incantations destinées à consoler le désespoir. Ainsi les guérissait-elle avec à la fois des mots et du vin » (*Vie d'Apollonios*, VII, 22). Car en ces temps où mythique et rationnel géraient en indivis la pensée et l'action, la médecine gardait une dimension surnaturelle. Asklépios, Esculape en latin, le patron des médecins, n'était-il pas né d'Apollon et d'une mortelle, et comme tel un demi-dieu ? Dès lors, songes, visions, invocations et rites se mêlaient à toutes les formes de la thérapie. Le grand Hippocrate (vers 460 av. J.-C.), pour qui « médecine et divination sont sœurs, les deux étant nées d'Apollon », ou, six siècles plus tard, Galien, que Paul Veyne tient pour une tête philosophique de premier ordre, et qui était le médecin de Marc Aurèle, disaient l'un et l'autre devoir parfois à un songe telle technique opératoire.

Mais où se voit le mieux cette synthèse du mythique et du médical, c'est dans ces centres hospitalo-religieux qu'étaient les *asklépéia*, les sanctuaires d'Esculape. Au IIe siècle de notre ère, on en comptait un grand nombre, dont les plus célèbres à Épidaure, Pergame, Rome (dans l'île Tibérine) et Lambèse. Voyageurs et curistes en décrivent les galeries aménagées en dortoirs où le patient s'étend (l'*incubatio*), traité par les néocores, mi-aumôniers, mi-internes de service, dans l'attente de la céleste ordonnance qu'une inspiration ou un rêve lui délivrera. Il se verra prescrire diètes prolongées, bains glacés, purges, vomitifs, clystères et saignées, le tout entre deux prières et quelque sacrifice. Des innombrables ex-voto, il ressort que les aveugles recouvrent la vue et les muets bavardent ; les rhumatisants retrouvent leurs jambes de vingt ans et les chauves leurs cheveux, etc. Ce qui valut à Asklépios le surnom de *Sôter*, le Sauveur.

Nul mieux qu'Aelius Aristide (117-189), un orateur grec, n'a décrit l'ambiance de ces sanatoriums sacrés.

Ayant pris froid au cours d'un voyage, il ira sa vie durant de céphalée en dyspepsie, de crise d'asthme en vertiges, otite, etc. Dans un CHU d'aujourd'hui, il irait de service en service avant d'aboutir en psychiatrie, tant il est clair que ces pathologies étaient de nature psychosomatique. En avance sur son temps, Galien l'avait pressenti, voyant là le cas d'un intellectuel dont l'exercice de l'éloquence affaiblissait l'état général. Du coup, Aelius ne quitte plus l'*asklépéion* de Pergame, mais il a eu l'excellente idée de tenir le journal de son hospitalisation. Une aubaine pour nous. S'y mêlent les élans mystiques aux accents pascaliens – « Pleurs de joie ! Exaltation de l'âme ! » – et le détail des traitements : « Là-dessus, le dieu me dit de m'administrer un lavement »… Le père Festugière, qui traduisit ces *Discours sacrés*, l'avait bien jugé, estimant qu'Aelius Aristide, dont Esculape s'occupait vingt-quatre heures sur vingt-quatre, aurait été désolé de se voir définitivement guéri… On lit dans Pétrone que « le médecin n'est rien d'autre que la consolation de l'âme » (*Satiricon*, 42). Pour ce pauvre Aelius Aristide, c'est bien sûr.

Policiers et barbouzes sous les Césars

Le roman historique, le film surtout ont imposé de la Rome impériale l'image d'un monde étroitement encadré. À en croire ces reconstitutions, le Romain moyen ne pouvait faire cent mètres sans tomber sur une patrouille ou croiser un agent secret à la solde de César. Pourtant, la Rome des empereurs n'avait rien d'un État policier au sens où nous l'entendons aujourd'hui. Elle ne possédait pas d'institutions équivalant à notre Quai des Orfèvres, à la DST ou au Service de documentation extérieure. Comment, dans ces conditions, assurer la sécurité publique en même temps que la survie du régime ?

Chose utile à préciser tout de suite : le régime politique lui-même, que nous appelons empire, n'a jamais été vraiment menacé. Succédant à cent ans de guerres civiles, la concentration de tous les pouvoirs entre les mains d'un seul homme, Octave Auguste, fut d'autant plus facilement acceptée par un peuple pourtant fort antimonarchiste qu'on prit bien soin de respecter les formes républicaines. Avec le temps, tout s'arrangea ; quarante années de règne, et l'habitude était prise : plus jamais il ne sera question de rétablir une république qui n'aura, en théorie, jamais cessé d'exister. Les coups d'État, les violences où disparaîtront tant de Césars furent des questions de personne, pour ainsi dire jamais de régime. Voilà qui écarte des assimilations hâtives à des situations contemporaines. Dans deux cas seulement interviennent des corps constitués, de création augustéenne : la sécurité du prince et de l'État qu'il incarne, et la tranquillité publique. Entrons dans le détail des personnels et de leurs missions.

D'abord la sûreté de l'État et la protection du prince. Depuis Auguste, c'est l'affaire d'un corps d'élite : les fameuses « cohortes prétoriennes », trois à Rome même, six au-dehors, dans l'Empire. Fortes chacune de 500 à 1 000 hommes selon l'époque, ces unités, fine fleur de l'armée romaine, sont encadrées par des officiers supérieurs sous les ordres des préfets du prétoire, hauts fonctionnaires de rang équestre[1]. Ces rudes gaillards, bien formés, bien payés, constituent une force indispensable – et ils ne le savent que trop : les prétoriens useront de leur puissance à l'occasion sans débats de conscience ni

1. L'ordre équestre, qui formait, avec l'ordre sénatorial, l'aristocratie romaine, était composé surtout, sous l'empire, d'hommes d'affaires, de riches propriétaires fonciers, de membres de professions libérales et de magistrats municipaux.

états d'âme, et c'est bien ce qui fait d'eux une arme à double tranchant. Dans le meilleur des cas, lorsque ces troupes sélectionnées sont loyales et dévouées à la personne du souverain, on peut penser qu'elles assurent un service efficace, d'autant plus qu'elles ne semblent pas redouter les bavures. Pourtant, à regarder de près la suite des empereurs sur cinq cents ans, une perplexité nous vient : 57 % des Césars ont quand même péri dans un complot ou un coup de main. Dans le détail, certaines tranches chronologiques apparaissent particulièrement exposées : de 190 à 290, par exemple, sur 33 princes, je compte 24 assassinats, ce qui donne une proportion de 72 %. Les difficultés inhérentes à un milieu fait de coteries et de clans rivaux, les allées et venues du prince, ses contacts avec le public, ses absences aussi – sans parler des campagnes militaires – font du métier de César une activité à haut risque. Les entrées et les sorties du palais n'étaient pas toujours convenablement filtrées. Encore fallait-il que le prince eût le souci de sa propre sécurité, ce qui n'était pas toujours le cas. Auguste, grand amateur de femmes, avait imaginé de faire introduire directement chez lui, dans une litière fermée, celles dont il attendait les faveurs. C'est ainsi qu'un beau jour, il vit débarquer dans sa chambre… le philosophe Athénodore, son conseiller personnel : au dernier moment, le vieux stoïcien s'était substitué à l'invitée et il était arrivé jusque-là sans encombre, entendant ainsi montrer au prince l'incroyable légèreté de sa façon d'agir (Dion Cassius, 61, 43). Certains seront plus méfiants – Tibère, par exemple, à Capri –, d'autres moins : on surprit, une nuit, un homme armé d'un poignard à deux pas de la chambre à coucher de Claude (Suétone, *Vie des douze Césars*, « Claude », 13). Reste que des incidents de ce genre, joints aux édifiantes statistiques citées plus haut, laissent planer un doute sur l'efficacité réelle de la garde impériale et, en tout cas, sur la qualité d'un éventuel service de renseignements généraux. La surveillance autour des Césars semble assez aléatoire, ce qui surprend toujours les modernes, habitués à des dispositifs autrement minutieux.

La tranquillité publique, elle, relevait de deux corps spécialisés. De jour, les « cohortes urbaines » : quatre à Rome même, une à Lyon, une à Carthage, formées de citoyens entraînés à la garde civile, payés moitié moins que les prétoriens et encadrés par des officiers supérieurs sous l'autorité du préfet de la Ville. Ce fonctionnaire de classe exceptionnelle, un sénateur, voire un consulaire (c'est-à-dire un ancien consul, ou consul à titre honoraire), était de plus investi de pouvoirs de juridiction criminelle. Ainsi le policier et le juge se fondaient dans son unique personnage, sans que l'on songeât à se formaliser de cette confusion des tâches.

De nuit, le soin de veiller sur le repos des citoyens revenait aux « vigiles ». Ces cohortes, qui représentaient à Rome 7 000 hommes pour 1 200 000 habitants, étaient en outre affectées à la lutte contre les incendies, d'autant plus fréquents que la nature des constructions et la manipulation continuelle de flammes (torches, lampes, réchauds) multipliaient les risques. Ces milices, composées d'affranchis, voire d'esclaves, donc de personnel nettement moins considéré, étaient commandées par des officiers subalternes, sous la responsabilité du préfet des vigiles, de rang équestre.

Si l'on songe au petit monde de truands, de proxénètes, d'esclaves en situation irrégulière, de marginaux de tout poil qui hantaient les bas quartiers et les rues chaudes, on peut penser que ces différentes cohortes avaient de quoi s'occuper. Il est vrai que le milieu urbain ne connaît guère le grand banditisme, qui sévit surtout, nous le verrons, dans les campagnes[1]. En fait, la présence de ces milices diverses était d'abord dissuasive.

À l'apogée de l'Empire, les territoires sous gouvernement romain couvraient 3 300 000 km^2. Impossible d'exercer partout un contrôle direct. Les choses se présentaient différemment selon que la contrée était tenue pour définitivement pacifiée ou simplement en voie de pacification. Rome, en effet, laissait généralement subsister les structures locales qui, du reste, tendaient à se romaniser d'elles-mêmes. Sur place, la police fonctionne donc à peu près comme avant, avec cette marge d'initia-

1. Voir C. Salles, *Les Bas-fonds de l'Antiquité*, Paris, Robert Laffont, 1982, p. 168-169.

tive locale sans laquelle plus rien ne va. Mais quand subsistent des risques de soulèvement, les légions romaines sont là, ne serait-ce que sous la forme d'une garnison ou d'un poste, afin d'éviter toute surprise et, le cas échéant, pour assumer les pouvoirs de police. Si la souplesse du système n'apparaît pas forcément au niveau des exécutants, on la constate dans l'esprit des responsables. Les textes chrétiens illustrent assez bien le processus. La Judée était un point chaud dans l'Empire, et elle le resta jusqu'au IIIe siècle. Il y eut donc toujours des troupes romaines dans le secteur. Or, en dépit de la présence à Jérusalem du procurateur venu tout exprès de Césarée pour la Pâque et du détachement caserné dans l'Antonia, c'est par la police du grand prêtre que Jésus fut appréhendé. Et l'impression prévaut que Pilate aurait préféré éviter une histoire. Peu après, c'est pour le compte de la synagogue que Paul de Tarse, plus tard connu sous le nom de saint Paul, pourchasse les adeptes de Jésus. Converti puis, comme tel, poursuivi par ses anciens coreligionnaires, il est arrêté d'abord par les sbires d'Hérode Agrippa, puis plusieurs fois par les gens du sanhédrin, et ne doit finalement la vie qu'aux fonctionnaires romains, dont l'humanité n'est d'ailleurs pas mise en doute, si l'on admet une certaine propension au passage à tabac. Il est vrai que Paul pouvait se prévaloir de la citoyenneté romaine, qui valait passeport.

Comment fonctionnait ce dispositif dans la pratique, et quels services pouvait en attendre le ressortissant de l'Empire ? Distinguons d'abord entre la ville et la campagne. Et si nous parlons des grandes concentrations urbaines comme Rome, Lyon ou Carthage, encore convient-il de distinguer le jour et la nuit. Aussi longtemps que brille le soleil, on peut vaquer à ses affaires, se promener ou simplement rester chez soi sans inquiétude, surtout si l'on y dispose d'un personnel dévoué et d'un chien dissuasif. Sauf, bien sûr, si l'on s'aventure dans les quartiers mal famés, on s'expose tout au plus à être délesté de sa monnaie aux bains publics, où pullulent les voleurs à la tire, ou encore, si l'on cède aux facilités du lupanar (on en trouve à tous les prix), à y être détroussé discrètement par un complice de la demoiselle. Rien que de banal, en somme. Mais dès que meurt le jour, chacun s'empresse de regagner son domicile et de s'y barricader derrière des volets solides, renforcés de chaînes et de barres. Au reste, la mythologie angoissante de la nuit aidant, nul n'a grande envie de flâner dehors à pareille heure, si ce n'est le fêtard prêt à toutes les aventures. Encore évite-t-il d'être seul. « Tu seras regardé comme irresponsable et bien imprévoyant, avertit Juvénal, si tu t'en vas souper sans avoir fait ton testament » (*Satires*, III, 272-274). Que de mauvaises rencontres en perspective ! L'homme saoul qui vous entreprend, l'agresseur qui joue du couteau, la bande de noceurs en bordée qui vous administre, histoire de rire, une raclée mémorable : « Alors qu'il se faisait tard, un certain Sattornilos, avec beaucoup d'autres, dont j'ignore le nombre, m'a cherché querelle sans motif. Ils se sont jetés sur moi avec des bâtons, se sont emparés de mon frère Onophis et lui ont fait des blessures si graves que sa vie est en danger... C'est pourquoi j'ai déposé cette plainte[1]. » On comprend l'inquiétude de cette jeune Grecque soucieuse de son amant : « Fais bien attention de rentrer de bonne heure de ton dîner, car il y a toute une bande de jeunes fous – tous de bonne famille – qui troublent la tranquillité publique ; tu verras un peu partout des gens égorgés en pleine rue, et les auxiliaires du gouverneur sont trop loin pour nettoyer la ville de ce désastre » (Apulée, *Métamorphoses*, 2, 19). On sait que Caligula et Néron, déambulant incognito dans Rome avec quelques comparses, raffolaient de ces violences gratuites qui évoquent pour nous *Orange mécanique*. Si donc vous tenez absolument à sortir le soir, que ce soit escorté d'esclaves musclés, porteurs de flambeaux et de triques. Mais les cohortes de vigiles ? Elles font leur ronde, n'en doutez pas. Au reste, le Trimalcion du *Satiricon* vous le dirait : sa bande joyeuse menait un tel chahut, lors d'une nuit mémorable, que les gardes, croyant à un incendie, avaient fait irruption dans sa salle à manger avec leur matériel (Pétrone, *Satiricon*,

1. *Papyrus Tebtunis*, dans C. Charles-Picard et L. Rougier, *Textes et documents relatifs à la vie économique et sociale dans l'Empire romain*, SEDES, 1969, p. 200. On y verra consignées d'autres plaintes.

78). Même intervention ponctuelle dans cette maison d'Agrigente, où la garde avait coffré une bande de jeunes gens à ce point saouls qu'ils se figuraient en mer ; pour alléger ce qu'ils croyaient un navire en perdition, ils balançaient les meubles par les fenêtres, attirant ainsi l'attention de l'escouade (Athénée, *Deipnosophistes*, 2, 5 b-d).

Mais aucune police n'est omniprésente. Juvénal s'en plaignait déjà : « Tandis que des patrouilles en armes font régner la sécurité dans les marais Pontins et la forêt Gallinaria [en grande banlieue], les malfaiteurs fondent sur la ville comme sur une proie » (*Satires*, III, 305-308). Il faut dire que la structure urbaine ne se prêtait guère à un quadrillage efficace : tout au plus à quelques sorties de routine. Allez donc déployer une unité dans ce labyrinthe de ruelles de moins de trois mètres de large, traîtreusement coupées par de grosses pierres permettant le passage à gué quand il pleut à verse... La manœuvre est d'autant plus délicate qu'il fait mortellement noir. Mieux vaut décidément se coucher de bonne heure.

Dans les vastes zones rurales, en Italie et surtout dans l'Empire, où les garnisons romaines sont forcément clairsemées, il n'est plus question d'heure ni de lieu : l'insécurité est permanente et le danger est partout. C'est à chaque domaine de se prémunir contre les raids de bandits, voire de pirates venus par la mer et débarquant dans des dispositions qui n'ont rien de rassurant. Ce n'est guère que sous les Antonins, au IIe siècle ap. J.-C., que terres et mers seront un peu plus sûres. Et encore ! Lisez les *Métamorphoses* d'Apulée, roman d'aventures à visées philosophiques qui date de ce temps. Il nous promène, dans le style de la littérature picaresque, en compagnie d'une troupe de brigands opérant dans le Péloponnèse. Ce ne sont qu'embuscades dans les gorges isolées, attaques à main armée, coups de main réussis contre des résidences ou des fermes, le tout dans une bonne ambiance de fraternité professionnelle. Apulée exagère-t-il ? D'autres documents nous apprennent en tout cas que derrière le décor existe une véritable contre-société, solidement organisée, retranchée dans des lieux gardés et du reste inaccessibles, d'où partent des actions de commando techniquement très au point. Toujours est-il que le petit groupe de truands dont il est question dans le roman ne rencontre pas de forces de police au cours de ses pérégrinations. Ils n'ont à redouter que l'autodéfense, les cultivateurs ne faisant pas de cadeaux. À trois reprises, il est fait allusion à leurs chiens, « des dogues capables de lutter contre des ours ou des lions », dont ils ont la taille, et qui sont « dressés à mordre indistinctement tout ce qui circule sur la route » (Apulée, *Métamorphoses*, 4, 9, 36). C'est du reste ce qui arrive à une troupe infortunée de voyageurs passant non loin d'une exploitation : pris pour des brigands, les voilà aux prises avec les fameux molosses lâchés par les paysans, puis proprement lapidés du haut des toits avant de pouvoir enfin s'expliquer et réparer tant bien que mal les dégâts. Dans de telles conditions, un voyage était une aventure, et on y regardait à deux fois avant de s'y résigner. Même un haut fonctionnaire en déplacement ne s'y lançait pas sans risques : une inscription de Lambèse, en Numidie, rappelle qu'un général, soucieux de voir sur place ce que devenait la mission d'un ingénieur militaire, était tombé dans les mains de bandits qui l'avaient laissé détroussé et fort mal en point.

Le simple citoyen, d'ailleurs, n'en aime pas moins se tenir à l'écart des forces de police. L'armée ne rassure pas autant qu'on pourrait croire. En ville, elle tient le haut du pavé et, à la campagne, on craint toujours quelque réquisition, pas forcément correcte dans ses formes ni sûre dans ses conséquences. Mieux valait décidément garder ses distances avec ces gradés « qui puent le bouc », comme dit gentiment Perse, avec « leurs mollets variqueux » et leur absence de préoccupations philosophiques (*Satires*, III, 77-86). S'ils vous écrasent le pied de leurs larges croquenots, y laissant planté un gros clou – c'était arrivé à Juvénal –, gardez-vous de protester. Même si l'on était fort de son bon droit, on hésitait à porter plainte contre un soldat devant la prévôté. Juvénal le déconseille vivement : « Quand un civil a été rossé, il garde la chose pour lui et ne se risque pas à faire voir au préteur ses dents ébranlées, sa figure en compote, noire avec des œdèmes livides, et son œil – celui qui lui reste – sur lequel le médecin ne veut pas se prononcer. Qu'il ait la prétention de se faire rendre justice, et on lui désignera pour juge une paire de grolles et de puissants mollets juchés sur une estrade démesurée [...]. Il faut être têtu comme une mule, quand on ne dispose que de ses deux jambes, pour aller se frotter à tant de godillots à clous » (*Satires*, XVI, 9-25). Ne vous avisez surtout pas de riposter, comme le paysan du roman d'Apulée, à qui un militaire avait voulu prendre son âne pour les besoins du service : il avait bien failli y laisser sa propre peau.

Une dernière question se pose, qui ne laisse pas d'intriguer : y avait-il dans ces temps des agents secrets ? Leur existence est par définition vouée à la discrétion. Aussi ne dispose-t-on que de quelques mentions dans les textes relatifs aux premiers siècles de l'Empire. On surveillait, semble-t-il, les conspirateurs potentiels, les fauteurs possibles de troubles, les mutuelles funéraires aussi, qui avaient déjà servi de couverture à des activités politiques clandestines. Certaines professions faisaient l'objet d'une attention particulière : les gargotiers en raison de leur clientèle interlope, les astrologues, car leurs horoscopes sur le prince ou sur un concurrent éventuel pouvaient alimenter spéculations et propagande. On surveillait aussi les philosophes : Domitien prit contre eux une mesure générale d'expulsion en 93, à la suite d'une fronde qu'il estimait aller trop loin. Épictète fut de cette charrette et dut s'expatrier à Nicopolis.

Enfin, il y avait – et Tertullien s'en plaint assez – les chrétiens, qu'on tenait pour civiquement peu fiables.

Quelle était l'efficacité de ces agents de l'ombre ? Certes, plus d'un complot échoua, souvent sur un coup de chance et au dernier moment, comme l'affaire Séjan sous Tibère. Mais beaucoup réussirent – revoyez la statistique. La situation des chrétiens est, elle aussi, une indication. En effet, si les Césars avaient vraiment disposé d'un service de renseignements digne de ce nom, comment une poignée de Levantins sans poids social, groupés dans une secte, sinon illicite du moins mal vue, se réclamant de surcroît d'un fondateur condamné à mort sous Tibère, auraient-ils pu devenir cette « foule considérable » dont Tacite fait état ? Et comment Tertullien, qui se plaint de la surveillance excessive exercée sur les chrétiens, peut-il prétendre dans le même temps voir un peu partout ses coreligionnaires, infiltrant l'armée, l'administration et jusqu'au palais ? (Tertullien, *Apologétique*, 34.4.) On est enclin à penser que sous les Césars, le renseignement, politique ou criminel, s'est longtemps exercé de façon artisanale, à partir d'initiatives privées mal encadrées et qui ressortissaient au simple mouchardage. Il faut attendre le IIe siècle, avec Hadrien et une bureaucratisation progressive de l'État, pour trouver la trace d'un service de renseignements généraux quelque peu structuré : le corps militaire des *frumentarii.* Ces équipes de fonctionnaires chargés d'évaluations fiscales servaient à l'occasion de brigades anticomplot. Il est vrai qu'Hadrien avait été plusieurs fois visé et manqué de peu. Aussi s'arrangeait-il pour « se tenir informé de tout grâce à ses agents secrets » (*Histoire auguste*, « Hadrien », II). Redoutés à juste titre des sénateurs, ces enquêteurs spéciaux avaient sur la conscience plus d'un jugement sommaire.

En fait, c'est lorsque l'Empire passera aux mains des chrétiens que les agents de renseignements se manifesteront sous la forme d'un service spécialisé, avec un statut administratif reconnu. On observe que leur importance croît, là encore, avec la bureaucratisation systématique des structures impériales. On appelait ces fonctionnaires du nom vague de « chargés d'affaires » – ainsi traduirait-on le terme, plus flou encore en latin, d'*agentes in rebus*. Il semble que l'origine en était un corps subalterne de courriers ou d'estafettes. Ces agents manipulant un certain volume de documents, se déplaçant beaucoup et voyant beaucoup de monde, on s'avisa en haut lieu des services qu'ils pourraient rendre. D'où alors, sous Constantin, au début du IVe siècle, un glissement de leurs attributions. Le Code théodosien les mentionne. En 319, date de leur création « officielle », on les met à la disposition d'une sorte de secrétaire d'État à l'administration, le *magister officiorum*. En 359, sous le très peu confiant Constance II, le corps des *agentes* prend sa forme définitive : assimilés au grade de sous-officier, ces postiers d'un genre particulier – 10 000 selon le rhéteur Libanios – se voient offrir des possibilités de carrière très motivantes. Ils peuvent prétendre au grade envié d'inspecteur, les *curagendarii*, que le peuple appellera simplement *curiosi*. Leurs fonctions sont alors plus intéressantes, leur niveau de vie aussi. Ils surveillent la poste, s'informent des objets transportés ; ils font la tournée des bureaux, contresignent les documents. Enfin, détail significatif, ils ont un œil sur les lieux de détention et s'enquiètent des suspects. En sus de leur traitement fixe, on sait qu'ils touchaient – déjà ! – une prime sur les véhicules contrôlés, une redevance sur les pièces administratives visées… Et, pour peu qu'ils fussent performants, l'avenir leur souriait. Quelques stages dans les différents secteurs de l'administration, où ils étaient à même de faire valoir leurs talents, et on les retrouvait promus à des fonctions assimilables au rang préfectoral d'aujourd'hui. Derrière tout cela apparaît la hantise du pouvoir d'être trahi par le haut personnel qu'il a lui-même nommé.

Mieux valait se tenir à l'écart de ces fonctionnaires à qui le zèle réussissait si bien. Certains ont laissé un nom, tel ce Paul dit la Chaîne, un rond-de-cuir dace ou espagnol dont la technique d'interrogatoire était renommée, ou encore ce Mercure (on n'est pas certain que ce fût là son vrai nom) qu'on appelait le comte des Songes, car ce Perse d'origine rapportait, disait-on, jusqu'aux rêves dont il avait eu connaissance… On sait que les *agentes* consolidèrent leur position jusqu'à la chute de l'Empire. On constate aussi que baisse conjointement le pourcentage des princes assassinés, qui tombe à un peu moins de douze. Mais trop d'éléments nous manquent pour que le rapprochement de ces deux données soit pleinement significatif.

Les quelques éléments sûrs dont nous disposons aujourd'hui touchant la prévention et la répression de la délinquance ou de la subversion sous l'empire romain ne laissent finalement pas, dans l'ensemble, l'impression d'une grande efficacité. On comptait d'abord sur soi-même et l'autodéfense était la règle. Ce qu'il y avait en fait de police semble inadéquat à la demande de sécurité. Un moderne ne peut se défendre de penser que les États d'aujourd'hui, pour ne rien dire des dictatures, font nettement mieux en la matière… Il faut pourtant se garder de comparer ce qui n'est pas comparable et ne pas parler trop vite de carence ou de manque de sérieux. Le personnel était aussi courageux qu'il le fallait, et aussi avisé ; il avait à l'occasion la main lourde. Le point faible était l'absence de cette centralisation savante et techniquement sûre, voire sophistiquée, qui fait la réussite des polices contemporaines.

Cela peut s'expliquer par les vices inhérents aux mœurs romaines. L'existence à Rome, par exemple, d'une justice qu'on dirait aujourd'hui à deux vitesses – les rigueurs de la loi frappant quasi exclusivement, en matière de droit commun tout au moins, les gens de faible surface sociale, alors que le haut de gamme jouit d'une quasi-impunité –, n'était pas pour limiter la violence, gratuite ou pas. Les fêtards plus ou moins meurtriers que nous évoquions plus haut, ou encore les fameux *eversores* dont fait état saint Augustin dans les *Confessions* (III, 3.6), dangereux chahuteurs qui vous saccageaient en un rien de temps une école et laissaient le maître sur le carreau, ne risquaient pas grand-chose dès lors qu'ils étaient de bonne famille : ils relevaient d'une autre juridiction que les gens sans importance. L'absence aussi de ministère public laissait le soin de l'accusation à l'initiative privée, la charge incombant au délateur de produire les preuves. Mais le fait qu'il pût prétendre, en cas de succès, à une ristourne sur les biens confisqués du condamné n'était pas pour moraliser ce genre d'activité. Il y avait aussi les méfaits de l'esprit de caste, qui tenait aux pratiques censitaires : les hauts responsables des services officiels ne devaient le plus souvent leur promotion qu'à leur rang de fortune et à leurs relations de famille. C'était faire dépendre de la qualité de chacun, et donc du pur hasard, l'aptitude à exercer des fonctions qu'on regardait d'abord comme un honneur, voire comme une sinécure. De plus, s'il y avait à Rome des projets d'ensemble – d'ailleurs intéressants et bien pensés –, s'il y avait des corps spécialisés, un entraînement militaire poussé, il n'y avait pas d'écoles militaires proprement dites, encore moins d'écoles de police ou de stages de formation. Notons toutefois que, durant le Bas-Empire, les *agentes in rebus* de sinistre mémoire se recruteront par cooptation.

Pourtant, les mœurs ou la mentalité n'expliquent pas entièrement, et de loin, les échecs du dispositif policier dans l'Empire : l'état du développement technique en est largement responsable. Dans un monde où l'on écrit peu, et sur des supports incommodes ou périssables, il n'est pas question de fichiers vraiment utilisables, pas plus que de clichés permettant l'identification et la recherche. Au reste, on peine déjà grandement à tenir un semblant d'état civil. Quant aux télécommunications, qui aujourd'hui mettent en relation en quelques secondes les responsables avec le bout du monde, elles sont exactement limitées à la vitesse des courriers : 150 kilomètres environ par jour dans les cas urgents, en usant de relais. Dans ces conditions, quel plan d'intervention rapide imaginer ? Quelle concertation entre les services dès lors qu'un ordre met des jours et des semaines pour parvenir à son destinataire dans les provinces ? Sans oublier, bien sûr, le fait que la Méditerranée est fermée à la navigation – et sur quels bateaux ! – une bonne partie de l'année. Une fois sur place, il faut attendre qu'une estafette ait traversé la ville et retour, si tant est qu'elle n'ait pas été interceptée. Un effort modéré d'imagination permet de se faire du problème policier dans l'Empire romain une idée plus exacte. Privez les États-Unis du téléphone ; limitez strictement la vitesse des véhicules à l'allure d'un cheval ; confisquez les caméras ; supprimez tout éclairage, n'autorisant que des torches individuelles. Dans de telles conditions, le FBI serait-il beaucoup plus performant, toutes choses égales par ailleurs, que la garde pontificale ?

Constantin sans péplum

Il est de ces personnages qui marquent leur temps : après eux, plus rien ne sera comme avant. Mais le symbolisme spontané et sommaire les réduisant à la mutation qu'ils ont provoquée en fait souvent des héros de bandes dessinées. Ainsi a-t-on Constantin converti par une vision et, du coup, permettant aux chrétiens de sortir des catacombes, cliché aussi faux qu'émouvant. L'intérêt du grand et beau livre, utilement illustré, de Robert Turcan est précisément de montrer – et de démontrer – qu'il n'en alla pas tout à fait ainsi[1].

Comment approcher le vrai Constantin, sinon dans son milieu, en s'informant de ce qu'était à l'époque « l'état des croyances et des esprits » ? Aussi le premier chapitre est-il une visite guidée de l'Empire romain tel que l'avait réorganisé Dioclétien après la crise désastreuse du IIIe siècle et ses conséquences économiques et

1. R. Turcan, *Constantin en son temps. Le baptême ou la pourpre ?* éd. Faton, Dijon, 2006.

militaires. La captivité de Valérien, vaincu par les Perses, avait ébranlé la confiance dans les valeurs ancestrales. Alors que depuis les origines « les Romains imputaient à leur *religio* le succès de leur hégémonie universelle », ils se sentaient à présent moins sécurisés, et les dieux perdaient de leur clientèle. On gardait par routine civique la pratique officielle, mais l'influence grandissante des cultes solaires, des mystères exotiques, inclinait la dévotion personnelle vers une déité qui transcendait un Panthéon surpeuplé. On rejoignait ainsi, du moins sur ce plan, le monothéisme chrétien. Au reste, depuis une quarantaine d'années, les chrétiens étaient mieux tolérés, acquérant même « un poids notable dans la société ».

C'est dans un monde ainsi fait que va grandir, dans tous les sens du mot, le jeune Constantin, qu'un deuxième chapitre suit « du berceau à la pourpre ». Né d'une liaison entre Constance Chlore, un officier qui deviendra l'un des Césars de la Tétrarchie, et d'une serveuse d'auberge nommée Hélène, il se signale si bien comme homme de guerre que Dioclétien le remarque, ce qui rend jaloux Galère, le second César. Et comme ce dernier a flairé dans la famille du jeune homme, et peut-être chez lui, des sympathies pour le christianisme, il voit là le moyen de se défaire de lui. Aussi va-t-il inciter Dioclétien à réactiver l'interdiction du christianisme. Ou bien Constantin résistera et il sera éliminé, ou alors il cédera, et se déconsidérera auprès du clan chrétien qui semble le soutenir. C'est ainsi qu'une sordide histoire de rivalité va faire de 303 à 311 des centaines de martyrs. Saura-t-on si Constantin s'est alors soumis ? s'il a agi en faveur des persécutés ? L'histoire officielle n'en dit rien. Elle le convertit en 312, suite à la fameuse vision du monogramme du Christ dans le ciel, lui garantissant la victoire du pont Milvius sur Maxence. Robert Turcan suit donc Constantin pas à pas dans sa longue marche vers le pouvoir, complexe et passionnante comme un roman de John Le Carré. On y voit Constantin authentiquement soucieux de restaurer l'unité de l'Empire et pour cela jouant sur les deux tableaux, honorant Apollon dans un temple des Gaules, puis se rangeant sous la bannière du Christ.

C'est la « réunification de l'*Orbis romanus* » qu'étudie un autre chapitre, et l'on assiste, après quarante années, au retour de la monarchie. Nul non plus n'aura observé d'aussi près le passage de l'Empire au christianisme, ou plus exactement l'inversion de la situation : on tolérait le christianisme ; désormais, c'est le paganisme qui sera toléré, du moins tant que vivra Constantin.

« Lois, crimes et ambiguïté » : le titre du chapitre suivant dit assez que cette mutation ne fut pas tout à fait le passage des ténèbres à la lumière. Même si l'empereur se montre très « veuve et orphelin », s'il institue le dimanche jour férié, le droit ne s'humanise pas sous son règne et sa parenté évoque une famille des Atrides qui irait à la messe. Cinq de ses proches sont ainsi rappelés à Dieu prématurément à son initiative. Quant aux chrétiens enfin libres, ils peuvent se livrer aux arguties dogmatiques et s'entre-excommunier, ce qui n'est pas sans retombées quant à l'ordre public. Mais un certain césaro-papisme y pourvoit.

Un cinquième et dernier chapitre, « Nouvelle Rome et fin de règne », nous conduit en Orient, où Constantin fonde Constantinopolis, la seconde Rome. S'il prépare avec soin sa succession, on pressent qu'elle sera shakespearienne. Il meurt en saint le jour même où l'Église de ce temps fêtait à la fois l'Ascension et la Pentecôte.

Un surdoué à tout point de vue : ses hagiographes vous le diront. Le livre de Turcan instruit, passionne et dérange.

Religion romaine et religion chrétienne

En des temps où, sur bien des points, le collectif primait encore sur l'individuel, religion et politique coexistaient à Rome tout naturellement. Elles se mouvaient toutefois sur des plans distincts. C'est ce que dès le Ier siècle avant notre ère a montré Marcus Varron, que saint Augustin tiendra pour « le plus savant des Romains » (*La Cité de Dieu*, VI et *sq.*).

Varron distinguait, en effet, trois « théologies ». La *mythique* étudiait les légendes venues du fond des âges, mises en scène par les poètes, et dont il fallait décrypter le sens par l'allégorie. La *civile* traitait des dieux et déesses protecteurs de la Cité, ville ou État, et du culte qu'on leur devait en retour. La *naturelle* enfin s'intéressait à la nature des dieux : une affaire d'intellectuels, d'ailleurs rarement d'accord. Trois regards, donc, qui parfois se croisaient sur les dieux et sur la religion qu'on pratiquait avec une foi plus ou moins fervente selon les individus et les époques.

Chaque divinité tutélaire avait ses prêtres et ses prêtresses, dont le sacerdoce était parfois soumis à de strictes obligations – la chasteté pour les vestales, sous peine de mort –, et d'autres fois regardé comme une distinction honorifique, le *pontifex maximus* (souverain pontife) se situant en haut de l'échelle. Au temps des Césars, le titre en reviendra automatiquement à l'empereur. Si le culte qu'on célébrait en l'honneur de telle divinité était soumis à un cérémonial pointilleux, dont il arrivait que le sens se fût perdu, l'objet même de la croyance n'était défini par aucun credo engageant la conscience personnelle. La notion d'orthodoxie était étrangère au paganisme.

Arrêtons-nous d'abord sur la « théologie civile » et tentons de saisir l'esprit de cette symbiose du politique et du religieux à Rome.

Que le pouvoir soit conféré aux princes par les dieux, la chose allait de soi dans la société romaine. Sauf pour quelques intellectuels, les épicuriens par exemple, selon qui les dieux ne s'impliquaient pas dans les affaires des hommes. Ce qui prévalait, c'était la thèse grecque d'un pouvoir d'origine transcendante, et qui exigeait du prince en contrepartie un haut degré de diverses vertus en faveur de son peuple. Des deux côtés, on avait à y gagner. Cette théorie s'était largement diffusée grâce aux stoïciens : Épictète, Marc Aurèle, mais surtout à ces traités *De la royauté* attribués à Ecphante, Diotogène et Sthénidas, trois philosophes néo-pythagoriciens. Selon eux, ce qu'est la divinité pour l'univers, le prince l'est pour son royaume. Cela même était illustré par des monnaies, et plus visiblement par ce bas-relief de l'arc de Bénévent montrant Trajan recevant de Jupiter, Junon et Minerve le foudre, symbole de sa puissance. Obéir à César, c'était donc se conformer à l'ordre des choses tel qu'en ont disposé les dieux.

C'est cette idée d'un pouvoir de nature transcendante qui nous permet de mieux comprendre le sens à la fois religieux et politique de certains comportements aujourd'hui difficilement imaginables. Ainsi Néron, affichant la royauté solaire que lui prête Sénèque à des fins de propagande (*Apocoloquintose*, IV, 1), raffole de se produire en Apollon aurige, archer et joueur de cithare, les trois attributs du dieu-Soleil. De même pour Commode, accoutré en Hercule, comme le montre son buste à Rome, au palais des Conservateurs. Et le temps venu de la tétrarchie, Dioclétien s'autoproclamera « Jovien », et Maximien, son second, sera dit « Herculien ». Ce faisant, les Césars étaient assurés d'être compris du peuple. Simplement, le Romain moyen, ou n'importe quel sujet de l'Empire, réactivait là une pensée reconduite depuis toujours : le pouvoir venant de là-haut, y déférer vous assurait les bonnes grâces à la fois du Panthéon et du Palatin.

Il en allait ainsi dans l'Empire quand on se mit à parler d'une secte orientale fondée sur l'adoration de Chrestos ou Christus, qu'on disait d'origine juive. Dès lors que ses adeptes se tenaient tranquilles, un dieu de plus ou de moins ne gênait personne : en matière de dieux, Rome était ville ouverte. Or on ne tarda pas à remarquer leur absence à toutes les cérémonies du culte. Cela était choquant : en quoi adorer le dieu Untel empêchait-il d'adorer les autres ? Il y avait bien les juifs, dispensés moyennant redevance, parce que, aux yeux du pouvoir, il s'agissait d'une divinité ethnique. Mais ces chrétiens qui venaient de partout ? En boudant les cérémonies officielles au nom de leur dieu Christus, ils se démarquaient du peuple romain et de ses valeurs. Sociologiquement, cela ne pouvait que les exposer à la suspicion, aux calomnies, voire à la vindicte, quand par exemple les Césars du IIIe siècle, en raison de quelque crise, feraient du sacrifice public un test de loyalisme des populations.

On voit donc la nature du problème. D'une part, chrétiens et païens n'affectaient pas le mot « dieu » du même coefficient de transcendance. L'idée d'un principe absolu d'où tout procéderait était affaire de philosophes. D'autre part, les païens n'investissaient pas dans leurs rapports avec les dieux le même capital de conscience morale que juifs et chrétiens dans leurs relations avec leur dieu, pour différentes qu'elles fussent dans ces deux cas. Ce sont ces deux facteurs qui entretiendront sur trois siècles un malentendu qui fera de nombreuses victimes. Les consciences les plus scrupuleuses elles-mêmes parmi les païens se sentiront mal à l'aise, comme Pline le Jeune – qu'on se reporte à sa correspondance avec Trajan –, ou Marc Aurèle, échouant à comprendre ce qui poussait les chrétiens « à mourir par obstination » (*Pensées*, XI. 3).

Cela étant, on devine l'ampleur de la mutation que produirait dans la Rome des Césars le triomphe du christianisme. Si, à l'aube du IVe siècle, les païens étaient toujours majoritaires, ils pesaient de moins en moins en puissance. En effet, en dépit d'une hostilité endémique qui si souvent s'était exacerbée en violences à leur égard, les chrétiens n'avaient cessé de gagner en influence, et partout dans la société. Il fallait désormais compter avec ces paysans et citadins, prolétaires et propriétaires, militaires et fonctionnaires que soudait une même foi. Si bien que Constantin, venant tout juste de gagner en 312 la bataille du pont Milvius contre le païen Maxence, son rival, vit le parti qu'il pouvait tirer, pour la reprise en main d'un Empire mal en point, du ralliement de ces gens en pleine expansion. Homme de guerre mais politicien avisé, c'était en son fond une âme simple, avec ce qu'il fallait de piété. Solaire dans sa jeunesse, puisque selon un panégyriste anonyme, il avait vu Apollon dans un temple gaulois ; chrétien par la suite, dès lors que c'était le monogramme du Christ, apparu dans le ciel, qui lui avait valu de gagner contre Maxence. D'ailleurs, il ne s'en cachait pas : ce signe ornera bientôt les boucliers de son armée. Et donc, quand il eut successivement vaincu ses concurrents au trône, dans des conditions parfois mal éclaircies, Constantin s'engagea dans une politique ouvertement favorable au christianisme, autorisé dès 313 par l'édit de Nicomédie. Il combla l'Église de subventions, d'exonérations fiscales, et les particuliers d'avantages de carrière. Rompant même avec le monopole d'État en matière de juridiction, il autorisa la création de tribunaux ecclésiastiques. Tant et si bien que l'importance des avantages consentis aux chrétiens créa un appel d'air. On vit proliférer les « chrétiens de la dernière heure », dont la motivation n'était pas purement évangélique. Cela est de tous les temps. En contrepartie, Constantin attendait de l'Église un soutien sans faille, entendant bien, du reste, exercer sur les affaires ecclésiastiques un contrôle étroit. Bref, à dater de son règne, la Louve romaine et l'Agneau de Dieu avaient partie liée. Pour le meilleur et pour le pire, car si chacun des deux avait à y gagner, il avait aussi à perdre.

C'est encore avec les yeux de Marcus Varron que nous allons tenter d'évaluer de façon plus précise les répercussions de ce nouveau style de rapports entre le politique et le religieux. Sur le plan de la « théologie mythique », plus rien ne tiendra bientôt, côté païen, des dieux, demi-dieux et déesses, ni de leurs aventures censées porteuses de leçons. Vains seront, en 361-363, les efforts de l'empereur Julien pour restaurer le paganisme, à qui *La Cité de Dieu* de saint Augustin donnera intellectuellement le coup de grâce. Le temps est venu d'autres récits, surnaturels eux aussi, rapportés par les livres sacrés judéo-chrétiens. On y lisait que Dieu avait aimé les hommes au point de leur sacrifier son fils, mort sur la croix – ce qui pour les Romains n'était guère engageant – et ressuscité, afin qu'ils aient avec lui la vie éternelle. Ainsi, le dieu chrétien apportait ce que l'homme avait toujours espéré sans trop oser y croire, et que certains païens attendaient de l'initiation aux mystères d'Osiris, de Zagreus, de Mithra, de Sabazios et autres encore. Tout être humain, qu'il soit esclave chargé de l'entretien des bains publics ou empereur d'Occident, était tenu en conscience de croire au Christ, de témoigner de sa foi comme les martyrs l'avaient fait, et d'observer ses commandements. Car c'était de la parole même de Dieu qu'il s'agissait. Quant à ce qu'il fallait croire et faire, c'était à l'Église d'en décider.

Pour ce qui touche à la « théologie civile », Constantin, soucieux de ne point se mettre à dos ce qui restait de païens influents, crut habile de promulguer en 319 une loi garantissant la liberté des cultes traditionnels : un paradoxe qui en dit long. En revanche, il se considérait comme « l'évêque du dehors », tuteur de l'Église. Ainsi, lors de la crise arienne qui opposait les chrétiens d'Orient et d'Occident sur la nature de la Trinité, c'est Constantin qui, soucieux de l'unité politique de l'Empire, convoqua en 325 le concile de Nicée. Devenu religion d'État, le christianisme reprit tout naturellement à son compte les théories contenues dans *De la royauté*. En 335, l'évêque Eusèbe de Césarée assimile le royaume céleste où Dieu règne entouré de ses anges et le royaume terrestre où règne Constantin entouré de ses Césars. Au reste, sur une monnaie d'époque, une main anonyme sortant des nuages impose à Constantin le diadème. En ces temps de transition, voilà qui pouvait convenir à tout le monde.

Si Constantin inaugurait ainsi un césaropapisme forcément abusif, du moins se montrait-il soucieux qu'on rendît à César ce qui était à César. Mais ses successeurs, tout soumis aux injonctions de certains prélats, se montrèrent moins jaloux de l'indépendance du pouvoir politique et de la liberté de conscience. L'un des fils de Constantin, l'éphémère Constant, prohiba toute forme de culte non chrétien. Valans fit condamner à mort des païens, ainsi d'ailleurs que des chrétiens qu'il jugeait hérétiques. Gratien mit à la disposition de l'Église le bras séculier, car, prétendait l'évêque Ambroise de Milan : « C'est à l'Église catholique qu'on doit en premier le respect, et après seulement aux lois » (*Lettre* X). Et sous Théodose Ier, le christianisme orthodoxe deviendra obligatoire. L'empereur lui-même, sous couvert de faire pénitence suite à une répression tout à fait légale, mais où il avait eu la main lourde, ira ramper publiquement aux pieds d'Ambroise. Un autre âge commençait. Et d'autres crises.

Quant à la « théologie naturelle », il faut bien dire que les intellectuels chrétiens ne s'entendront pas mieux à définir le statut du Père et du Fils dans la Trinité que les philosophes païens « la nature des dieux ». Ce fut l'âge des hérésies et des schismes, où s'engageaient, comme de nos jours en politique, les militants de chaque parti, avec manifestations et bagarres, sanglantes parfois. On le vit à propos de l'arianisme, qui défendait la supériorité du Père sur le Fils, et qui s'aggrava du fait des différences linguistiques et conceptuelles entre l'Orient grec et l'Occident latin. En dépit des efforts de Constantin pour rétablir l'unité par le concile de Nicée, l'Église et l'Empire en auraient pour un siècle de dissensions.

« Depuis les apôtres jusqu'à notre époque, l'Église a grandi par les persécutions, a été couronnée du martyre. Et quand sont venus les empereurs chrétiens, sa puissance et sa richesse ont augmenté, mais ses vertus ont diminué. » Ainsi parlait saint Jérôme (*Malchus*, Patrologie latine, 23.55 c).

III

VUES SUR SAINT AUGUSTIN

Saint Augustin à l'école de Plotin

Saint Augustin aura été pendant des siècles le maître de l'Occident. Aujourd'hui encore, il éveille une authentique sympathie, comme en témoignait récemment encore notre Gérard Depardieu. Maître des Églises chrétiennes certainement. Mais à considérer le nombre des philosophes qui se réfèrent à ses œuvres, depuis Boèce au VIe siècle jusqu'à un Camus au XXe siècle, il fut aussi un maître à penser.

Il était l'un des derniers intellectuels d'une romanité sur sa fin. Quarante-six années encore et ce serait l'omniprésence des Barbares, le coma intellectuel des siècles de fer. Puis viendrait la lente reconstruction médiévale, où Augustin fut la plus haute autorité jusqu'à la déferlante aristotélicienne des XIIe et XIIIe siècles. Chance qu'on doit d'abord à l'initiative de Possidius de Calame (mort vers 437), qui sauva l'œuvre colossale de l'évêque mort dans Hippone assiégée (aujourd'hui Annaba, en Algérie), et qui la mit en ordre avant un transfert encore inexpliqué vers Rome. L'immense prestige d'Augustin dans le milieu religieux ouvrit aussi à ses livres les seuls endroits où subsistait encore quelque activité intellectuelle : les monastères. En des temps et des lieux où personne ou presque ne lisait plus le grec, ce sera par les textes latins sauvés du désastre, et particulièrement par ceux d'Augustin, que les rares gens d'étude parviendront à se faire une idée de la pensée antique.

Dans les œuvres d'Augustin, c'est d'une façon concrète que se fait cette prise de conscience. Dans les *Confessions*, autobiographie en forme de lettre ouverte à Dieu, qu'a-t-on sous les yeux, sinon le périple intellectuel et moral d'un gamin, chrétien comme on l'est à son âge, soudain converti à la sagesse par un Cicéron qui avait tâté de toutes, puis celui d'un jeune homme accroché neuf années durant à une secte, le manichéisme ? On voit alors un homme se construire à la fortune du pot : tantôt éclairé, tantôt déconcerté par Aristote, par les sceptiques de la Nouvelle Académie, littéralement retourné en 386 par des livres qu'on lui avait prêtés, ceux de Plotin et de Porphyre.

Qu'avait-il donc trouvé qui ait à ce point bouleversé les idées qu'il se faisait jusque-là du monde, du mal, de l'âme, de Dieu ? Une expérience analogue à la sienne, encore qu'en milieu païen, vécue par Plotin quelque cent cinquante ans plus tôt. L'étudiant alexandrin avait, comme lui, fait en pure perte le tour de toutes les sagesses, jusqu'au jour où il tomba sur cet Ammonios

Saccas (fin du IIe – début du IIIe siècle) dont on ne sait rien, et devint ainsi le disciple de Platon. Du vrai, de celui dont une lignée de fidèles avait sauvegardé l'enseignement authentique, en marge des théories plus ou moins déviantes. Plotin aussi avait couru des hasards. Il s'était finalement établi à Rome, où son enseignement avait grand prestige : parmi ses auditeurs, on remarquait Gallien et Salonine, le couple impérial. Rêva-t-il, comme le prétend Porphyre, de fonder en Campanie une cité des philosophes, Platonopolis, gouvernée selon les principes définis par Platon dans la *République* ou les *Lois* ? Ce projet farfelu tourna court. Plotin, en dépit de ses entrées au palais, menait la vie d'un véritable ascète. Restent de lui 54 traités, que Porphyre rangea à son idée en six groupes de neuf, les *Ennéades*.

On comprendrait mal l'éblouissement qu'éprouva Augustin à lire ces livres, si l'on n'en rappelait l'intuition fondamentale. Selon Platon et Aristote, « la philosophie naît de l'étonnement ». Or, ce qui émerveillait Plotin, c'était la présence même du monde, dont l'infinie diversité surgit à chaque instant du fond de l'éternité. Toute sa vie, il tentera d'en apercevoir le principe. Son intuition était que les choses ne sont ce qu'elles sont que par leur unité : une armée, un chœur, une plante… Que cette unité se défasse, et l'être se désagrège. D'où son système : ce qu'il y a dans chaque être d'unité constitutive procède, par degrés, d'un absolu d'unité, l'Un, d'où émane « l'Intelligence », degré suprême de la pensée en même temps que de l'être, rayonnement éternel des archétypes. De l'Intelligence procède l'Âme du monde, qui diffuse la vie. Un, Intelligence, Âme du monde : telles sont les trois hypostases, terme que reprendront les chrétiens au concile de Nicée de 325 pour désigner les trois personnes de la Trinité.

Mais ce n'est qu'en tendant vers son maximum d'unité qu'un être se réalise. Ainsi de l'âme humaine : engagée dans la matière du corps, elle risque de s'y dégrader. Aussi lui faut-il « s'évader de la caverne », comme le voulait Platon, se dégager du sensible par l'ascèse, bref, n'être plus qu'âme pour espérer s'unir à l'Intelligence et coïncider, même l'espace d'un éclair, avec le Principe, avec l'Un. C'est ce que nous appelons tant bien que mal l'« extase ». Instant fugace qui à lui seul vaut toute une vie. Plotin aurait connu quatre fois cette expérience, et Porphyre dit avoir attendu cette grâce jusqu'à l'âge de soixante-dix-sept ans…

Si Augustin a éprouvé un authentique émerveillement au contact de cet intellectualisme mystique, c'est qu'il y trouvait une autre conception du monde que son matérialisme spontané. Pourtant, si les deux visions, la platonicienne et la chrétienne, semblaient se rejoindre sur des points comme l'ascèse et la spiritualité, elles n'en restaient pas moins difficilement compatibles. Alors que Plotin, au dire de Porphyre, « avait honte d'être dans un corps », l'Église prêchait le Dieu-Être dont le Verbe s'était fait chair.

C'est la vision chrétienne qui l'emportera, devenant pour Augustin « la vraie philosophie ». Chrétien par conviction, prêtre par surprise, évêque par devoir, il ne renonça pas pour autant à penser. Ses textes fourmillent de citations de philosophes de toutes les époques. Simplement, ces références n'apparaîtront plus que comme des arguments utiles à son propos : initier le plus efficacement qu'il se peut les gens à la vraie Sagesse, celle de Dieu. Avec Augustin, l'autonomie de la philosophie par rapport à la religion prend fin. D'une certaine façon, la pensée médiévale commence.

Homme de son temps – et de quel temps ! –, Augustin renouvelait les sujets qu'il abordait, ouvrant à la philosophie des perspectives originales, plus personnalistes, moins exclusivement spéculatives. D'où tant d'intuitions neuves sur la connaissance de soi et sur la connaissance tout court, sur la liberté, l'éternité, sur l'âme. Et sur Dieu, bien sûr, encore que sur ce point il s'exprime avec une prudence sans aucun doute inspirée par sa saison en platonisme. « Platon pour disposer au christianisme », écrira Pascal.

Au cours des âges, Plotin et Augustin en aideront plus d'un dans leur itinéraire spirituel ou leur parcours philosophique. Ils aideront les théologiens à tirer vers plus de transcendance l'idée souvent pesante que se font de Dieu les religions. De même pour l'idée du monde et du destin. De nos jours, on tient pour acquis tout ce que les savants ont découvert du monde, des atomes aux galaxies. Tout est désormais sans mystère. Tout, sauf la présence du Tout, ce fait inexpliqué qu'il y ait un monde. Et c'est auprès de Plotin qu'un Henri Bergson ou un Vladimir Jankélévitch auront pressenti le « supplément d'âme » qu'appelle « ce corps indéfiniment agrandi », la mystique que requiert le mécanique.

Saint Augustin, la conscience mise à nu

C'est un fait qu'avant Augustin, on ne disait rien de sa propre vie, sinon un mot en passant. Les autres s'en chargeaient. Question de civilisation : dans le monde grec ou romain, on ne focalise pas spontanément sur le « moi, je ». On pense plutôt « nous », autrement dit famille, clan, patrie, milieux sociaux au sein desquels on est « je », hors desquels on n'est rien, ou pas grand-chose. Quand Socrate dit : « Connais-toi toi-même », ce n'est pas aux joies de l'introspection qu'il entend éveiller, mais à la conscience que chacun doit avoir de ses limites : « Sache, précise-t-il, que tu n'es pas un dieu », et conduis-toi en conséquence. Dans cette perspective, se raconter serait outrepasser la condition humaine, pécher par démesure, et la mythologie enseignait que cela pouvait coûter cher.

On trouve pourtant, me dira-t-on, des textes antiques où les gens parlent d'eux. Bien sûr : Jules César, par exemple, mais c'est à la troisième personne, et pour raconter sa campagne de Gaule, pas pour parler de

M. Jules. Il y a pourtant des gens qui disent « je » ? Certes, l'empereur Octave Auguste, dans la fameuse inscription qu'on appelle les *Res gestae*. Là, c'est bien à la première personne qu'il s'exprime : « J'ai fait ceci ; j'ai fait cela », mais c'est le procès-verbal de son parcours sans faute d'homme d'État providentiel, pas les états d'âme de M. Octave. Cela dit, on trouve quand même dans la littérature antique des allusions à la vie personnelle, mais encore une fois, c'est en passant, et cela ne va jamais très loin. Ainsi quand Sénèque raconte à Lucilius qu'il a été si malade lors d'une promenade en mer qu'au retour, il a préféré regagner la côte à la nage plutôt que d'attendre qu'on accoste. De même Ovide, dans ses lettres, dit combien l'exil lui pèse, et Pline à quel point il s'ennuie de Calpurnia, sa femme, mais là, c'est d'une correspondance qu'il s'agit. Il y a aussi ce journal intime où Marc Aurèle consigne ses états d'âme et ses résolutions. Mais attention : cela s'intitule en grec *Ta eis eauton*, autrement dit « Ses affaires à lui », et c'est le stoïcien qui parle, un homme parmi d'autres en quête de la vraie sagesse.

Qui encore ? Apulée, dans son *Apologie*. Là, c'est bien une tranche de vie, mais servie devant un tribunal pour s'y disculper d'une accusation gravissime de magie, pour déterminer une riche veuve à l'épouser, et ainsi faire main basse sur sa fortune… Il y aurait bien le journal d'Aelius Aristide, l'orateur à la mode à qui l'on doit un si bel *Éloge de Rome*, car là, on a droit à tous les détails. Mais c'est qu'il raconte par le menu ses hospitalisations à l'*asklépiéion* de Pergame, autrement dit au temple-clinique d'Esculape. Il ne nous cache rien de ses malaises, de ses élans de piété, de ses inspirations entre deux lavements et un vomitif. Mais attention : c'est la chronique d'un miracle annoncé, d'une guérison programmée. C'est un ex-voto littéraire à Esculape.

On pourrait en citer encore quelques autres. Mais, à part le pauvre Aelius Aristide, tous ces auteurs font l'impasse sur leur intimité. On ne vivait pas, comme aujourd'hui, centré sur son nombril ; on n'était pas polarisé sur l'individu, la personne. Détail combien significatif : la moindre place de la propriété littéraire par rapport à nos jours. Quand un illustre inconnu voulait faire partager au grand public ses petites idées, le mieux était encore de les attribuer à un grand nom du passé. D'où le nombre des traités pseudépigraphes, des pseudo-Untel : Platon, Aristote, Denys l'Aréopagite et autres. Les idées à diffuser dans l'espace littéraire ambiant primaient le souci de s'affirmer en tant qu'auteur. Le moi, avec son petit espace-temps rien qu'à lui, ne se voyait pas aussi important que de nos jours. Quant à l'intime, on le gardait pour soi. On peut regretter la discrétion des Anciens – ah ! les mémoires de Tibère, les souvenirs de Néron, les confessions de Messaline ! –, mais c'est ainsi.

Cela pour dire qu'en livrant au public, entre 397 et 401, un peu de sa jeunesse morte, de ce temps où il errait en manque de Dieu, Augustin innovait. Pourtant, ce n'était pas pour étaler les souvenirs de M. Augustin, ses petites grandeurs et ses grandes petitesses. Le livre ne s'intitulerait pas « Moi, ma vie, mon œuvre ». Augustin était trop bon connaisseur de la culture traditionnelle, trop imprégné de la mentalité de son temps, pour déroger d'un coup à l'esprit de la littérature classique qui excluait, nous l'avons dit, comme incongru l'étalage de soi. De sa vie, il ne dira pas tout, tant s'en faut : que de coins d'ombre l'historien d'aujourd'hui déplore de ne pouvoir explorer ! Et ce qu'il choisira d'en dire sera conditionné par l'intention bien précise qui le détermine. Il fallait un motif sérieux pour sortir de la réserve qu'imposait l'époque et transgresser cette loi non écrite des belles-lettres.

Alors, quel était ce motif ? Rédiger à l'intention d'hypothétiques détracteurs un plaidoyer *pro domo*, une apologie qui leur ferait voir son itinéraire sous un meilleur jour ? Certainement pas. Et pas davantage il ne s'agit d'un déballage à la mode d'aujourd'hui, l'exhibition d'un passé graveleux, pathétique ou simplement sordide, où l'auteur se savoure ou se défoule. Non : Augustin va écrire des *Confessions*. Encore faut-il entendre ce qu'il met sous le mot, choisi pour définir au plus près le contenu du message et le motif de sa divulgation. Or ce qui détermine Augustin, à l'âge mûr, à évoquer sa vie, figure dès les premières lignes des *Confessions* : louer Dieu. Chanter ce Dieu à l'affût de son âme depuis toujours. Ce Dieu auquel il a fini par se rendre au terme de quinze années d'errance. D'où la forme de « lettre ouverte à Dieu » qu'aura le livre de bout en bout. Louer Dieu, ce sera aussi professer – confesser – sa foi. Ce sera enfin avouer la misère intime d'une âme pécheresse parce que fourvoyée, et qui en remet sur le péché d'Adam. Tel est le triple sens, en latin du moins, de *confessio*. Gardons-nous de le réduire au seul aveu – ou étalage – de ses fautes.

Augustin va donc choisir dans un passé toujours présent tel épisode, heureux, lamentable ou quelconque, mais significatif toujours, de sa propre misère et de la divine miséricorde, de ses doutes et de sa foi, de son repentir et de sa joie. Défilent les sottises du gamin, les frasques du jeune homme plutôt rangé, les quinze années de vie avec une fille aimée dont il ne dit rien, le souvenir d'un fils disparu si jeune. Et puis tout ce temps perdu dans une secte d'illuminés, et cette passion débridée d'un Rastignac version Bas-Empire pour les honneurs et les places. Enfin et surtout, la recherche à tâtons d'un Dieu égaré, et le bonheur de s'être laissé trouver. Tout cela s'exprimant dans un contexte émotionnel intense, qui donne à l'ensemble un charme exultant et tragique. Non qu'il s'enchante de sa propre ferveur. Son âme ne chante pas, comme la Marguerite de *Faust* : « Ah ! ah ! ah ! Je ris de me voir si belle en ce miroir… » Cela, d'autres le feront après lui, qui excelleront à ce petit jeu, à ce jeu du je. Augustin, non. Il a mieux à faire.

Il a si peu envie qu'on le regarde pour lui-même qu'il s'agace des voyeurs éventuels, ces gens « curieux de la vie des autres, négligents pour rectifier la leur » (*Confessions*, X, 3.3). Ce qu'il relate, c'est une expérience sans cesse remémorée, revécue, réactivée dans un présent qu'il partage avec tous les autres. Ce qu'il consigne, c'est un témoignage. Car enfin, il fallait que tout cela servît à d'autres. Il fallait que ce fût dit, et même si jusqu'alors, en littérature, cela ne se faisait pas.

Cela étant, il faut bien reconnaître que personne, avant Augustin, n'était allé aussi loin dans l'approfondissement du « Je suis », ni dans son dévoilement. Parce qu'il a su observer – aux fins que j'ai dites – le déroulement de sa propre vie, parce qu'il a su en décrire les faiblesses et révéler leurs causes, scrutant sans complaisance la part d'ombre que tout homme porte en soi, Augustin a ouvert la voie à l'introspection, à l'expérience de la subjectivité, à son expression littéraire. À dire vrai, il en aura reculé les limites au-delà de l'extrême, puisqu'il montre le temps de chaque homme s'inscrivant dans l'aujourd'hui de Dieu, dans l'éternité. Je dis bien : de chaque homme, car en disant « je », c'était, certes, de lui qu'Augustin parlait, mais c'était en même temps de tout homme venant en ce monde. Au cours des siècles, on souffrira ou l'on jouira de se reconnaître dans tel passage des *Confessions*. Chacun voudra en savoir plus, toujours plus, sur tout le monde, et surtout sur soi.

En effet, comme disait Merleau-Ponty, la subjectivité, une fois découverte, ne se laisse plus oublier. Au-delà de la vie d'Augustin, une fois passé l'effet de surprise qu'avaient causé ses révélations, c'est à l'intimité des individus qu'on allait désormais s'intéresser. À la singularité de leurs expériences, aux coins et recoins de tant de petits mondes intérieurs tournant dans la galaxie humaine comme autant de planètes jusque-là silencieuses. C'est en ce sens-là qu'on a fait endosser à Augustin l'invention de l'autobiographie. En rompant avec le « littérairement correct », Augustin avait ouvert une brèche. Une foule allait s'y engouffrer au cours des siècles, pour notre plaisir ou notre agacement, pour notre édification ou notre écœurement. Boèce, Abélard, Thérèse d'Avila, Montaigne, le cardinal de Retz, Casanova, Rousseau, Talleyrand, Chateaubriand, Musset, Newman, Gide, et j'en passe : que de noms, chacun apportant ses lumières et ses ombres, qu'il croit originales et qui souvent sont tout juste celles de son siècle ! De tout le monde on saurait tout, ou presque. Parfois même, on n'en demandait pas tant.

Les mythes et l'image de la destinée d'Homère à saint Augustin

Autour de l'an 400, un évêque d'Afrique romaine du nom d'Aurelius Augustinus se reprochait, étant adolescent, d'avoir cédé aux attraits des récits fabuleux de l'*Énéide* (*Confessions*, I, 14.23). N'avait-il pas pleuré sur le désespoir d'amour de Didon, abandonnée par Énée sur l'injonction de Mercure ? Le héros rescapé du désastre de Troie avait, en effet, quelque peu oublié dans les bras de la reine de Carthage la mission que lui assignait le destin : voguer vers l'Italie et fonder là-bas l'empire du monde. De cette nécessité, tout lui était dévoilé à mesure qu'il en assumait les travaux et les gloires. Et cela jusqu'au nom des ultimes descendants du héros : la *gens Iulia* qu'illustrerait Jules César. Et son petit-neveu Octave Auguste, celui qui précisément, autour de 29 av. J.-C., avait passé commande à Virgile de cette suite à l'*Iliade*...

Ainsi, entre l'épopée homérique et les douze livres de l'*Énéide*, on compte quelque huit cents ans, et cependant, le parrainage troyen, les mythes et légendes des tragédies grecques, leurs valeurs, leurs interdits, tout cela gardait de quoi magnifier le passé et l'avenir d'une Rome tout juste sortie, grâce à Auguste, d'une guerre civile de cent ans. Quatre siècles encore, et un gamin d'Afrique serait toujours sensible aux charmes d'une civilisation à laquelle le christianisme triomphant s'était substitué. Mais au moment où il écrivait les *Confessions* et bientôt *La Cité de Dieu*, Augustin avait entrepris d'en exorciser la mémoire, car il la voyait incompatible désormais avec la vision d'un monde sauvé par un dieu mort et ressuscité.

La nécessité, le hasard : deux expériences parmi les toutes premières de la conscience collective et individuelle à son éveil. Présent à son « ici-maintenant » et à son devenir, l'*Homo sapiens sapiens*, comme disent les paléontologues, sait au moins qu'il est entré dans le temps sans l'avoir voulu, et qu'il en sortira de même. Tout au long de la durée qui lui est impartie, il agira, il subira. Il décidera de certaines de ses actions, et d'autres pas du tout. Il se verra impliqué dans des situations où sa responsabilité lui sera évidente, et dans d'autres où il ne sera pour rien. Et cela dans un monde dont il ne s'explique que très partiellement la nature et aucunement la présence.

Ce désarroi existentiel ne pouvait rester sans une justification, fût-elle confuse. Ni, le moment venu, sans mots pour l'exprimer, et tenter ainsi d'en conjurer les effets anxiogènes. Aussi toutes les civilisations ont-elles cherché à donner à l'incompréhensible fondamental (le *tohu-we-bohu* hébraïque, le *chaos* grec) une ébauche de rationalité, en posant un principe organisateur. Sa transcendance s'exprime par la situation qu'on lui prête, en deçà et au-delà de l'espace – aux cieux, au paradis, sur l'Olympe – et du temps, « au commencement », dans l'éternité… Par un apparent paradoxe, c'est donc le mythe, « la forme spontanée de l'être dans le monde[1] », qui constitue la toute première apparition du principe de causalité, donnant au monde un sens, et bien avant que la philosophie puis les sciences n'en viennent découvrir et énoncer les lois. Les deux plans, le mythique et le rationnel, existant alors en symbiose dans l'esprit des hommes, comme j'ai tenté de la montrer[2], contribuant l'un et l'autre à un équilibre psychologique et spirituel viable. À défaut d'être jamais exempte d'angoisses et de souffrances, la présence au monde devenait à tout le moins plus supportable.

Nulle part dans l'histoire, l'homme n'aura pris de sa condition plus exacte connaissance que dans la civilisation grecque, ni ne l'aura traduite avec pareil génie dans les cosmogonies, les épopées, les tragédies, la philosophie. Cela même valut aux Grecs un rayonnement à nul

1. Cf. G. Gusdorf, *Mythe et métaphysique*, Paris, Flammarion, 1953, p. 16.

2. Cf. L. Jerphagnon, *Les dieux ne sont jamais loin*, Paris, Desclée de Brouwer, 2002.

autre pareil. Qu'on songe à la défiance que la culture grecque inspirait, aux temps hellénistiques, à l'auteur de l'Ecclésiaste, et plus encore peut-être à celui de l'Ecclésiastique, tous deux bien placés pour en constater, voire en déplorer, la séduction dans les milieux juifs avant la réaction des Maccabées. De même songe-t-on au prestige de la littérature et de la philosophie grecques à Rome, depuis le temps du cercle des Scipions jusqu'aux seconds Flaviens, quand déjà sur l'Empire s'allongeaient les ombres. Il faut relire Julien l'empereur.

Or cette vision qu'ont les Grecs de l'homme, de sa destinée, qu'ils expriment par les vocables d'*eimarméné*, de *moira*, de *tuchké*, l'appréciation qu'ils donnent de sa marge d'initiative sont d'une lucidité sans complaisance, et cela depuis les temps homériques. « Je te l'assure, dit Hector à Andromaque, il n'est pas d'homme, lâche ou brave, qui échappe à son destin du jour où il est né » (*Iliade*, Z, 487-489). De même Ménélas à Télémaque : « Ainsi le voulait le destin : à Ulysse, les soucis ; à moi, un éternel regret » (*Odyssée*, 8, 107). Bref, nul jamais ne va *uper moiran*, contre les arrêts de son destin, au-delà de « sa part de vie », dit Sophocle. Et de même Euripide : « Qui sait à qui un pareil destin peut échoir, dit Iphigénie. Tout ce qui vient des dieux progresse dans la nuit. Vers quel but ? Nul ne sait. Le destin nous attire à des fins inconnues » (*Iphigénie en Tauride*). « Pas de savoir qui le puisse éclairer » (*Les Héraclides*). Héraclès y insiste : « Le hasard va, personne ne sait où ; pas de science pour l'enseigner, pas d'art pour le saisir. Tu as bien entendu, bien retenu ce que je te dis là ? » (*Alceste.*) C'est à se demander si ne point naître n'eût pas été préférable, et s'il ne vaudrait pas mieux « s'en retourner au plus vite d'où l'on est venu » (*Œdipe à Colone*).

Mais n'est-ce pas là *hubris*, démesure, quand on sait que les dieux eux-mêmes, dont dépendent les destins humains, sont bel et bien soumis au leur, même s'il est d'une autre essence ? « La nécessité gouverne aussi les dieux », assure Athéna (*Iphigénie en Tauride*). Ainsi, « Quel est le destin de Zeus, si ce n'est de régner toujours ? » (*Prométhée enchaîné*) – et il semble bien qu'il s'y soit fait. Dès lors, questionne Thésée, « pourquoi, créature mortelle, pourquoi t'indignes-tu contre les destins quand les dieux s'y résignent ? » (*La Folie d'Héraclès.*) Dans ces conditions, reconnaît Néoptolème, « Les hommes sont bien obligés d'endosser la destinée que les dieux leur assignent » (*Philoctète*). Et de même Œdipe : « Ce qu'imposent les dieux, il le faut supporter, quand on n'est qu'un mortel » (*Les Phéniciennes*). D'où la tentation de suivre l'avis de Jocaste et de « vivre au hasard, comme on peut » (*Œdipe roi*).

Plus tard, les Romains reprendront les thèmes de l'épopée et de la tragédie grecques, dont ils reconduiront le fatalisme et parfois même aggraveront le pessimisme. « Chacun, dit Jupiter, a son jour marqué ; la durée de la vie est pour chacun brève et irréparable » (*Énéide*, X, 467-468). Aux yeux d'Énée, le séjour terrestre n'a rien qui puisse retenir. Ainsi, au cours de sa visite guidée des Enfers, voyant la foule des âmes promises à une seconde vie se précipiter dans les eaux du Léthé pour y oublier la première, il s'écrie : « Quel cruel désir d'une aussi pauvre lumière ! »

On voit donc qu'épopées et tragédies, grecques puis romaines, ont pris acte de la nécessité et du hasard comme de données de fait dans la présence des mortels sur la terre. Elles inclinent ainsi à un fatalisme dont les mythes revêtent de transcendance les causes et les effets. Les philosophies ne feront que théoriser, chacune selon ses perspectives, cette disposition fondamentale, et en tirer la leçon, à savoir l'adoption d'une résignation éclairée, assortie d'un bon usage de la marge d'initiative dont on dispose quant aux options qui se présentent. Ainsi en va-t-il de l'humaine destinée : illuminée par Socrate d'une « belle espérance », encore que risquée ; conceptuellement organisée par Aristote, qui l'oriente vers une immortalité virtuelle ; mécanisée par les épicuriens, tandis que les stoïciens en anoblissent le déterminisme. À chacun donc d'inscrire sa vie au jour le jour dans la nature telle qu'elle est une fois pour toutes, selon les règles – ou les recettes – proposées par chaque école à qui part à la recherche de l'*eudaimonia*, de la *vita beata*, selon l'idée qu'il s'en fait et l'idéal qu'il s'en donne : apathie, ataraxie, ascension plotinienne vers l'Un, etc.

Voilà donc ce que sur le hasard et la nécessité chez les « païens » l'étudiant Augustin aura pu lire au gré des programmes. Sinon dans le grec, pour lequel, de son propre aveu, il n'avait pas grand goût, du moins en traduction, mais surtout chez les Latins, tous imprégnés de culture grecque. Le fait d'avoir été choisi par un Symmaque pour la chaire de rhétorique la plus prestigieuse de l'Empire témoigne assurément de son niveau de culture. On le voit évoquer Circé, Ulysse, la mort d'Hercule, le sacrifice d'Iphigénie, etc. (*La Cité de Dieu*, XVIII, 8 à 21.) Il cite une bonne douzaine de poètes et pas moins de trente-quatre philosophes grecs. Il se réfère ironiquement au « grand Apollon » dans son traité *De ordine*, de 386-387. Il n'empêche qu'on le sent là en milieu étranger. Plus tard, il dira Homère « délicieusement vide – *dulcissime vanus* », surenchère dévote sans doute. Car de la petite enfance à la vieillesse, Augustin n'a jamais cessé de croire au Christ, même au cours de ses quatorze années d'errance métaphysique et religieuse, dont le tireront les *Libri platonicorum* traduits par Marius Victorinus. Or, d'une vision du monde à l'autre, du polythéisme au christianisme, le changement de perspective était radical.

À commencer par le coefficient de transcendance dont chaque camp affectait le concept même de « dieu ». Le monde païen en révérait une infinité, aux affectations variées. Souvent en désaccord entre eux, ils protégeaient tel mortel, telle nation, au détriment des autres, à charge pour Zeus-Jupiter, le maître de l'Olympe, d'arbitrer les conflits. Histoires qu'il était difficile, bien sûr, de prendre au premier degré, mais auxquelles, par respect, on s'ingéniait depuis Théagène de Rhégium, au VIe-Ve siècle, à trouver un sens allégorique utile à la conduite de la vie. Cela toutefois sans l'ombre d'un dogmatisme : il n'y a dans le monde antique ni orthodoxie ni magistère. Le christianisme, en revanche, ne reconnaissait qu'un dieu et un seul, de l'omnipotence absolue duquel dépendaient l'univers et la destinée des hommes. Ces derniers, il les avait créés heureux à jamais, sauf à transgresser l'interdit touchant le fruit de l'arbre de la science du Bien et du Mal. Ce qu'Adam et Ève ne manquèrent pas de faire, précipitant ainsi leur descendance dans la précarité, la peine, et finalement la mort. Mais le dieu chrétien est un dieu personnel qui aime ses créatures, pour pécheresses qu'elles soient, et il leur fait la grâce du salut éternel, toutefois aux conditions fixées par l'Écriture, dont l'interprétation est encadrée d'une stricte dogmatique.

C'est dire qu'Augustin jamais n'aura regardé la condition humaine qu'au travers du mythe judéo-chrétien du jardin d'Éden. Il tentera bien d'en rationaliser la signification, hanté qu'il fut toujours par le problème du mal. *« Si diabolus auctor, unde ipse diabolus ? »* (*Confessions*, VII, 3, 5.) De même s'interroge-t-il, comme avant lui Ovide et l'apôtre Paul : comment se fait-il qu'on échoue à réaliser le bien qu'on voudrait, et qu'on fasse le mal qu'on ne voulait pas ? Cela jusqu'au jour où l'évolution intellectuelle et spirituelle qu'Augustin raconte tout au long des

Confessions, pour en louer Dieu et en instruire les âmes en recherche, l'aura conduit à dépasser la problématique purement rationnelle, ou plus précisément à l'intégrer au processus mystérieux qui tout au long de sa durée unit l'âme et ce Dieu qui, dit l'apôtre Jean, est amour. Un Dieu « plus intime à lui-même que lui-même ne l'est » (*Confessions*, III, 6, 11). Un Dieu qui de l'intérieur de son âme lui enseigne à mesure ce qu'il doit savoir. Telle est la théorie augustinienne de la connaissance : il la doit au Maître intérieur, comme il l'explique dans le *De magistro* de 389.

Dans cette optique, il est clair qu'il n'y a plus pour Augustin ni hasard ni nécessité à la façon des antiques épopées et tragédies, mais un mystère des rapports entre la providence divine et la liberté humaine, dans l'état où l'a laissée le péché d'Adam. Certes, il lui arrive dans ses premiers ouvrages, le *Contra Academicos*, le *De ordine*, le *De beata vita*, de dire comme tout le monde « *forte, forsan, forsitan, fortasse, fortuito* » (*Retractationes*, I, 2), et de parler de la « *fortuitarum rerum copia* » (*De beata vita*, IV, 26), mais arrivé à la fin de ses jours, Augustin s'avoue navré d'entendre trop souvent les gens dire : « La fortune l'a voulu », quand il faudrait dire : « Dieu l'a voulu. » Du coup, il se reproche de l'avoir lui-même fait sans assez de précaution. Jamais il n'aura admis le fatalisme, pourtant fort répandu de son temps, car il conduirait à nier la liberté humaine, pour mal en point qu'elle soit.

Nous touchons là, en effet, au mystère des rapports entre la grâce divine et la liberté, que trop souvent les théologiens ont transformé en problème, de soi insoluble. Augustin lui-même, incité à la polémique par Pélage et par Julien d'Éclane, en arrive parfois à outrer ses propres positions touchant la responsabilité de l'homme, en dépit de l'état dégradé dans lequel le péché originel l'a laissé. Sur ce point, ceux qui se prévaudront d'Augustin au cours des temps, depuis Godescalo d'Orbais au IXe siècle jusqu'aux jansénistes du XVIIe, pousseront les choses à l'absurde – et à l'odieux – en ratiocinant sur la prédestination qui de toute éternité vouerait les uns au salut éternel et les autres à la perdition. Position qui – ironie de l'histoire des idées – renoue avec le fatalisme des tragédies antiques et des épopées, que les chrétiens, et Augustin tout particulièrement, avaient si nettement condamné. Or, en raison de son propre parcours, combien sinueux et angoissant, Augustin savait mieux que personne que le mystère de chaque destinée reste entier jusqu'au dernier de ses jours. « Tu nous as faits orientés vers toi, écrit-il, et notre cœur est sans repos jusqu'à tant qu'il repose en toi » (*Confessions*, I, 1.1). Le mystère de la liberté et de la grâce était finalement une histoire d'amour. Et si Augustin était aussi anxieux de cet amour de Dieu, c'était parce qu'il ne se consolait pas d'avoir tant tardé à y répondre : « *Sero te amavi*[1]... »

1. « Tard, je t'ai aimé... »

Saint Augustin
et la diffusion de la pensée grecque

Quand Augustin s'éteignit le 28 août 430 dans Hippone assiégée, il restait à l'empire d'Occident quarante-six années avant de tomber aux mains d'Odoacre. Possidius de Calama ordonna la masse des textes qu'il laissait : un demi-siècle passé à renouveler une infinité de sujets. Saura-t-on un jour comment, en pleine invasion barbare, ce trésor passa la mer et aboutit au Latran quelques années plus tard[1] ? Toujours est-il qu'au moment où commençaient ces siècles qu'on dit de fer, l'Occident héritait d'une colossale bibliothèque, dont les volumes iraient de *scriptorium* en *scriptorium*, copiés, recopiés, commentés, parfois à contresens. Mais sans ces livres-là, rescapés d'un juin 40 à l'échelle du monde, nos façons de penser seraient autres. Que de temps pour se refaire une mémoire !

L'œuvre d'Augustin contenant en suspension une forte teneur en culture grecque, trois questions se

---

1. Voir S. Lancel, *Saint Augustin*, Paris, 1999, p. 666-668.

posent. Tout d'abord, quelle familiarité Augustin avait-il avec la langue grecque ? Ensuite, à quelles fins la pensée grecque entrait-elle dans ces textes dont va hériter le Moyen Âge ? Enfin, quel pouvait être, à la mort d'Augustin, le degré de réceptivité à la langue et à la culture grecques dans un Occident sinistré et pour longtemps instable ?

C'est, bien sûr, à partir des *Confessions* qu'on peut se faire quelque idée des études d'Augustin, de sa formation professionnelle – celle du haut fonctionnaire qu'il fut un temps – et de son itinéraire. Je dis : quelque idée, car dans cette lettre ouverte à Dieu, il ne dit pas tout, mais cela seulement qu'il juge éclairant, parénétique surtout, et qui donc est à recouper avec d'autres allusions.

Suivons l'écolier de Thagaste et Madaure, puis l'étudiant de Carthage. Dans cet empire à deux doigts de sa fin, une chose n'avait pas bougé : les auteurs au programme. On étudiait Homère dans le texte, Térence, Cicéron – c'est l'*Hortensius* qui incita Augustin à la classique *conversio ad philosophiam* –, Salluste, Virgile, Varron, sans compter les gisements doxographiques, Valère Maxime, Athénée, Diogène Laërce, Aulu-Gelle, et d'autres aujourd'hui perdus. En cette seconde moitié du IVe siècle, dans ces provinces de Numidie et de Proconsulaire, la culture grecque gardait une place dans les études et dans l'univers mental de l'élite. Qu'un Marius Victorinus vienne juste de traduire des livres platoniciens montre qu'on ne se résignait pas encore à abandonner ce qu'on peinait désormais à lire dans l'original.

Cela étant, Augustin n'a jamais caché son aversion pour le grec, du moins dans l'enfance. Persistera-t-il dans ces dispositions ? À son sens, dit-il, les écoliers grecs contraints de traduire du Virgile devaient bien le regarder du même œil que lui Homère. Apprendre une langue est une sujétion, et, pour une fois, Jérôme serait d'accord, qui avoua n'avoir appris la langue hébraïque « qu'au prix de sueur et de labeur ».

De ses jours d'écolier, Augustin garda une petite rancune à l'égard du grec. Encore qu'il ne lui marchande pas le prestige : il endosse le complexe romain, indéfiniment reconduit depuis Lucrèce, Cicéron, Sénèque, Quintilien, de l'*egestas*, de l'indigence du latin. Cela étant, ce qu'on trouve chez lui de mots grecs, écrits tels ou translittérés, souvent éclairés d'une comparaison des champs sémantiques, autorise à dire, sinon qu'il savait le grec, du moins qu'il savait du grec, et plus qu'il ne le dit. Sans doute s'agaçait-il de n'être pas plus performant, alors qu'il était efficace dans ses recherches.

Ses grandes œuvres font état, sans complaisance, bien sûr, de onze poètes grecs contre onze latins. Quant à la mythologie, *La Cité de Dieu* instruit à charge le procès d'une bonne quarantaine de dieux et déesses pour tromperie sur la qualité de la divinité et incitation à la débauche.

Pour ce qui est de la pensée grecque, Augustin ne cite pas moins de trente-quatre philosophes, et pas des plus connus, contre quatre latins. Il a en tête la spécificité des systèmes, alors qu'elle tend à se dissiper dans l'air du temps. S'il cède, à l'occasion, à la thèse de l'emprunt, qui tient toute vérité énoncée par un païen pour détenue abusivement et donc à reprendre, il garde toujours un œil sur la chronologie. Il a beaucoup lu, beaucoup retenu. Il sait par cœur les *Catégories* d'Aristote. Lors de sa trop longue saison manichéenne, il voit tout de suite que les calculs des *mathematici* grecs sont autrement sûrs que les divagations astrales de la secte. Quand il voudra s'en dégager, c'est vers la Nouvelle Académie qu'il se tournera. Sur ce point – réflexe de connaisseur –, il se démarque de la routine qui prêtait à cette école un scepticisme sommaire, et prend bien soin de la replacer dans la lignée platonicienne, que plus tard il dira surpasser toutes les autres.

C'est qu'en 386, dans le milieu pensant milanais où se meut un Augustin plutôt désemparé, hanté par le problème du mal, inquiet de la nature de l'âme, de Dieu, etc. – bref, en quête de certitudes à partager –, des livres platoniciens circulent, traduits par Marius Victorinus, qui lui tombent entre les mains. Selon ce qu'en dit Augustin, on sait qu'il s'agissait de textes de Plotin et de Porphyre. Lesquels au juste ? Là-dessus, on s'interroge depuis cent ans.

Ce qu'il ne faut jamais perdre de vue, c'est que ces

textes-là s'enracinaient dans une tradition bien précise. Platon s'était, certes, toujours enseigné, mais au fil des temps, les perspectives changeaient : Académie, Moyenne Académie, Nouvelle Académie... Et ce qui à Milan venait sous les yeux d'Augustin, c'était le dernier état pour le moment de ce courant qu'on appelle aujourd'hui néoplatonisme. Avec Eudore d'Alexandrie, Moderatus de Gadès, les *Lettres* apocryphes II et VI de Platon, Alkinoos, Noumenios, Atticos, et finalement Plotin et Porphyre, une exégèse s'était élaborée au cours des siècles de ce que ces auteurs estimaient être le noyau du platonisme originel : les cinq premières hypothèses du *Parménide* (137c *sq.*), jointes à l'analogie de la ligne en *République* (VI, 509b *sq.*). Avec le temps, cela s'était systématisé, intégrant des intuitions issues du pythagorisme, d'Aristote, des stoïciens. Ainsi tenait-on pour résolu le problème de l'Un et du Multiple.

Ce que posaient, en effet, comme principe premier tous ces auteurs, depuis Platon jusqu'à Plotin, ce n'était pas un Être suprême, mais l'Un au-delà de l'Être, *épeikeina tès oussias*. Leur ontologie était donc fondée sur une hénologie. On sait, en effet, que pour Plotin, tout procède éternellement de l'Un, première hypostase, d'où émane le *Nous*, l'Intelligence, seconde hypostase, degré suprême à la fois de l'être et de la pensée, d'où procède enfin la *psukhê*, l'Âme du monde, troisième hypostase diffusant la vie au sein de la matière. À cette procession répond un retour, par quoi chaque forme d'être se réalise selon son essence. Ainsi en va-t-il de l'âme humaine. Dispersée dans la matière, il lui faut, première étape, s'en déprendre, s'évader de la caverne et, seconde étape, se joindre à l'Âme du monde dans l'élan qui la porte vers l'Intelligence : c'est l'abstraction, ouvrant l'accès aux archétypes du monde. Enfin, troisième étape, l'âme tentera de s'unir à l'Intelligence dans son élan vers l'Un : tangence d'un instant avec l'absolu, dont toujours lui restera la nostalgie.

Lisant ces livres, Augustin n'en croyait pas ses yeux. La façon dont il y revient, les images dont il use, tout dit la joie qu'il éprouvait, d'une part à congédier la représentation matérialiste qu'il se faisait de tout jusqu'alors, et d'autre part à découvrir une autre vision de l'âme et du corps, de l'esprit et de la matière, du temps et de l'éternité, et même de Dieu. Mais de plus, tout cela lui paraissait rejoindre, du moins en partie, ce que simultanément il redécouvrait sur un tout autre plan. En effet, il s'était pris à écouter les sermons d'Ambroise, qui parfois citait de Plotin ce qui l'arrangeait ; il conversait avec Simplicianus, un prêtre ami de Marius Victorinus. Il avait repris l'apôtre Paul, les Évangiles, la Bible aussi, mais lue allégoriquement. Tant et si bien que se régénérait en lui la foi dont, en dépit de ces quatorze années d'errance, il ne s'était jamais détaché. Rentrant en lui-même selon que l'y invitait cette sagesse venue de si loin, il y rencontrait Dieu. Et ce n'était plus cette masse nébuleuse qu'il échouait à cerner de quelque concept ; c'était une présence, immanente et transcendante, *intimior intimo meo et superior summo meo* (*Confessions*, III, 6.1). En ce printemps de 386, par la médiation insolite d'une philosophie née en Grèce huit siècles plus tôt, le destin d'Augustin était scellé.

Le retour même d'Augustin à ce Dieu qu'il voyait à présent au principe de l'être, du savoir, de l'agir – et par ce chemin-là – fixe le rôle que la pensée grecque va jouer dans sa pédagogie. Jamais il n'oubliera ce qu'il doit aux *Libri platonicorum*, ni ne perdra de vue ce qu'on en peut tirer. Non qu'il se soit inféodé au platonisme, et pour bien des raisons. D'abord, l'intuition d'un Principe au-delà de l'Être lui échappera toujours, peut-être sous l'influence de Porphyre, qui lui-même en avait décroché. Toutes les fois qu'Augustin s'essaie à l'ascension plotinienne, comme lors de la si connue « extase d'Ostie », il culmine avec l'entrevision de l'Être en soi. Mais si rares sont ceux qui, dans l'histoire de la philosophie, ont partagé l'intuition hénologique ! Ainsi ai-je montré que Julien l'empereur, pour hellénisé qu'il fût dès l'enfance, en restait lui aussi à la seconde hypostase[1].

Au reste, pour Augustin, la question ne se posait pas, dès lors que, dans la Bible, Dieu se définit – en latin du moins – comme l'Être par essence : *Ego sum qui sum*

1. Voir L. Jerphagnon, *Julien, dit l'Apostat*, Paris, 3e éd., Tallandier, 2010.

(Exode, III, 14). De même est-il écrit qu'« Au commencement, Dieu créa le ciel et la terre » (Genèse, I, 1), et donc rien n'est éternel. Enfin, tandis que la première phrase de la *Vita Plotini* de Porphyre est pour dire que « Plotin semblait avoir honte d'être dans un corps », le prologue de Jean dit que « Le Logos s'est fait chair ». Augustin a lui-même résumé de façon précise et poignante coïncidences philosophiques et incompatibilités religieuses entre les deux visions (*Confessions*, VII, 9, 13-15). Ainsi, le platonisme, point oméga de la pensée païenne, l'avait affranchi de son panmatérialisme, mais c'est dans l'adoration du Dieu incarné qu'il eût vu Platon, Plotin, Porphyre s'accomplir. On songe à ce cri de *La Cité de Dieu* à l'adresse de ce dernier : *« O si cognouisses gratiam Dei per Iesum Christum... »* Du coup, une évidence s'imposait : et si cette grâce-là, à lui advenue par l'entremise des platoniciens, était promise à d'autres, et par la même voie ? Alors, les institutions, les formules des platoniciens, ce qu'elles avaient de vrai, leur vertu apéritive, propédeutique, tout cela une fois adapté apporterait à la foi des moyens d'approche, d'approfondissement, d'expression. « J'ai confiance, écrit Augustin en 386, de pouvoir trouver chez les platoniciens un enseignement qui ne répugne pas à nos mystères. » Et c'est ainsi que partout dans son œuvre se discerne une présence diffuse du platonisme, philosophie de la conversion, de l'intériorité et de la transcendance, thèmes qu'entrelace le temps vécu.

La *conuersio*, l'*épistrophé*, était un lieu commun depuis la caverne de la *République* (VII). Et si Augustin relate la sienne, c'est d'abord pour en louer Dieu – *confessio laudis* –, mais aussi pour signaler au lecteur la voie platonicienne qui lui épargnera de se fourvoyer : ascèse, intériorisation, montée vers l'intelligible et vers Dieu – qui, bien sûr, garde l'initiative. Déjà le thème récurrent de la grâce et de la liberté, car le dieu d'Augustin est un dieu personnel, et non une déité abstraite.

L'intériorité n'est autre que la coïncidence du temps humain et de l'éternité divine, de l'âme et de Dieu immanent et transcendant, qui donne à la vie de s'accomplir. C'est le foyer du bonheur, de l'*eudaimonia*, en vue de quoi chaque école proposait sa recette. Augustin s'en explique dans le *De beata vita* de 386, dont le titre fait penser à Sénèque, mais qui est d'esprit platonicien. C'est dans cette perspective que se conçoit la théorie de la connaissance par le Maître intérieur, exposée dans le *De Magistro* de 389 et partout sous-jacente. C'est du dedans que le *Logos*, siège des idées, instruit l'homme, les maîtres terrestres n'étant là que pour mettre le disciple en condition. Malebranche en tirera sa « vision en Dieu ».

Enfin, si profond est chez Augustin le sens de la transcendance – autre legs platonicien – qu'il approche parfois l'apophatisme des Pères grecs. Plus platonisants que lui, les Cappadociens, les Grégoire, de Nysse ou de

Nazianze, parlaient sagement de Dieu comme de l'au-delà de tout : n'était-ce pas là tout ce qu'on en pouvait dire ? Or, dans le *De ordine* de 386-387, Augustin note : « *Deus qui scitur melius nesciendo* », mot qui sourit à Montaigne (*Essais*, II, 12). Apophatisme qui toutefois ni ne congédie la raison, ni ne démobilise la recherche, mais oriente vers une contemplation s'approfondissant à l'infini, cherchant les mots pour se dire et pour se partager.

Entre le ve et le IXe siècle, qui entendait encore le grec en Occident ? Déjà, le latin s'altérait. De retour en Gaule, Sidoine Apollinaire s'enchantait de recevoir d'Arbogast une lettre en bon latin. C'est par des traductions, celles notamment de Boèce et de Jean Scot Érigène, qu'une part de la philosophie grecque atteindra les quelques hommes d'étude en ces temps où les livres étaient, dit Jacques Le Goff, « des vaisselles précieuses » dont on ne se sert pas souvent[1]. Mais c'est par Augustin que la pensée grecque, platonicienne surtout, se diffusera tout naturellement en Occident. Telle qu'elle figurait en ses écrits : tronquée, hélas ! de l'intuition hénologique qui – sait-on ? – eût peut-être rendu plus modestes les théologiens. Reste que de cette *philosophia* qui l'avait aidé à élaborer la sienne, Augustin sut transposer quelque chose dans les catégories mentales

1. J. Le Goff, *Les Intellectuels au Moyen Âge*, Éditions du Seuil, 1965, p. 13.

de l'Occident, et son style y était pour beaucoup, qui lui avait valu à trente ans la plus flatteuse des promotions. Il savait penser et dire, convaincre et retenir. Ainsi l'hypothèque de la langue serait-elle moins lourde qu'on n'aurait pu le craindre, et qu'on ne l'a parfois dit. Pas un auteur médiéval qui ne s'inspire d'Augustin, qui ne s'y réfère, ou à qui il ne serve d'écu. On voit même un Thomas d'Aquin, augustinien passé à Aristote, se pencher doctement sur sa traduction d'un terme grec.

Si bien qu'en dépit de l'hégémonie d'Aristote, qui souleva tant de passions entre les écolâtres, Augustin témoigne encore et toujours de la sensibilité platonicienne à l'étonnement, qui, plus qu'aux disquisitions et aux quodlibétales, dispose au silence devant ce qui jamais ne pourra être qu'entrevu. C'est de cette apophase qu'hériteront les mystiques d'Occident, lecteurs souvent d'Augustin, sans toujours savoir qu'elle leur venait de plus loin encore dans le temps. « Dieu qu'on sait mieux en ne le sachant point », disait Augustin. Et douze siècles plus tard, un Jean de la Croix chantera dans ses vers « Ce savoir point ne sachant / Que, les savants en raisonnant / Jamais ne sauront vaincre. »

Les dieux de la cité et la cité de Dieu

Julien empereur (331-363) ; Augustin évêque (354-430) : deux vies qui s'inscrivent à peu d'années près dans les derniers temps de l'empire d'Occident, et qu'on ne voit pourtant guère évoquées ensemble dans les travaux relatifs à l'époque. Trop de choses les séparent. Un petit-fils et neveu d'empereurs ; un fils de paysan. L'un qui pense en grec, parle tout juste le latin et ne mettra jamais les pieds à Rome ; l'autre qui pense en latin cicéronien, selon les catégories des Grecs dont il n'aime point la langue. Et les poncifs, bien sûr, le débauché foudroyé par la grâce et converti sur l'heure ; le renégat faiseur de martyrs : deux personnages de péplum ou de bande dessinée. Il en alla bien autrement.

Une même passion les animait : la *philosophia*, qui donne forme au besoin d'absolu. Mais Socrate et saint Paul le savaient : de la transcendance, on ne voit ici-bas que des images. De cette même aspiration naîtront deux visions antagonistes, dont les destins seront bien différents.

Rescapé de justesse d'un carnage dynastique où, à l'initiative de Constance II, l'un des fils de Constantin, sa famille avait péri, Julien mettra à profit toute une jeunesse sous surveillance pour s'instruire. Mardonios, son précepteur chrétien, ne jurait que par Homère et Hésiode, et dans le psychisme d'un enfant traumatisé, Ulysse, Jésus, Héra, la Vierge Marie, les apparitions des uns, les miracles des autres, tout se confondait en un flou transcendant. Le grammairien païen Nikoklès conforta dans d'autres textes la présence des mythes dans l'affectivité de l'orphelin. Par la suite, reclus à Macellum, il disposerait six années durant de l'énorme bibliothèque de l'aumônier. Il y trouva de quoi se construire une vie intérieure. En histoire, une évidence s'imposait à lui : depuis les origines, c'était des dieux que la Rome éternelle tenait sa puissance. Des dieux que Constantin avait congédiés, comme il avait évincé de la pourpre sa lignée, éliminée depuis par son fils. En philosophie, il découvrait de quoi réfléchir sur la nature des dieux et du monde. Ses écrits attestent qu'il avait lu du Platon, de l'Aristote, des stoïciens, et même de ces cyniques, épicuriens et sceptiques qu'il méprisait. Une autre vision des choses lui venait, différente de ce christianisme dont Constance II et les siens ne donnaient pas la meilleure image : la famille des Atrides qui irait à la messe.

Rendu par les circonstances à un semblant de liberté, Julien, tout en étudiant la rhétorique qu'il méprisait, va conforter cet acquis en secret auprès de maîtres d'inégale valeur, Libanios, Edesios, Maximos, etc. À Nicomédie, il s'agrégea à un cercle d'intellectuels fervents de Jamblique et de ces *Oracles chaldaïques* qu'on disait de Julien le Théurge. Bref, un néoplatonisme passablement altéré qui donnait dans le surnaturel et la théurgie. Pour Julien, qui aspirait confusément à la symbiose de la politique, de la philosophie et de la religion, c'était la révélation. À l'origine de tout, la suprême déité de qui tout procède, à commencer par Hélios, le Soleil-dieu qu'adoraient ses ancêtres les Césars illyriens. Hélios animait le monde selon sa hiérarchie, des dieux aux plus infimes des êtres. Dans cette optique, comme le disaient les traités hellénistiques *Peri basileias*, le monarque idéal est pour ses sujets ce qu'est la divinité pour le monde. Julien était revenu à la foi de ses aïeux, mise en forme selon un platonisme affectif. Il en aura la confirmation quand, séjournant à Athènes, il sera secrètement initié aux mystères d'Éleusis.

Fait César à contrecœur par Constance qui l'expédiait sur le front des Gaules, Julien y guerroya cinq années, et contre toute attente avec succès. Proclamé Auguste par ses troupes un soir de 360 à Lutèce, il se disposait à l'affrontement avec Constance II, mais ce dernier, tombé malade, se résigna in extremis à en faire son successeur.

Julien empereur mettra en œuvre, avec l'aide d'intellectuels dévots, la théocratie philosophique dont il rêvait. Roi pontife mandaté par les dieux, il en restaura les cultes avec la minutie d'un bigot… On ne persécuta pourtant pas les chrétiens. On réprima les seules provocations, violentes souvent, des fanatiques. Une bavure toutefois : l'éviction des chrétiens de toute fonction d'enseignement.

Mais se voyant ainsi confier la mission céleste de restaurer l'Empire en sa divine essence, Julien en avait intériorisé les fantasmes séculaires. À commencer par la vocation de Rome à droitement régner sur le monde. Énée, de passage aux Enfers, n'en avait-il pas reçu la révélation d'Anchise, son père ? Au souverain idéal, au maître du monde selon l'esprit des dieux, la tradition avait donné une figure : Alexandre le Grand, le Macédonien qui avait étendu si loin sa souveraineté et régné sur les Perses. Plus d'un César, au cours des temps, avait rêvé d'être « le nouvel Alexandre », soumettant ainsi un royaume qui plus d'une fois avait humilié Rome. Du vivant de Constance II, les Perses avaient encore menacé les villes romaines de l'Euphrate. L'heure était venue : Julien allait défier Sapor II, le frapper au cœur de son empire. Au reste, Maximos, expert en oracles, le lui avait bien dit : il était Alexandre réincarné.

On connaît la suite. Julien mourut sur le front perse au cours de cette expédition, et l'Empire redevint chrétien comme devant. Pour une fois que se réalisaient les rêves d'un adolescent, le monde ne leur correspondait plus.

Augustin avait alors neuf ans. Écolier à Thagaste, collégien à Madaure, dans son Afrique natale, il en serait resté là, pour surdoué qu'il fût, si son père ne lui avait obtenu d'un évergète local la bourse qu'il lui fallait pour accéder aux études supérieures de rhétorique à Carthage. Il les réussit d'autant mieux que, dit-il, « il aspirait goulûment aux honneurs » et que l'art de dire était le plus sûr moyen d'y parvenir. C'est alors qu'il lut cet *Hortensius* aujourd'hui perdu où Cicéron défendait la *philosophia* comme seule voie d'accès à la sagesse, « science des choses divines et humaines ». Vaste programme, dans lequel Augustin se lança sur l'heure : la *conversio ad philosophiam*, classique depuis Lucrèce, Virgile, Perse…, l'aventure commençait, car la sagesse, Augustin la chercherait longtemps et partout.

Dans la Bible d'abord, sagesse même de Dieu selon les chrétiens. Mais il n'en tira rien, déconcerté comme bien d'autres, Porphyre, Arnobe, Lactance, Jérôme, l'avaient été ou le seraient, faute d'en décrypter le symbolisme sémitique. Du coup, il quitta l'Eglise romaine et passa aux manichéens, qui tenaient le Christ pour le Dieu bon, et le Dieu de la Bible pour le démiurge responsable d'une création ratée de bout en bout. Il resterait neuf années dans la secte, poursuivant sa quête métaphysique sans perdre de vue sa réussite professionnelle.

Lui aussi lisait tout ce qui circulait à l'époque. Dans ses écrits, on ne compte pas moins de trente-quatre philosophes grecs cités, et quatre latins. Les vaticinations des manichéens se révélaient de moins en moins fiables, mais comment combler un vide spirituel que les philosophes ne meublaient pas ? Le doute méthodique de l'Académie le tenta un moment, mais il était trop avide de certitudes. Entre-temps, il avait réussi : professeur à Carthage, privat-docent à Rome, il se vit promu, à trente ans, rhéteur officiel de l'Empire, en résidence à Milan, la capitale. C'est là que tout allait changer.

En effet, Augustin avait lui aussi trouvé là un cercle d'intellectuels passionnés de néoplatonisme, autrement pur celui-là, car fondé sur des textes de Plotin et de Porphyre. Augustin en fut ravi.

Il se débarrassait enfin d'une imagination matérialiste de la divinité. Ébloui par cette vision inattendue du corps, de l'âme, de l'esprit et de Dieu, il s'en revenait à la foi de sa jeunesse. D'autant mieux qu'allant ès qualités à la cathédrale, il entendait l'évêque Ambroise donner de la Bible une exégèse allégorique, et citer à l'occasion du Plotin. Augustin regagna donc l'Eglise. On sait le reste : la démission, le retour en Afrique, l'épiscopat d'Hippone et une œuvre colossale, où le platonisme apporte à la foi des moyens d'approche, d'approfondissement et d'expression.

Quand en 410 Rome fut saccagée trois jours durant par Alaric, les païens en firent endosser la responsabilité aux chrétiens, eux-mêmes dubitatifs quant à l'efficacité protectrice des reliques de tant de martyrs.

Reprenant à cette occasion un thème qu'il ruminait depuis des années, Augustin éleva le débat. Dans *La Cité de Dieu*, il montre que le rapport entre l'humain et le divin n'est pas d'ordre civique, mais intime. À chacun de choisir sa *civitas*, son obédience : le primat du terrestre ou le primat du céleste. « Deux amours ont fait deux cités : l'amour de soi jusqu'au mépris de Dieu a fait la cité terrestre ; l'amour de Dieu jusqu'au mépris de soi a fait la cité céleste. »

Deux visions du monde, nées de deux esprits plus proches qu'on ne l'aurait cru, hantés l'un comme l'autre par le désir de la science et la passion du divin. Par le platonisme aussi, tel du moins qu'il leur était parvenu. Deux philosophies qui l'une et l'autre se voyaient éternelles. L'une en retient plus d'un aujourd'hui encore ; l'autre fut tôt ensevelie, dirait Renan, « dans le linceul de pourpre où dorment les dieux morts ».

La Trinité de saint Augustin

Reprenant un mot de Socrate que rapporte Platon, Aristote confirme que « c'est l'étonnement qui incita aux spéculations philosophiques les premiers penseurs ». Et les autres depuis. Toutefois, il est bon de rappeler qu'on ne s'étonne ni des mêmes choses, ni de la même façon en tout lieu et en tout temps. L'histoire de la philosophie n'a rien d'un musée des concepts sur lesquels tous les visiteurs poseraient le même regard. Qui croit encore à la « philosophie éternelle » ? Autre évidence en philosophie, on ne s'étonne pas une fois pour toutes. Ne voir dans l'étonnement qu'un point de départ serait un contresens, que dénonce Heidegger : « L'étonnement porte et régit d'un bout à l'autre chaque pas de la philosophie. » C'est donc l'affaire d'une vie ; la vie d'un esprit qui jamais ne se repose dans la conviction d'un savoir définitif. Autant de points qu'on vérifierait en lisant ce que dit Augustin de la Trinité.

Pour idylliques qu'on les imagine, les tout premiers temps du christianisme n'étaient pas exempts de controverses. Cela, du fait de la diversité des langues, des cultures, des mentalités, sans parler des questions de personnes. Cependant, il semble qu'on y ait parlé du Père, du Fils, du Saint-Esprit sans plus de complications que dans les Évangiles, les Actes des Apôtres ou les Épîtres de Paul. C'est avec le temps que le besoin s'affirma, en Orient surtout, d'une formulation précise. Les difficultés commencèrent quand on s'avisa de rationaliser ce que chacun vivait jusque-là en communauté comme une présence. De fait, si le Fils est le *Logos* du Père, comment peut-il lui être égal ? De même l'Esprit par rapport au Fils, s'il en est l'envoyé ? D'où la tendance dite « subordinationiste » sensible chez Justin, Tertullien, Origène, Irénée. Mais c'est au IVe siècle que les choses se gâtèrent, quand Arius, un prêtre alexandrin, soucieux de bien distinguer les trois personnes que d'aucuns confondaient, crut bon d'affirmer la supériorité du Père sur le Fils. Une initiative qui diviserait le monde chrétien, déchaînant tensions et violences. Ce qui dans un empire désormais chrétien n'allait pas sans retombées politiques. Convoqué par Constantin, le concile de Nicée définit en 325 l'égalité des trois personnes, usant pour cela de termes grecs : « Une substance ; trois hypostases », qu'on traduirait tant bien que mal en latin. Beaucoup s'y rallièrent sans que cessent les querelles, se compliquant de nuances entre des courants devenus autant de sectes, en Orient surtout.

On en était là quand, en 399, Augustin entreprit le *De Trinitate*. Il avait bien conscience des dégâts que causaient ces débats inutiles et incertains : « Qui ne parle de la Trinité, si tant est que ce soit d'elle qu'on parle ? » Pourtant, s'il s'indignait de ces controverses, ce qu'il envisageait alors était moins de s'y engager que d'en faire apparaître l'erreur de perspective. Ces années-là, il achevait les *Confessions*, où apparaît à chaque page l'émerveillement d'une âme qui découvre en soi la présence d'un Dieu si tard aimé : « *Sero te amavi…* » Quand on aime, on voit l'aimé partout et il ne cesse pourtant de vous manquer. Et le vœu d'Augustin était qu'on prît conscience de la Trinité non pas comme d'un concept, mais comme d'une présence ineffable : « La Trinité, qui la comprendra ? » C'est de la foi que cela même relève, qui n'est pas fidéisme passif, mais recherche incessante d'une meilleure intelligence de ses données. Au reste, la Trinité n'avait jamais été absente de ses nombreux ouvrages : mystère omniprésent invitant à la lecture toujours plus attentive des Écritures qui le révèlent, ainsi qu'à l'amour qu'il dispense et qu'il invite à rayonner. Cet énorme traité, à la structure compliquée par le vol d'une première version, n'a pas d'autre fin, pour divers qu'apparaissent les thèmes développés au long de ces quinze livres. Que souhaite Augustin, sinon qu'on partage son émerveillement à découvrir omniprésent le Dieu Père, Fils et Saint-Esprit ? On comprendrait enfin que les catégories d'infériorité et de supériorité n'ont pas là de place, et l'on communierait en celui qui, dit Paul, « est tout en tous ». Je ne cacherai toutefois pas qu'Augustin met à profit l'occasion pour convaincre les païens, plutôt dubitatifs à ce sujet, du fait que le christianisme serait la *philosophia* par excellence, celle qui assure aux hommes ce que leurs philosophes ont échoué à leur donner : l'éternité, que lui-même a si bien définie comme « l'aujourd'hui de Dieu ». Ils constateraient à tout le moins que le christianisme est une culture.

Ce qu'Augustin tient à souligner de prime abord, c'est que le Dieu qui se manifeste dans l'Ancien Testament est bien – on serait tenté de dire : est déjà – le Dieu en trois personnes du Nouveau. C'est à ce préalable exégétique qu'il consacre les quatre premiers livres du traité. On y passe en revue les théophanies de la Génèse et de l'Exode, où, par la voix du Père, c'est toujours la Trinité qui s'adresse à Adam et à Ève, à Abraham, à Moïse, comme elle s'adresse à Joseph, aux disciples, à Paul. Si le mystère se manifeste par images et paroles à la portée des hommes, il n'en demeure pas moins d'un autre ordre. C'est donc de la méditation incessante de l'Écriture qu'en peut croître la connaissance, et non de la seule philosophie. Une philosophie qui en dépit de ses limites ne sera pas de trop dans les trois livres suivants. Augustin y réfute les thèses des ariens, car c'est sur ce plan, selon lui inadéquat par nature, qu'ils déploient leurs arguties. Essence et personne, substance et accidents, attributs, prédicats, relations, rapports de l'un et du multiple, etc., tout y passe, tant il est soucieux d'en finir avec les vaines spéculations des ariens avant de revenir, au livre VIII, à la question cruciale de l'intelligence s'inscrivant dans la foi. Aussi analyse-t-il point par point l'intelligence dans sa nature comme dans ses opérations : se dégager du sensible, prendre conscience des valeurs, vouloir s'y conformer, s'élever vers toujours plus d'amour. Dans les six livres suivants, c'est dans l'âme humaine qu'il va s'ingénier à découvrir ce que Sophie Dupuy-Trudelle a justement appelé « une trinité psychologique » valant image de la Trinité. Pensée, connaissance, amour ; mémoire, intelligence, volonté : autant de structures triadiques attestant que c'est à son image que le Dieu en trois personnes a créé l'homme. Toutes analyses qui dans le propos d'Augustin visent à préciser la nature et les rapports de la science et de la sagesse. Celle-ci, qui a nom *philosophia*, est proportionnelle à ce qu'elle accueille de connaissance et d'amour venant de la grâce de Dieu. Augustin reprend ici ce qu'il disait dix ans plus tôt dans *La Vraie religion* et qu'il redira dix ans plus tard dans *La Cité de Dieu* : « La vraie philosophie, c'est la vraie religion. »

Le quinzième et dernier de ces livres commence par les résumer tous et chacun, pour le confort et la sécurité du lecteur de tous les temps. Augustin ne manquera toutefois pas de lui rappeler, comme souvent, la parole de Paul aux Corinthiens : « Aujourd'hui, nous voyons dans un miroir, de façon confuse. » Et gardons-nous à ce propos d'oublier que les miroirs de l'époque étaient loin d'avoir la fidélité des nôtres. Ainsi, voir par la pensée ce qu'on tient de la foi demande un effort qui n'a pas de fin. Le traité est, certes, achevé ; mais pas le temps de la recherche : « Toi, donne-moi la force de chercher, toi qui m'as fait te trouver et m'as donné l'espoir de te trouver de plus en plus. »

Étonnant *De Trinitate*, de tous les traités d'Augustin « le plus profond et le plus charpenté », selon Hannah Arendt. Le plus paradoxal aussi, selon moi. N'est-ce pas tentant d'approcher le mystère de la Trinité que le lecteur de ce temps s'instruisait de la nature de l'homme comme jamais jusqu'alors ? Qui sait ce qu'auraient écrit Thomas d'Aquin, Descartes, Pascal, Malebranche, Leibniz, si Possidius de Calama n'avait sauvé ces pages-là ? Et n'est-ce pas en dépensant des trésors de science exégétique et de philosophie qu'Augustin conduit le lecteur de tous les temps à reconnaître que, selon l'expression de Goulven Madec, « la formule la plus dogmatique qui soit, "une essence, trois personnes", est elle-même un pis-aller » ? Dès les années 386-387, Augustin lui-même ne priait-il pas « le Dieu tout-puissant qui est mieux connu en ne l'étant pas » ? Il savait, d'expérience, que faute d'assez s'étonner, l'homme réduit tout à sa mesure, Dieu compris. Dès lors : « Cherchez toujours son visage. »

Le sac de Rome par Alaric

« Horreur ! L'univers s'écroule. » C'est le cri de saint Jérôme quand « l'effroyable nouvelle », dit-il, lui parvient à Bethléem : Rome envahie par les Barbares ! De même saint Augustin voyant les réfugiés débarquer à Hippone : « On pleurait, incapables de se consoler. » Bien différents, pourtant, les deux hommes : Jérôme de Stridon, un « fils du Danube », plus romain que les Romains ; Augustin de Thagaste, un Africain dont le patriotisme romain n'était pas la hantise. Mais, sur le coup, leur réaction est la même : la stupeur. Certes, on redoutait les Barbares, mais on ne savait pas grand-chose de la situation. Un mot d'un voyageur, l'indiscrétion d'un fonctionnaire vaguement renseigné, et l'écho parvenait d'une défaite, d'un territoire occupé. Athènes était tombée il n'y avait pas si longtemps. Corinthe aussi, et d'autres villes. Mais Rome ? Rome inviolée depuis Brennus et les oies du Capitole, il y avait de cela huit siècles… Impensable, se disaient les citoyens de l'Empire. S'ils avaient su…

De fait, le 24 août 410, Alaric et ses Wisigoths – des chrétiens, d'obédience arienne –, qui déjà avaient ravagé la Thrace, dévasté la Grèce, investi l'Italie du Nord, étaient entrés comme chez eux dans Rome, qu'ils avaient saccagée trois jours durant. Ils s'étaient comportés comme il est d'usage en pareil cas, tuant, violant, pillant, épargnant toutefois ceux qui, chrétiens ou païens, avaient trouvé refuge dans les églises : ils s'étaient retenus de les incendier. Augustin louera cette pieuse réserve chez des gens qu'il tient d'autre part pour des sauvages. Cela fait, Alaric, pourvu de butin et d'otages, poursuivit sa descente vers le sud de l'Italie.

En fait, ce qui venait de s'effondrer, aux yeux des gens de ce temps, si peu informés de l'évolution du monde depuis déjà un siècle et demi, c'était le mythe de la Rome éternelle, *Roma æterna*. Cela même appelle quelques précisions. D'abord, c'est une capitale honoraire qu'Alaric avait saccagée. C'était désormais à Milan, puis à Ravenne, que siégeait l'empereur d'Occident, et l'empereur d'Orient à Nicomédie, puis à Constantinople. Quant à ce coup de main inconcevable, ce n'était pas une invasion : c'était une vendetta, comme dit si bien Paul Veyne. Alaric et ses Wisigoths étaient, en effet, des supplétifs de l'armée romaine. Cela faisait une douzaine d'années que Théodose avait placé Alaric à la tête des troupes d'Illyricum. Il n'était pas le premier chef barbare avec qui l'état-major romain passait des accords : Rome en était venue à confier la garde de ses frontières à des

Barbares que poussaient d'autres Barbares en quête d'une meilleure qualité de vie. Certains, d'ailleurs, s'y étaient illustrés. Reste qu'à procéder ainsi, Rome prenait des risques, comme on le voyait avec Alaric. Furieux de n'avoir point décroché le poste de généralissime qu'il estimait lui revenir, il s'était mis à son compte et, par vengeance, avait décidé d'humilier la Ville censément éternelle.

Le sac de Rome n'était donc qu'un épisode, certes cruel, d'un désastre d'une tout autre ampleur, dont bien peu avaient conscience : Libanios, Ammien Marcellin, Salvien et le mystérieux anonyme qui écrirait sous six faux noms l'*Histoire auguste*. Mais, sur le moment, la plupart ne virent que le symbole profané, et par des gens qu'on croyait, bien à tort, dévoués à l'Empire.

C'est le réflexe qu'engendrent les catastrophes, tant chez les victimes que chez ceux qu'en bouleverse la nouvelle : en trouver les causes, sur terre, au besoin dans les cieux ou aux enfers, et surtout désigner des responsables. Deux cents ans plus tôt, Tertullien ricanait : on mettait les intempéries sur le dos des chrétiens ! Cette fois, les païens avaient beau jeu : les empereurs chrétiens n'avaient-ils pas prohibé les cultes anciens ? Il fallait donc regarder le sac de la Ville autrefois maîtresse du monde comme les représailles des dieux frustrés. Bref, les païens donnaient dans le : « Je vous l'avais bien dit ! » et les chrétiens dans le « Mais pas du tout ! », rappelant la prise de Rome par Brennus, l'incendie de Rome sous

Néron, etc. Les dieux n'avaient pas fait de miracles ! Et puis, si Radagaise le païen avait échoué peu avant à prendre Rome, n'était-ce pas Dieu qui avait permis à Alaric d'y réussir ? Alaric dont les soudards avaient épargné les païens réfugiés dans les lieux saints ? Bref, les choses prenaient le tour des discussions au café du Commerce dans la France occupée à propos des responsables de juin 1940.

Les chrétiens eux-mêmes n'étaient pas sans se poser des questions, touchant notamment la protection que Rome aurait pu escompter des tombeaux de Pierre et Paul, des reliques de tant et tant de martyrs. Augustin fit état des réactions de certains de ses diocésains, inquiets de leur image devant l'opinion. Ils se sentaient gênés d'entendre l'évêque relativiser les choses en chaire, prêcher que tout a une fin, que rien en ce monde n'est éternel, etc. « Autour de moi, j'entends dire : “Si encore il ne parlait pas de Rome !” »

Augustin estimait qu'il était grand temps de hausser le niveau de ce débat, de l'élargir. Mais comment ?

C'est en se posant la question qu'Augustin vit l'explication qu'on pouvait tirer d'un thème qui le hantait depuis ses dix années passées chez les manichéens : la dualité de la condition humaine. Il y était souvent revenu dans ses précédents livres. C'est qu'en tout homme, et quelle que soit sa « cité », au sens latin, entendons : sa nationalité, s'affrontent au quotidien la chair et l'esprit, le bien et le mal, l'amour et la haine, l'éphémère et l'éternel, etc. Et selon la polarité qui domine en chacun – la fixation égoïste sur la promotion de soi pour les uns, et pour les autres l'aspiration généreuse au bonheur d'autrui et finalement à la gloire de Dieu –, deux peuples virtuels se constituent depuis le premier matin du monde jusqu'à son dernier jour, deux « cités », donc. Augustin en a défini les natures respectives en une formule qui a fait le tour du monde et des temps : « Deux amours ont fait deux cités : l'amour de soi jusqu'au mépris de Dieu a fait la cité terrestre ; l'amour de Dieu jusqu'au mépris de soi a fait la cité céleste » (*La Cité de Dieu*, XIV, 28). Ce sera le thème de *La Cité de Dieu*, où Augustin va montrer tout au long de l'histoire des hommes la coexistence de ces deux peuples, mêlés comme on voit, dit-il, les mêmes gens assis sur les bancs des églises et sur les gradins des cirques et des théâtres. Des gens aux destinées dramatiquement opposées, que Dieu est le seul à connaître.

Dans cette perspective, il est évident que la « cité » qui importe, autrement dit l'appartenance, est la Cité céleste, dont l'octroi relève de la seule grâce divine. Cela étant, l'affaire Alaric se voyait ramenée à ses justes proportions : un épisode entre bien d'autres de la longue histoire du monde jusqu'au Jugement dernier. De fait, vingt ans encore et Augustin s'éteindra dans Hippone assiégée, cette fois par les Vandales. Il restera alors à l'empire d'Occident quarante-six années avant que Romulus Augustulus, le dernier des Césars, ne se voie déposé par Odoacre le Germain.

IV

LES MARGES DU CHRISTIANISME

Les secrets des gnostiques

La prolifération des sectes n'est pas un phénomène propre à notre temps. Les sociétés les plus solidement structurées n'étaient pas à l'abri de cette tentation et le fait se vérifie dès l'Antiquité.

Au IIe siècle, le christianisme était déjà bien implanté dans l'Empire romain, surtout dans sa partie orientale : Grèce, Égypte, provinces d'Asie Mineure. Il rencontrait, certes, encore des résistances. L'homme de la rue restait hostile aux chrétiens qu'il connaissait mal et devinait trop éloignés des façons communes de sentir et de vivre le quotidien. Les intellectuels étaient enclins à mépriser une doctrine jugée inassimilable aux grandes philosophies. Quant au pouvoir politique, il gardait un œil soupçonneux sur ces communautés insaisissables, conquérantes, qu'on lui signalait comme autant de repaires de factieux. En dépit de persécutions sporadiques, la religion du Christ s'affirmait. Tacite, qui écrit au début du siècle, parle des chrétiens vivant sous Néron comme d'une « masse considérable » (*Annales*,

15, 44). Aux IIe et IIIe siècles précisément, du fait même de son expansion, le christianisme est secoué par une violente crise interne, et d'autant plus grave qu'elle menace de subvertir ses propres fondements.

Les premières générations chrétiennes sont presque exclusivement dominées par leur origine juive. Sous l'influence de l'apôtre Paul, soucieux de toucher les non-juifs, l'Église naissante a tôt rompu avec la Synagogue comme institution, mais les chrétiens n'en restent pas moins sous l'influence d'un judaïsme d'époque, parfois hétérodoxe, fortement imprégné d'hellénisme et très porté sur les révélations que Dieu ferait de ses propres secrets : les *apocalypses* (du grec *apokalupsis* : action de dévoiler). Selon l'expression célèbre de Pie XI, les chrétiens sont « spirituellement des Sémites » : leur foi, leurs prières et leur littérature se réfèrent explicitement à l'histoire d'Israël telle que la rapporte la Bible, et la venue de Jésus, identifié au Messie promis au peuple élu, en est à leurs yeux l'accomplissement. Pour les premiers chrétiens, la religion s'inscrit donc adéquatement dans le cadre d'un néo-judaïsme hellénisé à vocation universaliste, que les communautés juives orthodoxes contestent évidemment avec énergie. Les Actes des Apôtres (vers 80-90) et la *Vie des douze Césars* de Suétone (vers 120) font état de ces conflits entre communautés, souvent générateurs d'escarmouches que les autorités civiles répriment sans douceur.

Or, du fait du cosmopolitisme de l'Empire romain, qui regroupe une mosaïque de peuples très différents par la culture, la sensibilité religieuse et les manières de vivre, le christianisme, encore fragile, rencontre forcément d'autres courants d'idées, d'autres façons de concevoir le monde et d'expérimenter le sacré. Présents un peu partout, les chrétiens vivent au contact de gens qui voient les choses autrement que la Bible et les Évangiles, et proposent d'autres réponses aux questions inéluctables sur la destinée, la vie, la mort, les dieux, etc. Au IIe siècle, beaucoup de gens sont fascinés par des courants, plus spirituels que philosophiques, en provenance de l'Orient : de l'Égypte, foyer religieux par excellence, de la Phrygie (au nord de l'Anatolie), de la Babylonie (approximativement l'Irak et l'Iran d'aujourd'hui) et peut-être même de l'Inde. Tentation d'autant plus insidieuse que ces courants, qui s'adressent moins à la raison qu'à la sensibilité, voire aux sens, sont susceptibles d'accrocher une clientèle plus vaste, peu portée vers la philosophie. Cet ensemble de mystères, de cultes ésotériques envoûtants et de spéculations métaphysiques, à nos yeux souvent fumeuses, sur les éléments spirituels bons ou mauvais dont serait peuplé l'invisible et qui influeraient en bien ou en mal sur la marche du monde, promet et attire.

Certains chrétiens en viennent à se dire que les Saintes Écritures pourraient être, sinon fausses, du moins incomplètes, et n'offrir de la destinée du monde et des hommes qu'une vision tronquée. Une révélation mirobolante, venue d'ailleurs, donnerait le fin mot de toutes choses et, dans l'espoir d'y accéder, de petites communautés ferventes et fraternelles se constituent en sectes d'initiés. Ces inspirés cherchent moins à compléter la Bible et à remplir les blancs qu'à situer leur foi dans un ensemble syncrétique fait des croyances venues d'un peu partout. Bref, le « plus » qu'apporte l'Orient laisse espérer un tout, et cette fermentation religieuse détermine, au sein de l'Église chrétienne alors en pleine expansion, une véritable révolution culturelle.

Les causes de cet état d'esprit remontent aux conquêtes d'Alexandre le Grand, cinq siècles plus tôt. On était alors passé d'une civilisation de cités autonomes, où tout était à l'échelle rassurante de l'agglomération familière et se réglait entre gens de connaissance, à une civilisation cosmopolite, où l'homme des temps hellénistiques se sent noyé dans un Empire dont la masse n'est plus à l'échelle de ses fantasmes. Au Ier siècle av. J.-C., la conquête romaine prend la relève pour plus d'un demi-millénaire. La direction des grandes affaires échappe à la cité, devenue simple municipalité ; les décisions qui engagent les peuples se prennent ailleurs, plus haut. Au IIe siècle, Rome paraît très lointaine aux provinciaux ; à Rome même, le pouvoir est perçu comme lointain, exercé par des hommes d'une autre essence, aux yeux desquels nul n'a le sentiment de beaucoup compter. Déchargé du souci de gérer en commun le destin d'un groupe, l'individu apprend maintenant à vivre pour lui seul, ce qui est générateur d'angoisses inédites. La destinée de chacun devient une énigme qu'il est seul à déchiffrer. Le mal présent dans le monde ne s'explique plus de la même façon. Le corps, ses appétits, ses douleurs et son déclin constituent une limite incontournable au désir de bonheur et d'éternité qui s'est fait jour, puisque, finalement, seule la mort gagne. Et encore : allez savoir ce qui se passe après !

On aspire donc à se dégager de tout cela, à s'en sauver. Essentiellement politique au temps des cités grecques, la philosophie est devenue une affaire de vie personnelle, à gérer selon sa conscience. Les cultes traditionnels, jadis si bien accordés à la communauté civique, ne suffisent plus à ceux qui se sont découvert une âme unique. Les déracinés se tournent vers les religions « à mystères », dont les initiés partagent la chaleur d'une communauté pleine d'espérance : Cybèle, Isis, Déméter, etc. Certains se tournent vers le judaïsme, d'autres vers le christianisme. Dans les grandes cités cosmopolites, Rome, Antioche, Alexandrie, où le phénomène s'observe le mieux, une très ancienne croyance se réactive, sous des formes nouvelles, et touche presque tous les milieux, païens et chrétiens. Elle tient en peu de mots : le salut ne peut venir que d'un savoir dont on est frustré, d'une connaissance (en grec : *gnôsis*, dont on a fait *gnose*) qui délivrerait aux élus le bienheureux secret. D'où le nom de gnostiques donné aux affidés des petites sectes de salut, le plus souvent chrétiennes d'inspiration, qui prolifèrent à l'époque et dont chacune s'estime dépositaire du dernier mot sur toutes choses et détentrice du monopole de la délivrance.

Au même moment se produit une véritable éclosion d'écrits ésotériques, que commentent des personnalités religieuses au crédit considérable, même s'il n'est pas toujours du meilleur aloi. Le principe en est le suivant : la Bible et les Évangiles seraient loin d'avoir tout dit. On prétend avoir accès à d'autres sources, jusqu'alors tenues en réserve : les fameux Évangiles apocryphes (du grec *apocryptô* : je mets en lieu sûr) et les diverses apocalypses, dans la ligne d'un judaïsme tardif. Ève, la Sainte Vierge, les apôtres Thomas, Mathias, etc., sont censés y révéler en détail ce non-dit jusqu'alors, dont on a tant besoin pour comprendre le tout et s'assurer le salut dans cette vie et dans l'autre. Cette floraison de révélations est à rapprocher du procédé de la *pseudépigraphie*, courant dans l'Antiquité. À cette époque, l'originalité n'est pas recommandée et, pour diffuser un message nouveau, il est bon de l'attribuer à un Ancien dont le livre se serait égaré ou qu'on aurait tenu en réserve jusqu'au jour marqué par le destin.

Sur ces bases, une infinité de groupuscules se constituent, en marge de la grande Église. Épiphane de Salamine, un évêque du IVe siècle, en dénombre soixante, qui tous se réclament du Christ, et les Pères de l'Église ont parfois comparé ces chapelles aux innombrables concubines du roi Salomon, que la Bible oppose à son unique épouse légitime. Image parlante de la seule Église du Christ, ravalant au rang d'épouses de la main gauche les multiples sectes qui osent se réclamer de Lui. Chacun de ces groupuscules a ses Saintes Écritures, sa hiérarchie enseignante, ses rites et ses dogmes, où les patriarches bibliques, la Vierge Marie et Jésus lui-même sont entraînés dans d'invraisemblables aventures métaphysiques.

La complexité et la variété des élucubrations gnostiques ont de quoi décourager les hommes d'étude eux-mêmes. Les constructions alambiquées de Basilide (Alexandrie, vers 125), de Valentin (d'Alexandrie à Rome, vers 140), de Marcion (Asie Mineure, 85-160) et de Marcos (milieu du IIe siècle) – pour ne rien dire des ophites, des séthiens et autres barbélognostiques – défient toute tentative de résumé et fourniront longtemps encore matière à bien des thèses. Combinant de façon baroque mais selon une logique pathétique les données des multiples cosmogonies légendaires qu'ils mêlent à des spéculations sur la Bible et les Évangiles, les gnostiques s'en donnent à cœur joie : cercles concentriques par douzaines, sphères célestes emboîtées et farouchement gardées par des Archontes (sorte d'anges spécialisés, issus du judaïsme hellénisé), entités métaphysiques, qui s'étagent selon des hiérarchies subtiles, forment le décor d'actions gigantesques, d'éjaculations cosmiques, d'accouplements et d'enfantements à l'échelle des astres.

Dieux pères, déesses mères et esprits des deux sexes rivalisent d'astuce pour s'assurer, à l'heure de la lutte finale, l'hégémonie sur les cieux et sur la terre.

Souvent, Jésus intervient pour sauver ce qu'il estime susceptible de l'être, toujours de façon surprenante et sans rapport avec l'économie des Évangiles. Ainsi, Basilide révèle que Jésus se serait fait remplacer au pied du calvaire par Simon de Cyrène, qui serait monté sur la croix à sa place, car un dieu ne saurait souffrir et encore moins mourir. Impavides comme tous les doctrinaires, les gnostiques poussent volontiers jusqu'à leurs dernières conséquences logiques les vues qu'ils soutiennent. Sans crainte du ridicule, Valentin signale que Jésus mangeait et buvait, comme le veut l'Écriture, mais que sa nature spirituelle le dispensait de se rendre aux toilettes (cité par Clément, *Stromates*, 3, 6, 59).

On serait tenté de considérer ces grimoires comme de mauvais canulars ou comme l'œuvre de gens dérangés si, à côté de telles balivernes, ne figuraient parfois des morceaux d'une grande élévation de pensée, qui traduisent une volonté authentique d'approfondir ce qu'on sait ou croit savoir, tant par les philosophies que par les religions. Le malheur est que ces théoriciens ne s'entendent pas entre eux. « Pas moyen de mettre la main sur deux ou trois qui disent la même chose », soupire Irénée de Lyon (env. 132-208, *Adversus hæreses*, 1, 11, 11).

Pourtant, par-delà les divergences de détail, les prétendues révélations des gnostiques se ramènent à quelques vues simples qu'on peut résumer en quatre points.

L'intuition fondamentale, commune à tous, est que le monde présent est inacceptable et ne vaut rien. C'est le cauchemar d'un sadique : tout bloque, tout coince, tout limite nos élans vers le bonheur. Et cela même pose le problème de son origine : si le monde est à ce point mauvais, il ne peut avoir été créé par un dieu bon. Juifs et chrétiens, qui eux aussi font état du mal, y proposent une explication : essentiellement bonne au départ, la Création fut viciée par la révolte de ses meilleurs éléments, les anges, dont certains ont voulu égaler Dieu. Culbutés dans les Enfers, ils ne se consolent pas d'avoir perdu leur guerre d'indépendance et n'ont de cesse qu'ils n'aient entraîné les hommes dans leur chute. Circonvenus par le serpent, Adam et Ève ont cru pouvoir s'émanciper de la tutelle divine : c'est le péché originel qui les a exclus du Paradis terrestre. À partir de là, le ver était dans le fruit. Les chrétiens ajoutent que Jésus, Fils de Dieu fait homme, a racheté l'humanité dans le sang de son sacrifice sur la croix, mais seulement en espérance. Pour les gnostiques, au contraire, l'homme n'est strictement pour rien dans ce désastre : c'est une victime à qui le mal a été imposé du dehors. En aucun cas ce n'est un pécheur, car nul ne lui a demandé son avis. S'il y a un responsable du mal, c'est donc plus haut qu'il faut le chercher.

En droit, le monde avait été programmé par un dieu bon pour être à son image. L'homme idéal devait vivre perpétuellement ravi dans un univers accordé à ses excellentes aspirations. Dans ce monde de rêve, nul ne devait souffrir de rien et moins encore mourir. Mais ce projet sublime fut malencontreusement détourné par une ou plusieurs puissances métaphysiques concurrentes qui, dans leur orgueil insensé, présumèrent de leur habileté. Voulant court-circuiter la divinité, elles s'emparèrent de ses plans et procédèrent elles-mêmes à la Création, afin d'en rester les seules maîtresses. Naturellement, elles la ratèrent, provoquant la chute verticale du spirituel dans la matière où il s'est englué, épaissi. Issu de leurs mains maladroites, l'homme idéal n'est plus qu'une sorte de fausse couche lamentable, un avorton voué à toutes les déchéances dans un monde désastreux. D'après les textes gnostiques, le Dieu de l'Ancien Testament est toujours assimilé à un de ces dieux mauvais, un de ces apprentis sorciers qui ont magistralement raté la création. Il ne saurait donc être tenu pour le vrai Dieu : avis aux juifs et aux chrétiens…

Comment sortir de là ? Encore faudrait-il, disent les gnostiques, que l'homme se rende compte de sa situation, ce qui est loin d'être le cas. La plupart des gens s'installent comme ils peuvent dans cet état et s'en accommodent tant bien que mal, avec l'aide fallacieuse des philosophies et des religions qui leur font prendre leur mal en patience. Par chance, le bon Dieu, voyant cette caricature d'homme végéter dans son environnement sinistre, l'a pris en pitié. Il a déposé dans son âme le germe de sa vie divine et cette semence d'éternité ne demande qu'à s'épanouir. Grâce à elle, l'homme peut se reconnaître étranger à ce monde et amorcer son retour vers le Paradis perdu.

Les conditions favorables à ce retour sont définies par le programme gnostique : s'affirmer étranger en ce monde où l'initié vit en exil ; se démarquer des autres hommes et éviter autant que possible de se reproduire, pour ne pas perpétuer le gâchis. Bref, l'initié doit se déconditionner dans un continuel dépassement qui mènera l'âme – bien conduite par les dirigeants de la secte – des ténèbres à la lumière. Concrètement, ces règles entraînent d'abord l'obligation de vivre à contre-courant, hors la loi : le gnostique est un insoumis, une sorte d'objecteur de conscience métaphysique. Quelle morale y aurait-il dès lors qu'il n'y a pas de liberté ? Le mal nous entoure ? Qu'à cela ne tienne ! Exténuons-le en le commettant, et les pires expériences seront les meilleures, puisque ce sera autant de pris sur les puissances des ténèbres ! Dans certaines sectes, le désir sexuel, notamment, ne devra faire l'objet d'aucune répression, tout au contraire. Mais le bienheureux élu est tenu également à des pratiques liturgiques, sans lesquelles son salut ne saurait s'accomplir. Elles engagent, par toute une symbolique, les différents niveaux d'existence que le mal primordial a estropiés. Ces célébrations sacramentelles font mémoire du grand naufrage initial où la Création a sombré, afin de le surmonter et d'en annihiler les effets.

Et comme le mystère du monde s'inscrit, selon les textes gnostiques, dans un processus cosmique de génération, ces offices ont tendance à privilégier la dimension sexuelle de la vie, au risque de revêtir un tour licencieux, voire carrément pornographique. Du moins à nos yeux car, dans l'optique des fidèles, tout, absolument tout, a son fondement et sa justification salutaire dans les textes sacrés.

En observant les exercices du culte, on parvient à saisir les intuitions contenues dans les dogmes, souvent impénétrables, de ces communautés, car aucune bizarrerie n'est gratuite dans la structure et dans la pratique de ces religions de salut, qui reprennent en les adaptant à leurs vues des symbolismes parfois fort anciens. Ainsi, les ophites font au serpent (en grec : *ophis*) une place privilégiée dans le système du monde. Le fameux serpent *Ouroboros* (c'est-à-dire : se mordant la queue) symbolise l'accomplissement de l'univers : le cercle est enfin fermé, qui va de l'Un au Tout et du Tout à l'Un dans un éternel devenir, et que ces illuminés prétendent discerner à différents niveaux dans le cosmos. Au dire des ophites, le serpent mythique de la Genèse déniaisa Ève puis Adam, et leur donna accès au plaisir en même temps qu'à la connaissance. Les ophites eux-mêmes ne négligèrent aucune des perspectives ainsi ouvertes. La prédominance du serpent sacré se concrétise dans leur liturgie de l'eucharistie. Les pains et le vin étant disposés, l'officiant tirait l'animal divin de sa boîte, le lâchait sur l'autel, et les espèces, à son contact, étaient ainsi consacrées. Puis les fidèles recevaient sur leurs lèvres le baiser de paix du serpent avant de communier.

Même souci de coïncider avec le mystère de la Création chez les adamites : c'est parce qu'ils éprouvent la nostalgie de l'innocence originelle de nos premiers parents qu'ils se déshabillent sitôt entrés dans l'église et qu'ils prient, prêchent et célèbrent le service tout nus. Le temple figure ainsi le Paradis retrouvé par-delà le malheur originel.

Plus délicat à exposer est le symbolisme liturgique des sectateurs de la vierge Barbélo. Fille du Père inconnu qui est le premier dieu et, comme telle, rectrice suprême des Archontes gouverneurs du monde, elle fut supplantée dans cette responsabilité par son fils Sabaoth, le mauvais créateur. Pour réparer les suites déplorables de cette usurpation, Barbélo dut séduire l'un après l'autre les nombreux Archontes afin de s'incorporer leur semence. Elle le fit sans hésiter car c'était le seul moyen de récupérer sa puissance indûment galvaudée. Les concélébrations barbélognostiques commémoraient cette opération méritoire avec une fidélité et une ferveur scrupuleuses ; leurs communions scabreuses s'accompagnaient de la parole de Jésus : « Ceci est mon corps ; ceci est mon sang. »

À côté de tels offices, la liturgie eucharistique mise au point par le gnostique Marcos paraît bien innocente. Mêlant au vin du calice une poudre effervescente de sa composition, il prolongeait les prières de la consécration jusqu'à ce que la mixture mousse et déborde sur l'autel, preuve manifeste de la présence réelle du Christ et de l'efficacité de l'intercession de Marcos en tant que célébrant. D'autres gnostiques recouraient à des préparations suspectes, plus ou moins euphorisantes, voire aphrodisiaques. Les Pères de l'Église n'ont pas de mots assez durs pour flétrir ces farces et attrapes de sacristie, dont l'époque avait le goût mais qui dénaturaient évidemment l'esprit des sacrements.

Toutefois, nous aurions tort d'en rester au côté anecdotique de ces liturgies et de nous scandaliser de leurs aspects cocasses ou déplaisants. Ces pratiques faisaient corps avec une foi globale qui engageait tous les plans de l'activité humaine : l'esprit, l'affectivité et même les sens. On mimait en quelque sorte le drame supposé des origines d'où venait tout le mal, mais aussi l'opération salutaire et surnaturelle qui était censée délivrer l'homme de ses effets pervers et le restaurer dans son intégrité première. La violence de ce qu'on éprouvait à coup sûr au cours de tels offices était, en somme, à l'échelle du dommage subi dans la chute et du bienfait reçu dans l'acte de la rédemption.

Mais les évêques, les prêtres et les fidèles de la grande Église, qui vivaient dans des conditions difficiles une foi qui exigeait tant d'eux, et parfois l'héroïsme du martyre, souffraient de voir l'objet de leur croyance gravement dénaturé, la morale se dégrader dans des histoires incongrues ou salaces, et le nom de Jésus mêlé à des célébrations qui évoquaient le lupanar plus que l'autel. En fait, la menace pesait sur plusieurs fronts. Religieux d'abord : au IIe siècle, les dogmes chrétiens étaient loin d'être fixés dans leur formulation définitive et cette plasticité même rendait vulnérable une foi dont les contours et les limites étaient insuffisamment définis. En effet, l'esprit qui sous-tend la gnose influença partiellement les écrits de certains Pères de l'Église, tels Clément d'Alexandrie (IIe siècle) et Origène (IIe et IIIe siècles). Des modernes en voient même l'amorce dans le Nouveau Testament, chez Paul et chez Jean. Encore fallait-il savoir, dans ce flou doctrinal, où commençait au juste l'hérésie, ou simplement l'imprudence. Et si le mouvement s'étendait, n'était-ce pas le christianisme tout entier qui partait à l'aventure et perdait son identité ?

À côté de ce péril intérieur, il y avait aussi la menace extérieure : voir la religion du Christ déconsidérée, confondue dans une même réprobation par les païens déjà mal disposés à son égard et choqués par les fantaisies intellectuelles et liturgiques des sectaires. Certains textes de philosophes païens – Celse (vers 178), Plotin (env. 205-270), Porphyre (env. 234-310) – prouvent qu'ils n'étaient pas sensibles à la différence. Dans la *Vie de Plotin*, son maître à Rome, Porphyre écrit : « De son temps, on trouvait parmi les chrétiens des sectes [qui] en abusaient plus d'un, égarés qu'ils étaient eux-mêmes. » De semblables égarements n'allaient-ils pas donner corps aux histoires louches qu'on colportait sur les chrétiens et sur leur immoralité supposée ? Un regain de tension pouvait à tout moment en résulter avec les pouvoirs civils, dont on ne pouvait raisonnablement espérer qu'ils sauraient apprécier la nuance.

Toutes ces craintes imposaient une reprise en main par la hiérarchie, qui s'empressa d'alerter pasteurs et fidèles. Cela ne se fit pas, évidemment, par une mesure disciplinaire unique et générale, à la façon des encycliques modernes : l'Église ne connaissait pas encore la structure centralisée dont elle se doterait avec le temps. On assista seulement à des initiatives éparses, prises là où l'urgence s'en faisait sentir, par tel évêque ou tel prêtre informé de ces aberrations. Ainsi, saint Irénée, évêque de Lyon, écrivit en 180 *La Soi-disant Gnose exposée et réfutée*, ouvrage qui nous est parvenu sous le titre latin abrégé d'*Adversus hæreses* : « Contre les hérésies », autrement dit, contre les choix (en grec : *hairésis*) que certains s'autorisent à faire dans ce qui est reçu par l'Église comme objet de sa foi véritable. Cette réfutation s'inscrit en fait dans un ample exposé de la doctrine chrétienne dans son ensemble. Si original est ce travail de synthèse qu'on peut regarder Irénée comme le premier des théologiens chrétiens.

Origène combat lui aussi les positions aberrantes des gnostiques, avec d'autant plus de finesse qu'il n'est pas lui-même à l'abri de cette tentation subtile quand il expose sa vision de la chute et du salut. Tertullien, le redoutable apologiste, pourfend à l'occasion ces sectes avec une ironie mordante, mais lui-même n'est pas, et de loin, parfaitement orthodoxe... Au IIIe siècle parut également une *Réfutation* (en grec : *elenchos*, argumentation), plus connue sous le nom de *Philosophoumena*, dont le manuscrit ne fut retrouvé qu'en 1851. Les érudits l'attribuèrent d'abord à Origène, puis à un martyr de Rome, saint Hippolyte, avant de se résigner à en ignorer le véritable auteur. Cet apologiste mêle à son argumentation des vues personnelles pas toujours conformes à la ligne qui prévalait alors dans l'Église. Enfin, saint Épiphane écrivit vers 375 le *Panarion* (littéralement : trousse à pharmacie, sous-entendu « contre la maladie hérétique »). Le livre abonde en précisions discutables qu'il est bon de recouper avec d'autres données. Car, dans sa jeunesse, le saint homme avait fait une expérience difficile à oublier. Entraîné un peu naïvement par de jeunes et jolies gnostiques, sans doute des barbélognostiques, il s'était fourvoyé dans une de leurs célébrations et semble avoir eu peine à s'en remettre. Réchappé de l'orgie sexuelle, il s'était précipité chez l'évêque pour l'informer de ce qu'il avait vu.

Chez les païens, où ces systèmes avaient nécessairement filtré, il faut signaler la puissante réfutation philosophique de Plotin, composée en 265-266 (voir *Ennéades*, 2, 9). Ce traité visait principalement à détourner des sectes ceux de ses élèves tentés de s'y affilier.

Plotin y explique que le monde sensible n'est pas l'œuvre de quelque mauvais artisan mais l'émanation d'un monde intelligible qui a en lui-même sa raison. Qu'il y ait du mal dans le monde, ce n'est pas douteux, mais il n'est que la privation du bien. À chacun de s'en délivrer par l'ascèse et par la contemplation philosophique, et non en cédant à des mirages inconsistants où le philosophe ne voit qu'un charlatanisme spirituel.

Les mises en garde de l'Église officielle, qui s'étalent sur au moins deux siècles, témoignent de la vitalité du mouvement gnostique et de son importance dans le devenir du christianisme. La réaction avait été à la mesure du danger couru : radicale, sans complaisance comme sans nuances. Ainsi dénoncés, les gnostiques se marginalisèrent un peu plus, tandis que l'immense majorité des fidèles de la grande Église se serraient autour de leurs pasteurs légitimes. La discipline ecclésiastique s'en trouva renforcée : l'alerte avait été chaude et la hiérarchie veillerait désormais de façon très attentive sur le contenu de la foi et sur sa formulation. Les éléments dont l'expression demeurait floue se précisèrent ; on verrouilla l'orthodoxie et on définit strictement ce qui devait être affirmé – « confessé » – si l'on voulait se dire chrétien. La morale fut réaffirmée dans toute sa rigueur. Enfin, parmi tant d'évangiles et d'apocalypses qui circulaient abusivement sous le nom de tel ou tel apôtre ou personnage sacré, on sélectionna les écrits qui devaient être reçus comme authentiques : ce qu'on appelle le canon (règle) des Écritures. Les autres furent écartés comme étrangers à la tradition la plus ancienne de l'Église. La révélation divine, en effet, s'était close avec la mort du dernier apôtre.

Au IVe siècle, lorsque Constantin et ses successeurs firent du christianisme la religion de l'État, on employa la force contre les quelques sectes encore vivaces. Du coup, les communautés gnostiques, qui jusqu'alors n'avaient guère souffert des persécutions – sans doute en raison de leur moindre scrupule devant l'obligation de sacrifier aux dieux de l'Empire –, connurent l'insécurité et furent pratiquement refoulées au-delà des frontières. Elles vivotèrent encore longtemps en Orient, laissant derrière elles des témoignages impressionnants de leur esprit de recherche.

On a retrouvé en 1945, à Nag Hammadi en haute Égypte, une bibliothèque entière de papyrus gnostiques d'une communauté du IVe siècle. Ces traités, rédigés en copte et qui s'étalent sur deux siècles, sont traduits en partie ; leur découverte a renouvelé nos connaissances et révélé notamment l'importance des sources judéo-chrétiennes de la gnose et de ses emprunts philosophiques. On y retrouve le thème traditionnel de la révélation mise en lieu sûr, puis redécouverte au jour J. Ainsi, *Les Trois Stèles de Seth* se présentent comme la transcription de ce qu'aurait gravé sur une pierre le troisième fils d'Adam, Seth, à qui Dieu aurait fait des révélations. En prévision du Déluge, Seth aurait enfoui ce message inestimable qu'un certain Dosithée aurait retrouvé au jour fixé. Ce Dosithée, très vraisemblablement mythique, passe néanmoins pour le père de la gnose ; il aurait été le maître de Simon le Mage, mentionné au chapitre VIII des Actes des Apôtres.

D'après ce texte, le Dieu de la Bible était très en avance sur son temps ; ses révélations à Seth font état de certaines intuitions du moyen platonisme tel qu'il s'enseignait entre le Ier siècle av. J.-C. et le IIIe siècle ap. J.-C. : allusions à l'Un primordial, au-delà de toute forme de substance, d'où procèdent l'Esprit et la Vie, amalgamées à des schémas bibliques remaniés selon l'esprit d'un judaïsme hellénisé. Cette découverte prouve que le niveau des spéculations gnostiques pouvait être fort élevé et que la philosophie pénétrait tous les milieux.

Si l'historien constate qu'avec le temps le phénomène gnostique s'essouffle, puis finit par s'éteindre à la fin du IVe siècle, du moins sur les territoires de l'Empire, il lui faut cependant compter avec le problème de ses possibles survivances. En effet, l'esprit qui sous-tendait l'immense soulèvement gnostique semble bien s'être longtemps manifesté dans tel ou tel mouvement gnostique, isolé au sein des grandes religions. Certains spécialistes croient en discerner l'influence dans le christianisme (pauliciens, bogomiles et cathares), dans le judaïsme médiéval (la *Kabbale*) et dans l'islam (ismaéliens et druzes).

Toujours est-il que cet élan spirituel soutint au cours des siècles, et même jusqu'à nos jours, la quête insoluble des chercheurs d'absolu – alchimistes, théosophes et occultistes divers –, confiants dans un savoir ésotérique toujours à découvrir et à interpréter. Beaucoup pensent encore y trouver, en marge de la science officielle et des diverses théologies, une réponse aux énigmes du monde et notamment à la question du mal, mais surtout une espérance à la mesure de leurs angoisses et de leurs révoltes.

Arius sème la zizanie pour deux siècles

Selon les Évangiles, Jésus avait parlé aux Apôtres de son Père qui était dans les cieux, vers qui il devait remonter une fois mort et ressuscité, ainsi que de l'Esprit qu'il leur enverrait sous peu. C'est sur ces données toutes simples de l'Évangile que vécurent longtemps les premiers chrétiens. On adorait un Dieu Père, Fils et Saint-Esprit sans trop chercher à approfondir et, en ces temps de persécutions, nombre de fidèles moururent martyrs sans s'être posé de problèmes théologiques. On vivait sa foi plus qu'on ne la pensait, et il ne venait à l'idée de personne de s'inquiéter d'une éventuelle hiérarchie entre le Père et le Fils dans la Trinité, pas plus que d'une question de préséance entre eux.

Ce n'est guère qu'à la fin du IIe siècle qu'apparaissent des difficultés. Certains n'ont pas la même façon de voir les choses que l'Église, et ils cherchent à faire prévaloir leur « préférence » (en grec *hairesis*, d'où le terme d'« hérésie »). Ainsi un certain Noet de Smyrne estime qu'il faut identifier le Père et le Fils. Son disciple

Sabellius diffuse cette théorie dans le monde romain, précisant même que Dieu s'est manifesté comme Père dans l'Ancien Testament, comme Fils dans l'Incarnation, et à la Pentecôte comme Esprit : c'est le sabellianisme, qui aura des partisans jusqu'à la fin du IVe siècle.

Or c'est précisément contre cette confusion du Père avec le Fils que s'élève, vers 320, un savant prêtre d'Alexandrie nommé Aréios, en latin Arius. Il entend souligner, au contraire, la différence entre les deux personnes. Jésus n'a-t-il pas dit : « Le Père est plus grand que moi » (Jean, 14, 28) ? Et dans la ligne platonisante de son milieu, Arius insiste sur le fait que le Fils est éternellement engendré par le Père, alors que le Père, en tant que premier principe, est non engendré, en grec *agennetos*. Le Père apparaît ainsi tout seul comme Dieu à part entière, le Fils étant tout juste l'intermédiaire entre le Père et un monde qu'il lui revient de régir à titre de fondé de pouvoir. Tout cela vient en droite ligne de la vision hiérarchique qu'ont de l'univers les philosophes néoplatoniciens d'Alexandrie. Mais en plaquant ainsi de la philosophie sur l'objet de la foi, Arius prend un fameux risque, dont les conséquences se feront longtemps sentir.

Les choses auraient pu en rester là si l'évêque d'Alexandrie n'avait condamné comme hérétiques les positions d'Arius. Aussitôt, d'autres prêtres s'y rallient. Du jour au lendemain, deux factions se forment, qui elles-mêmes se scindent à propos de tel désaccord sur un autre point, et ainsi de suite. Un imbroglio difficilement concevable de nos jours, sauf à observer les querelles entre courants dans les partis politiques ! Avec cela, les passions montent dans cette ville cosmopolite, multiculturelle, toujours prompte à s'échauffer. Déjà la controverse tourne à la querelle, s'étend rapidement, gagnant l'Église tout entière, au détriment de son unité et de celle de l'Empire, déjà en voie de fragilisation du fait des Barbares.

Constantin a, certes, les yeux fixés sur le ciel depuis sa fameuse conversion au christianisme, mais il garde les pieds sur terre. Il réagit avec bon sens : « Il aurait mieux valu, écrit-il aux deux antagonistes, commencer par ne pas poser de pareilles questions… » (Eusèbe, *Vie de Constantin*, II, 64). Échouant à les rapprocher, l'empereur prend l'initiative de convoquer un concile œcuménique, qui s'ouvre le 30 mai 325 à Nicée, à deux pas de chez lui. Ce faisant, Constantin se pose en protecteur de l'Église, sinon en tuteur, ce qui ne va pas sans arrière-pensées. Toujours est-il qu'à Nicée, sous l'unité formelle d'une même foi chrétienne, ce sont deux mondes qui se rencontrent : l'Occident et l'Orient, si différents de langues, de mentalités, de cultures.

Très vite, des divergences apparaissent, mais sous la pression de l'évêque Hosius de Cordoue, le conseiller de Constantin, ce sont les positions des Occidentaux qui prévalent. Arius est condamné et, pour en finir avec la controverse, le Concile déclare le Fils « consubstantiel au Père », en grec *homoousios*, retenez bien ce terme ! Les Orientaux se rallient à la formule, mais à contrecœur, gardant l'impression d'avoir été piégés. Là-dessus, Constantin impose la formule à tout l'Empire, se donnant ainsi, selon sa propre expression, pour « l'évêque du dehors ».

Mais les prélats à peine rentrés, la querelle rebondit à propos du fameux *homoousios*, « consubstantiel ». Si l'Église d'Occident dans son ensemble se range à cet adjectif, en Orient, certains jugent prudent de préciser que le Fils est « semblable au Père quant à la substance », en grec *honoiousios* : tout se joue ainsi sur un *iota* ! D'autres préfèrent qu'on s'en tienne à dire le Fils « semblable au Père », *homoios*. Pas du tout ! protestent d'autres encore : puisqu'il est engendré, le Fils n'est « pas semblable au Père », *anomoios*... Si bien qu'en face des chrétiens fidèles au symbole de Nicée, on a maintenant les homoïousiens, les homéens et les animéens, toutes sectes aussi sûres les unes que les autres de détenir la vraie formule. Toutes ont leur leader, leurs fanatiques, leurs gros bras, mais aussi leurs appuis et leurs adversaires dans la nomenklatura. On descend dans la rue et on scande des slogans. Arius a même composé une sorte de rengaine théologique, la *Thalie*, que les dockers chantent en défilant. On ne compte plus les bagarres et, s'il faut en croire saint Grégoire de Nysse, on ne parle que de cela en ville : « Tu t'informes du cours d'une monnaie, et voilà l'agent de change qui part sur l'engendré et le non-engendré ; tu veux savoir le prix d'un pain, le boulanger t'assure que le Père est plus grand que le Fils ; demande donc si le bain est prêt, et le garçon soutiendra que le Fils est tiré du néant. »

De grandes figures se réclament de chacun des deux camps. Saint Athanase se pose en champion du symbole de Nicée, payant de sa personne – sa vie fournirait matière à un roman d'espionnage. Eusèbe de Césarée, l'auteur d'une monumentale *Histoire de l'Église*, Eusèbe de Nicomédie, Eunom de Cyzique sont de l'autre parti. Ce dernier complique encore les choses en soutenant que le Fils diffère du Père en tout point, et que dans la même mesure le Saint-Esprit diffère du Fils… Tous versent au dossier, déjà bien chargé, des masses de références bibliques et philosophiques, dépensant des trésors de dialectique et de rhétorique sans pour autant convaincre ceux de l'autre bord. Même, à mesure que le temps passe, les deux blocs, arien et anti-arien, se fissurent, créant de nouvelles factions qui s'entre-excommunient, avec des répercussions concrètes sur le terrain sociopolitique. Jusqu'à la tête de l'Empire, où apparaissent de notables divergences. En un premier temps, Constantin a banni Arius, mais l'a rappelé, à la grande fureur de saint Athanase. Toutefois, il a rendu obligatoire le *Credo* de Nicée. Son fils Constance II, en revanche, s'est rallié à l'arianisme, ne regardant pas à poursuivre les évêques nicéens. L'histoire de l'époque laisse une curieuse impression d'incohérence. Bref, on est loin des Actes des Apôtres, où des premiers fidèles du Christ on disait qu'« ils n'avaient qu'un cœur et qu'une âme » (Ac, 4, 32).

La crise arienne aura perturbé la vie de l'Église chrétienne durant près d'un siècle, aggravant les difficultés entre les communautés d'Orient et d'Occident, et compliquant la gestion de l'Empire en des temps difficiles. Le monde chrétien finira par retrouver son unité grâce à l'action intelligente et obstinée de quelques prélats de haute culture, Hilaire de Poitiers en Occident, Basile, Grégoire de Nysse et Grégoire de Nazianze en Cappadoce. Au concile de Constantinople de 381, tout le monde finit par s'entendre sur la formule « une nature, trois personnes ».

L'affaire arienne va pourtant connaître des prolongements du fait des grandes invasions. En effet, une masse considérable de Barbares ont été convertis au christianisme par des missionnaires ariens, à l'initiative de l'évêque Ulfila, un « arien modéré ». Il s'est même donné la peine de traduire en gothique les textes des Écritures ! De ce fait, l'arianisme est la religion des Goths, Alamans, Burgondes et autres Vandales.

Ils ne vont pas tarder à déferler sur un Empire affaibli, et à s'en prendre souvent aux chrétiens de confession nicéenne. Et quand, au grand scandale de la romanité, Rome est saccagée trois jours durant en 410, ce sera par les hordes d'Alaric, un Wisigoth arien, fédéré un temps avec Rome, et qui s'est mis à son compte. Ces soudards tuent, pillent, violent comme c'est l'usage en pareilles circonstances. Les Barbares ne se convertiront au catholicisme qu'à la fin du VIe siècle.

Donat et les circoncellions

Jusqu'à l'édit de Licinius, en 313, et la conversion de Constantin, le christianisme est interdit dans l'Empire, du fait que ses adeptes refusent de participer au culte public. En un monde où le politique et le religieux se confondent, ce refus est interprété non seulement comme un affront fait aux dieux, mais comme une conduite hostile à l'État. Le loyalisme des chrétiens est donc mis en question, et tout spécialement lorsque tel empereur, estimant la patrie en danger, entend, par un édit enjoignant de sacrifier aux dieux, pratiquer sur la population un test de loyalisme. Se refuser à sacrifier ou encore à remettre à la police les livres des Écritures chrétiennes constitue un délit puni de mort.

Au cours de toutes ces persécutions qui ensanglantent l'Église, on dénombre des martyrs, mais aussi, on s'en doute, des gens qui, redoutant ce qui les attend, se plient aux ordres de l'État. Saint Cyprien de Carthage, au IIIe siècle, déplore même que des chrétiens soient les premiers à faire la queue pour aller sacrifier ! On appelle *lapsi* ceux qui ont chuté, et il s'en trouve jusque parmi les évêques. Et s'ils ont collaboré avec l'autorité impériale en livrant (*tradere*) les Livres saints, on les dit *traditores*, d'où vient le mot « traîtres ». On imagine sans peine les luttes, ouvertes ou sournoises, entre ces « collaborateurs » et certains de ces « résistants », qui réussissent à s'en tirer. Ceux-ci fondent sur leur héroïsme, réel ou supposé, leur prétention à tout régenter dans l'Église, laquelle sera désormais la société des purs, des élus, au sein d'une masse de chrétiens approximatifs, voire faux. Ainsi l'évêque Donatus estime que les clercs et les évêques qui ont failli se sont mis hors de l'Église telle qu'il la conçoit. Ils ne sont plus désormais que des pécheurs, inaptes à conférer validement les sacrements, baptême, eucharistie, sacerdoce, etc. Il faut dire que Donatus s'estime en droit de penser ainsi : il s'inspire des vues de saint Cyprien, un de ses prédécesseurs, lui-même influencé par Tertullien, que son fanatisme a fini par mettre en marge de l'Église romaine.

Là, précisément, se trouve l'erreur : la doctrine de l'Église universelle dit, en effet, que la validité d'un sacrement ne dépend en rien de la sainteté ou de l'indignité de celui qui l'administre, mais seulement de la grâce de Dieu. Ainsi, l'on n'a pas à rebaptiser les *lapsi* ni les *traditores* qui souhaitent retrouver la communion de l'Église, ni à considérer comme nulle l'ordination d'un évêque sous prétexte qu'elle a été conférée par un prélat qui a collaboré avec l'administration.

Mais, en dépit des difficultés qu'il rencontre avec l'autorité impériale, toujours attentive à l'impact des théories religieuses nouvelles sur la société, Donatus ne voudra jamais en démordre. Il se voit dans la ligne de gens illustres et fort vénérés en Afrique, puisque du terroir. Pour cela même, Donatus est appuyé avec ferveur par ses diocésains. L'Afrique de l'époque, la Numidie tout spécialement, est très sensible à la psychologie du martyr, voire à l'idéal du martyr volontaire. « Le christianisme ne progresse que grâce à la mort de ses disciples », assure le donatiste Petillianus de Constantine. Il y a aussi dans ces régions une sensibilité marquée aux images de l'Apocalypse telle qu'on la comprend. Les magistrats romains ont la figure de l'Antéchrist, notamment les agents du fisc. Ajoutons enfin le chauvinisme bien connu des provinces africaines, heureuses de soutenir Donatus en tant que successeur des grandes figures religieuses du terroir.

Toujours est-il qu'à l'occasion d'un affrontement avec un autre prélat soutenu par Constant, les choses se gâtent. Sommé de se démettre, Donatus le prend de haut, interpellant les envoyés de l'empereur en ces termes : « Qu'a-t-il à voir avec l'Église, l'empereur ? » Ce qui n'est pas faux, mais bien imprudent. Des troubles éclatent en ville et dans les campagnes, mais Donatus n'en est pas moins condamné à l'exil, où il mourra. Ni l'éviction ni la mort de Donatus n'affectent la vitalité de son mouvement, qui s'étend à l'Afrique romaine tout entière. Une Église parallèle de plus vient donc de s'implanter, s'ajoutant à la secte des manichéens et compliquant un peu plus la tâche des évêques catholiques, ainsi que de l'administration. En effet, le donatisme ne va pas tarder à servir d'alibi spirituel à un mouvement protestataire qui s'insurge contre la misère des campagnes. Ses membres en rendent responsables les propriétaires terriens et les fonctionnaires romains, et ils passent à l'action. On les appelle les « circoncellions », parce qu'ils rôdent *circum cellae*, autour des granges et des entrepôts, qu'ils attaquent à main armée pour s'en approprier les stocks.

De tels mouvements sont souvent en quête d'idéal. Pour ceux-là, le donatisme est une aubaine : ils deviennent le bras armé de la vraie Église, celle des purs et des durs. Ils s'assimilent même aux glorieux martyrs du Christ, victorieux des suppôts du diable, des agents de l'Antéchrist, toutes gens qu'il leur revient d'éliminer au plus vite. Font partie de ces réprouvés les clercs et les fidèles de l'autre Église, celle des mécréants. Ainsi, les crimes et les rapines des circoncellions ont la caution de Dieu.

En fait, ce qu'on sait de ces pieux pirates, par Optat de Milève et surtout par saint Augustin, n'a rien de particulièrement édifiant : vols à main armée, assassinats, mutilations. C'est qu'Augustin, en homme de terrain, a plus d'une fois l'occasion de rencontrer les donatistes et de réfuter leurs positions dogmatiques. S'il semble bien s'être montré toujours ouvert au dialogue et hostile à toute répression violente à l'endroit des fidèles et du clergé de la secte, il n'hésite pas à faire appel aux pouvoirs publics le cas échéant, notamment pour réprimer les exactions des circoncellions. Il accepte mal l'impunité dont ils bénéficient de fait, en raison de l'incurie de l'administration ou de la faiblesse des moyens d'intervention. Augustin est pour beaucoup responsable de l'affaiblissement progressif du mouvement donatiste. Son savoir mais aussi sa personnalité emportent souvent le ralliement des adeptes de Donatus, et l'Église catholique étend son influence. De plus, le donatisme étant interdit par l'État et ses affidés passibles de l'exil, beaucoup jugent prudent de rejoindre le christianisme officiel. La secte survivra toutefois jusqu'à la fin du VIIe siècle, lorsque le christianisme dans son ensemble s'efface presque complètement de l'Afrique du fait des invasions arabes.

Pélage, ou l'attrait de l'insoluble

Tout commence par un mouvement d'idées dont Pélage est à l'origine, et qui s'est répandu à Rome, où réside celui-ci, ainsi qu'en Italie avant d'atteindre l'Afrique. Réagissant contre le déterminisme sommaire des manichéens, nombreux encore à cette époque, Pélage estime que c'est à l'homme qu'il revient de prendre en main sa destinée. À chacun d'user de la liberté dont Dieu lui a fait don afin de pouvoir observer Ses commandements. Selon Pélage, Adam a, certes, commis une faute grave en désobéissant à Dieu, mais cela reste son affaire, sans vraie répercussion sur sa descendance, si ce n'est le mauvais exemple qu'il a donné, que les hommes seraient tentés d'imiter. Toujours est-il que son péché n'a pas endommagé la nature humaine, ni amoindri la liberté que Dieu donne aux hommes, ni ne s'est transmis à d'autres. Au reste, Pélage, kantien avant la lettre, considère que si Dieu enjoint aux hommes d'obéir à ses commandements, c'est bien qu'il leur confère, par le don de la liberté, le moyen d'y déférer :

« Tu dois, donc tu peux », dira Kant quatorze siècles plus tard. En somme, si l'on pèche, c'est qu'on le veut bien, et l'on pourrait tout aussi bien passer une vie entière sans faillir. Le salut éternel est finalement une affaire de bonne volonté. Quant à la Rédemption, le Christ l'a réalisée en tant que prédicateur de la loi divine, mosaïque en un premier temps, évangélique enfin. Cette vision du christianisme s'est répandue dans Rome par la parole et les écrits de Pélage, de Caelestius, de Julien d'Éclane, du reste avec faveur. Cette anthropologie attire les milieux de bonne culture, intéressés par la philosophie. Ce pieux volontarisme est une façon sérieuse, responsable, de prendre le gouvernement de sa vie. Cela rappelle à beaucoup le stoïcisme, qui, depuis si longtemps, régnait sur la mentalité du Romain distingué.

Jusqu'en 411, tout va bien : aucune censure ecclésiastique ne frappe les thèses développées par ceux qu'on appellera les « pélagiens ». Même si les écrits de Caelestius en ont choqué certains dans l'Église, rien de sérieux ne s'est passé. Mais les choses vont se gâter, fortuitement d'ailleurs. En effet, le saccage de Rome par Alaric en 410 provoque un exode des grandes familles vers la province d'Afrique, où beaucoup comptent s'établir le temps qu'il faudra. Or Pélage, Caelestius et Julien d'Éclane sont du nombre. Pour la petite histoire, notons que Pélage est lui-même un temps en transit à Hippone, en attendant de trouver un moyen de transport pour la Terre sainte. Il aurait donc pu y rencontrer l'évêque

Augustin, mais ce dernier était, dirions-nous aujourd'hui, en congé de maladie, tant et si bien qu'ils se manquèrent. La suite des événements montre qu'ils ne se seraient ni entendus ni accordés.

En Afrique, où l'Église catholique doit déjà compter avec les manichéens et les donatistes, l'arrivée des sectateurs de Pélage n'arrange rien. Ce groupe de réfugiés romains, forcément soudés, ne cache pas ses façons de voir. En outre, voilà bien que Coelestius, dont les écrits ont inquiété quelques consciences scrupuleuses, se porte candidat à la prêtrise à Carthage ! L'Église ne peut, dès lors, rester insensible à la diffusion de théories jugées par beaucoup contraires à la tradition. S'ensuit un bel imbroglio. Synodes et conciles se succèdent, en 411, en 414, en 417, jusqu'au concile de Carthage, en 418, où Pélage et Coelestius sont d'abord condamnés, puis réhabilités, puis finalement condamnés. En effet, l'affaire étant remontée jusqu'à Rome, il arrive qu'un pape en contredise un autre... Jusqu'au jour de 419 où, l'empereur Honorius s'en mêlant, la condamnation du pélagianisme est désormais sans recours possible.

Saint Augustin n'est pas le dernier à s'engager dans la controverse. Le souvenir qu'il garde de ses années d'errance l'a rendu particulièrement sensible à la nature pécheresse de l'homme et à la gratuité absolue de l'amour de Dieu. Selon lui, le péché d'Adam a bel et bien contaminé sa descendance et sinistré la nature humaine. Incapable désormais d'user droitement de sa liberté, l'homme se trouve dans l'impossibilité de déférer aux ordres que Dieu n'en continue pas moins à lui donner. Situation sans issue, sinon avec le secours de la grâce divine, dont l'octroi dépend de Dieu seul. Tout le contraire, en somme, des positions pélagiennes.

On ne s'étonnera donc pas que la querelle ait duré vingt ans, pendant lesquels les adversaires ne se ménagent pas. Augustin dénonce le volontarisme sûr de soi des pélagiens, qui minimisent la portée du sacrifice de la Croix. Ils relèguent le Christ sauveur dans un rôle d'exemple moral, comme ces grandes figures historiques qu'admiraient tant les païens, les Regulus, les Caton… S'il en va ainsi du péché originel, alors, comme dit saint Paul, « le Christ est mort pour rien » (Galates, 2, 21). De leur côté, les pélagiens s'indignent du peu de cas qu'Augustin fait de la liberté, l'accusant de fatalisme : il démobilise les bonnes volontés. À quoi bon tendre vers la perfection si tout est joué d'avance, peut-être même perdu ? Car au fil des échanges d'arguments, de nouvelles questions surgissent, celle de la prédestination notamment. Si Dieu sauve par sa grâce ceux qu'il a élus, qu'en est-il des autres ? Y aurait-il, selon l'expression de Serge Lancel, « un *numerus clausus* céleste » ? Mais alors, qui vous dit que vous n'êtes pas un damné en sursis ? Les uns et les autres rivalisent d'ingéniosité, de rigueur dialectique. Augustin notamment se sent contraint de préciser, et malheureusement de durcir, plus peut-être qu'il ne l'aurait souhaité, ses positions sur le libre arbitre et sur la grâce. Au point que beaucoup verront là, d'ailleurs à tort, l'essentiel de son œuvre.

Issues de la polémique antipélagienne, les questions sur le péché originel, la liberté de l'homme, la grâce de Dieu, la prédestination, auront la vie dure. D'autres crises les réactiveront au long des siècles. Ce sont les questions insolubles qui ont le plus bel avenir.

V

DES MODERNES

Entre la solitude et la banalité, philosophie bergsonienne du banal

Il ne nous semble pas qu'on se soit jamais intéressé à l'usage que fait Bergson de la notion de banal. Pourtant, si l'on s'avise de relire l'œuvre[1] sous cet angle, on ne peut manquer d'être intrigué par la place importante qu'y tient la banalité. Non seulement Bergson use de la notion fréquemment – l'adjectif *banal* ne revient pas moins de vingt fois, et cinq fois le substantif *banalité* – mais encore, il fournit à son sujet

1. Nous conviendrons de désigner les ouvrages de Bergson par les sigles suivants, suivis de l'indication de la page selon la pagination du texte ultime paru du vivant de l'auteur (1939-1941) : *Essai sur les données immédiates de la conscience* : DI ; *Matière et mémoire* : MM ; *Le Rire* : R ; *L'Évolution créatrice* : EC ; *L'Énergie spirituelle* : ES ; *Les Deux Sources de la morale et de la religion :* DS ; *La Pensée et le Mouvant* : PM. – En ce qui concerne les trois volumes d'*Écrits et paroles* recueillis par Mme R. M. Mossé-Bastide, nous les désignerons respectivement par le sigle EP, suivi de l'indication du tome en chiffres romains et de la page en chiffres arabes.

les éléments nécessaires à une étude systématique. Non, certes, qu'il ait jamais explicité lui-même cet enseignement : c'est dans l'œuvre tout entière qu'on le trouve diffus, et les données en sont plus fortement concentrées là où il est question du langage, de sa nature, de son rôle et du régime qu'il impose à la vie de l'esprit. C'est cette philosophie de la banalité, telle qu'elle s'offre à l'état implicite dans les livres de Bergson, que nous voudrions exposer, tant en raison de l'intérêt qu'elle nous paraît avoir du point de vue des études proprement bergsoniennes qu'en considération des services plus généraux qu'on pourrait en attendre.

Remarquons d'abord que Bergson se réfère au banal comme à une donnée de fait. Il y a une banalité qui affecte un acte aussi bien qu'un souvenir, une émotion, une description, un procédé, une phrase. Cette donnée est même assez envahissante pour que « la conversation courante se compose en grande partie de réponses toutes faites à des questions banales » (ES, p. 168) : échange de banalités, que ce soit sur les femmes (DS, p. 41) ou sur autre chose, qui tiennent lieu d'observations personnelles. Quant au cheminement des idées, des vues, des opinions philosophiques, qui progressivement les conduit du paradoxal au banal, Bergson y fait des allusions trop nombreuses et précises pour qu'on puisse négliger de regarder ce point comme l'une de ses pensées familières.

À lire ces textes, il apparaît bien que pour Bergson, la banalité soit de ces faits contre lesquels il n'est pas question d'argumenter : les choses vont ainsi, et s'il laisse percer, parfois, une pointe d'agacement, il lui arrive de s'en féliciter. La banalité est une donnée. Elle fait partie de la condition de l'homme – *Homo faber, sapiens, loquax* – au même titre que ce sens commun qu'il n'évoque pas moins de cinquante-huit fois, avec lequel, bon gré mal gré, il faut compter, et dont il faut tirer le meilleur parti. Non qu'il faille regarder la banalité comme découlant de la nature, dans le sens où il est classique de lui voir opposer la culture : chez Bergson, jamais la réalité n'est dite banale, n'est considérée comme banale de droit, si j'ose dire, ni dans son ensemble, ni dans telle ou telle de ses parties – rien de plus contraire au bergsonisme que cette distribution factice, dont la facilité explique le succès auprès du sens commun. Toujours la banalité apparaît, chez lui, comme le contenu d'une certaine forme de regard porté sur le réel, comme le produit, le sous-produit, de certaines opérations qu'il est naturel à l'homme d'accomplir. Si la banalité est une donnée de nature, on voit en quel sens, et on devine que ce qu'il est intéressant d'étudier, c'est précisément le processus selon lequel la réalité devient banale sous le regard des hommes, et que nous appellerons, faute d'un meilleur mot, la « banalisation ».

Il semble que de la banalisation, ce soit le langage

qu'il faille tenir pour l'agent immédiat. En effet, si l'on s'avise de reprendre la liste des différents emplois que Bergson fait des mots mêmes de « banal » ou de « banalité », on sera frappé de constater que sur vingt-cinq utilisations de ces termes, treize sont liées à un contexte où le langage est directement mis en cause. Et nous ne comptons pas les fois où, sans énoncer les mots, il évoque la chose dans le même contexte. Nous avons vu plus haut ce qu'il dit de la nature habituelle des conversations. Ailleurs, il donne en exemple ces phrases ou moules de phrases banals, prudhommesques, auxquels nos oreilles sont si parfaitement habituées que de l'automatisme même peuvent naître des effets comiques (R, p. 86). Mais il y a plus important, car, en d'autres pages, Bergson nous fait constater la banalisation elle-même telle qu'elle s'opère par le ministère du verbe. Tantôt il s'agit de nos perceptions, sensations, émotions, que le langage fait choir dans le commun en les adaptant à sa forme banale ; tantôt ce sont nos opinions, celles du moins qui nous tiennent à cœur, qui revêtent cette même forme banale pour peu que nous entreprenions de les traduire en mots (DI, p. 96, 100-101). C'est que le mot est par essence « banal et social » : il « ne note de la chose que sa fonction la plus commune et son aspect banal » (R, p. 117), d'où la froideur et la banalité toujours possibles des descriptions, si aucun souffle personnel ne vient rompre les enchaînements qui ne demandent qu'à se souder, et la fadeur de toutes les formulations de la pensée, de la vie intérieure la plus originale, si un grand art, fruit de la sagacité et de la patience, ne vient tirer parti de la banalité intrinsèque des mots (EP, II, p. 386 ; R, p. 119).

Mais si de l'amour, de la haine ou de quelque sentiment, le langage – comme vocabulaire – ne sait fixer que l'aspect commun, générique, impersonnel, c'est que la réduction s'impose de façon catégorique : le langage – comme intention expressive et donc pratique – est substitution du symbole, pauvre, mais maniable, à la réalité, opulente, mais incommunicable, et la substitution réussit si parfaitement qu'elle détermine la conscience à s'abuser de son ombre : nous n'apercevons plus nos états intérieurs, mobiles par essence, qu'à travers des mots (DI, p. 98-99, 103), ce qui explique qu'ils nous paraissent immuables comme des pierres, connus et classés une fois pour toutes, alors qu'ils ne se répètent jamais. « Jusque dans notre propre individu, l'individualité nous échappe » (R, p. 118). Quant aux choses, nous ne les voyons plus, mais seulement les étiquettes collées sur elles. Qu'on me serve d'un plat en m'en donnant le nom fameux, et il y a toutes chances pour que ce mot interpose ses prestiges entre ma sensation et la conscience que je prends d'elle (DI, p. 98). L'originalité des affections du moi fondamental se résorbe dans l'équipement opératoire du moi conventionnel. L'intuition s'habille en confection. C'est le règne de la banalité, qui n'a pas de raisons de finir. Eût-on jamais cru qu'un lexique détenait pareille puissance ?

Si le langage opère de semblables réductions, les mutilations qu'il fait subir à la réalité ne sont pourtant que la contrepartie, déplorable autant qu'on voudra, mais inévitable, de la communicabilité qu'il lui confère. Elles sont le tribut qu'il faut payer à la vie sociale parce qu'elle a plus d'importance pratique pour nous que notre existence individuelle et, plus largement, à l'adaptation, dont la vie impose l'effort comme une absolue nécessité. Dans le monde de généralités et de symboles ainsi constitué, dans lequel la réalité se réfracte et offre prise à l'action, notre force se mesure utilement avec d'autres forces. C'est notre intérêt. C'est notre plus grand bien. Ainsi, le langage n'a de responsabilité qu'instrumentale dans la banalisation : simple outil au service de l'intelligence, il ne fait qu'en servir les desseins, emmagasinant les notions qu'elle a produites selon ses besoins, et qui répondent à un découpage efficace de la réalité. Si la conscience subit de telles modifications, si elle s'altère ainsi, c'est que nos sens sont hypnotisés par l'urgence, par la constance de nos besoins : la décision, l'action s'imposent à chaque moment. La nécessité d'agir, et d'agir à bon escient, en appelle aux fidélités de la mémoire-habitude qui, en présence d'une situation nouvelle – or toute situation est nouvelle… –, s'empresse de se reporter au dossier des précédents approximatifs pour y puiser quelque lumière propre à la faire servir en fonction de quelque tendance, de quelque besoin. Les intuitions antérieures, passées à l'état de jurisprudence, prévalent sur l'intuition actuelle, qu'elles déplacent et interprètent (MM, p. 30, 61, 68, 147). Ainsi, la durée, qui se produit dans le temps-qualité, se projette dans le temps-quantité. Le monde intérieur de nos souvenirs et de nos états se simplifie, se schématise en se distribuant selon les cadres de l'espace, qui ne demandent qu'à l'accueillir. Bref, dans la mesure même où il se fait plus proche de l'action, il se banalise : « Nos souvenirs (...) prennent une forme plus banale quand la mémoire se resserre davantage, plus personnelle quand elle se dilate » (MM, p. 188). On sait le reste. Nous retrouvons ici, et dans leur droit fil, les grandes thèses du bergsonisme, ses constatations sans illusion, ses mises en garde réitérées contre l'aggravation toujours possible de ce qui n'est, au fond, que le passif d'une opération bénéfique vu ce qu'est l'homme : hantise du précédent, misonéisme prudentiel, automatisme, contamination du spéculatif par l'opératoire, du spirituel par le matériel, du vivant par le mécanique, de la durée par l'espace...

Avant de tirer les conséquences de ce qui vient d'être exposé, il est une observation encore qu'il importe de faire. Revenons un instant sur cette transformation – sur cette banalisation – telle qu'elle s'opère au niveau du langage, et dont les nécessités de l'action et la nature de l'intelligence sont en définitive responsables. Il n'est pas sans intérêt de remarquer que les figures dont Bergson se sert pour suggérer la nature de ce qui s'accomplit évoquent toutes l'idée d'une opération violente, brutale, d'un dommage causé au monde intérieur, d'une spoliation de ses richesses. Il est question des exigences du langage, du mot brutal qui écrase les états intérieurs délicats, de la formule qui glace la pensée qu'elle traduit, de la lettre qui tue l'esprit, du mot qui se retourne contre l'esprit, de la psychologie grossière, celle qui est dupe du langage (EC, p. 96, 98). L'emploi de ce vocabulaire, qui est celui de l'oppression, en dévoilant son climat affectif, vient souligner encore cette affirmation, souvent reprise par Bergson, selon laquelle « la pensée demeure incommensurable avec le langage » (DI, p. 124), car, fait pour la conversation, non pour la philosophie, il est de sa fonction de permettre les échanges indispensables, non de rendre les subtilités de la vie intérieure (DI, p. 10) ou d'exprimer les états d'âme individuels (R, p. 119-120). Les métaphores de la violence et de la déloyauté aident à voir jusqu'à quel point Bergson était éloigné de faire à la parole une totale confiance, et l'on comprend, dès lors, qu'à l'endroit de l'*Homo loquax*, de l'« homme intelligent » habile à parler de tout avec vraisemblance, gros consommateur et producteur de banalités, il ait nourri une antipathie qu'il ne songeait pas à dissimuler, et qui ne s'est jamais démentie.

De ce qui vient d'être dit de la pensée de Bergson, on peut dégager quelques propositions qui constitueraient, à notre sens, sa philosophie de la banalité.

Tout d'abord, redisons-le, il n'y a pas de banalité « naturelle », indépendante de la façon humaine d'aborder la réalité. Il n'y a pas de secteur déshérité du réel, pas de choses banales. De soi, rien ne ressemble à rien, et si tout peut ressembler à tout (PM, p. 56), à qui la faute ? De même, en effet, qu'un individu ne devient imitable qu'à l'instant où il cesse d'être soi (R, p. 25), la réalité ne se banalise qu'en s'altérant par l'optique appauvrissante de nos habitudes mentales. Le monde alors s'entoure d'un nuage, les fantômes nous environnent. Pourtant, tout peut toujours revivre. On a beau tout prévoir – tout réduire –, la réalisation n'en est pas moins féconde en surprises, apportant avec elle cet « imprévisible rien qui change tout » (PM, p. 99-100). Essayez de regarder le réel *sub specie durationis*, consentez une fois à cette *métanoïa*, et vous verrez les objets les plus légers reprendre du poids et retrouver leur être véritable au sein de la mouvante originalité des choses.

Pourtant, la banalité est un fait inévitable vu ce qu'est la condition besogneuse, sociale, de l'esprit. Elle est le tribut, onéreux, mais inéluctable, que la nécessité d'agir impose à l'homme. La vie extérieure rend nécessaire le langage, et le langage à son tour tend à imposer une problématique contre laquelle tout le propos du bergsonisme entreprend, on le sait et on sait comment, de réagir. La banalité n'a pas en elle de principe modérateur. Sans cesse offertes par les mots qui leur sont accordés, les idées toutes faites ont l'attrait des fruits mûrs : il suffit de tendre la main, le geste est facile. Mais le fruit se dessèche vite. La banalité est une tentation constante, qu'on doit toujours repousser, sans pourtant espérer jamais s'en affranchir tout à fait.

Il faut noter aussi que, pour Bergson, une pensée, une intuition, un état intérieur ne parviennent jamais à entrer dans le courant de la vie sociale sans risquer deux fois la banalité. En s'exprimant d'abord, car rien de tout cela ne peut guère se livrer sans passer à travers le filtre intellectuel, avec son appareil de concepts, de schémas et de mots. En vérité, est-on jamais sûr que ce que nous pensons ait passé dans ce que nous avons dit (EP, III, p. 455) ? En se recevant ensuite, car à travers la pellicule dépolie, à travers l'écran poussiéreux que forment les mots – les expressions sont de Bergson –, il est difficile de percevoir l'esprit d'une doctrine, le foyer intuitif qui la fait originale. Bergson l'a montré à propos du système de Berkeley : « Pouvons-nous ressaisir cette intuition elle-même ? Nous n'avons que deux moyens d'expression, le concept et l'image. C'est en concepts que le système se développe ; c'est en une image qu'il se resserre quand on le repousse vers l'intuition d'où il descend : que si l'on veut dépasser l'image en remontant plus haut qu'elle, nécessairement on retombe sur des concepts, et sur des concepts plus vagues, plus généraux encore que ceux dont on était parti à la recherche de l'image et de l'intuition. Réduite à prendre cette forme, embouteillée à sa sortie de la source, l'intuition originelle paraîtra donc être ce qu'il y a au monde de plus fade et de plus froid : ce sera la banalité même» (PM, p. 131-132). Dans un texte écrit quarante ans plus tôt, on retrouve, à propos de la transmission des grandes œuvres, la même opposition entre la logique abstraite, simple, claire, du disciple – fût-il le meilleur – et la «logique personnelle et profonde» du maître, finalement inépuisable à l'analyse. Que pensait, qu'éprouvait Bergson devant certain bergsonisme, cruelle confirmation de la justesse de ses vues, dont il redoutait le déferlement de la vague... ?

De tout cela enfin, il résulte que la condition de l'homme, et plus spécialement du penseur, le situe entre la solitude et la banalité, sans qu'il puisse jamais échapper tout à fait ni à l'une ni à l'autre. D'une part, la communion est laborieuse, aléatoire, radicalement imparfaite. La seule chose qu'il ait à dire, son intuition centrale, originelle, infiniment simple, précisément parce qu'elle est infiniment simple, le philosophe ne la *dit* pas véritablement : il *cherche à* la dire, et cela suffit à lui donner de quoi parler sa vie entière, puisque l'infiniment simple de l'intuition ne peut s'évoquer que par l'infinie complexité de l'approximation (PM, p. 118-123). D'autre part, la communication s'impose, et impose avec elle la sujétion du langage commun. S'il veut avoir une chance d'être compris, le penseur doit renoncer au jargon, emprunter la langue de tout le monde. C'est même « la banalité des mots (qui) les rendra plus propres à exprimer une pensée originale » (EP, III, p. 487) – pourvu qu'on ait réellement pris la peine de penser. Encore faut-il consentir aux délais qu'impose la pensée véritable. Mais le philosophe, nous dit Bergson, n'a pas toujours cette patience, et il peut lui paraître plus simple de s'en tenir aux notions coulées et livrées à l'état solide dans le langage. On sait ce qu'il advient. Remarquons d'ailleurs que si la société, en qui et par qui nous vivons, rend plus aisé l'effort d'adaptation vitale, elle ne facilite point au penseur la vertu ni la tâche, et elle tend à le confiner dans la solitude autant qu'à l'inciter au banal. À toute innovation, elle oppose, en effet, la force prodigieuse de son inertie (DS, p. 179-180), et l'on conçoit que ses résistances aient de quoi décourager toute sortie hors de soi-même. Par ailleurs, sa naturelle propension à tout réduire au commun dénominateur contraint le penseur à sacrifier au banal pour se faire entendre : « La personnalité de la plupart des hommes est unilatérale, c'est-à-dire indigente (EP, II, p. 355) », et il faut bien s'en accommoder pour travailler utilement. Mais on ne peut échapper au risque de passer tout entier dans l'engrenage.

Ainsi, entre la solitude et la banalité, la condition du penseur est ingrate et difficile, et il semble bien que pour

Bergson, il n'y ait d'autre recours que l'effort, la patience et le génie. Il est de mode, aujourd'hui, de tenir la pensée de Bergson pour facile et complaisante. Si on se rappelle qu'il n'y a jamais dans le bergsonisme l'ombre d'une connivence avec le tragique de la condition humaine – le tragique des hommes de lettres – et que les difficultés y apparaissent toujours comme devant être surmontées, alors une telle leçon apparaîtra dans toute son austérité.

Le thème de l'« ipseitas moritura » dans l'œuvre de Vladimir Jankélévitch

On éprouve toujours à voir se vendre un livre de valeur – et celui-là, *La Mort*[1], s'est vendu – une surprise ravie, pimentée de quelque malice, car on se prend à songer aux lendemains studieux que se préparent les lecteurs putatifs, mus par une curiosité pour une fois bien inspirée, mais probablement difficile à soutenir. Ceux qui pratiquent l'œuvre de Jankélévitch trouveront dans ce livre ce qui tout à la fois les captive et les irrite. Et d'abord une pensée philosophique qui en est une, denrée rarissime en un temps où les ouvriers spécialisés de la philosophie paraissent le plus souvent s'excuser de n'avoir pu ou su se faire physiciens, mathématiciens ou gens de statistiques. Chez Jankélévitch, pas trace de ce complexe de Pythagore. La pensée n'en est pas moins d'une implacable rigueur sous une écriture foisonnante. On la voudrait prendre

1. V. Jankélévitch, *La Mort*, Flammarion, « Nouvelle bibliothèque scientifique », 1966.

en défaut ; on l'attend au détour d'une période, et on en est pour sa présomption : l'astuce, le brillant, tout cela était donné par surcroît. Et ce qu'on a lu ne passera qu'avec le dernier homme intelligent, quand sera venu « le Meilleur des mondes ».

Le thème, la mort, était fait pour l'auteur, et accordé à sa manière : une de ces réalités réalissimes et pourtant qu'on ne peut voir ; qu'on peut tout au plus entrevoir, comme tout ce dont Jankélévitch a choisi de traiter. Qui parlera jamais *de* la mort en elle-même ? « On prendra bien le temps de mourir », dit la sagesse populaire. Ce ne sera pas long : c'est l'affaire d'un instant. Mais de cette expérience intéressante s'il en est, il n'y aura rien à rapporter, puisque passé l'instant métempirico-empirique, il n'y a plus de rapporteur. Parler *de* la mort est donc fatalement parler *autour de* la mort, s'arranger pour *évoquer* l'instant mortel. Le moyen de faire autrement ? Si vite que vous argumentiez sur l'instant, vous resterez à la traîne : les vitesses ne sont pas synchrones. Ici apparaît dans sa vanité la trop fameuse distinction de la forme et du fond : cette prose mobile, coruscante, faussement simple et si simplement acrobatique est la seule qui soit accordée à cette démarche allusive. Cette langue étrange au premier abord, agaçante pour qui l'aborde pour une première fois, est chez le dernier des bergsoniens l'instrument presque parfait que s'est donné le bergsonisme. Non que Jankélévitch ait jamais eu la manière de Bergson ; aussi bien n'en a-t-il point le tempérament.

Mais c'est la phrase elle-même, et sa mobilité incessamment créatrice, qui introduit à l'universelle mobilité et nous met au pas de tout ce qui passe. Elle met en condition le lecteur, le dispose à entrevoir ce qui surgit et jamais ne revient. La légèreté du ton, l'ironie humoresque, rien de tout cela ne trompe, si ce n'est, bien sûr, ceux qui tiennent absolument à se croire trompés, et plus largement ceux qui, de toute façon, se seraient trompés. Pour nous, c'est une partition à déchiffrer, qu'il faut avoir jouée et rejouée pour qu'en agisse le charme. On se met à lire, on entrevoit, et puis la fleur se fane et l'on se demande comment il se fait qu'on n'ait pu prolonger le contact. Il y a du Plotin là-dedans : « Pourquoi donc ne reste-t-on pas là-haut ? »

Si l'auteur systématise pour la première fois ce qu'il conçoit de la mort, les grands thèmes de cette pensée n'en courent pas moins tout le long de l'œuvre, en ce style fugué qui le fait reconnaître entre mille. Aussi avons-nous jugé qu'il pourrait être profitable au lecteur de *La Mort* d'avoir de ces thèmes, tels que les organise et les orchestre ce livre, une vue génétique.

À vrai dire, l'idée de la mort est partout présente dans l'œuvre, au moins de façon diffuse ; une allusion, deux lignes au cours d'un développement, c'est toujours assez pour l'évoquer tout à la fois comme la plus prévisible et la plus surprenante des imminences. Et cela dès les tout premiers livres, ceux d'avant la guerre et les années terribles. Il y aura même, de 1948 à 1966, cinq méditations explicites sur la mort[1], où le lecteur reconnaît, sous des éclairages de circonstance, parfois très différents, l'objet d'une intuition unique, toujours semblable à elle-même depuis les années trente, et qu'il nous faut maintenant retrouver. Dans cette pensée, six thèmes se laissent reconnaître, qu'on retrouvera pratiquement toujours et partout. L'ordre selon lequel nous allons les exposer est le nôtre.

Je signalerai d'abord comme fondamental le thème de la mort inconnaissable, qui apparaît dès 1938, et qui accompagne l'œuvre tout du long. On n'entre pas dans la mort les yeux ouverts. On ne crève pas le plafond de notre finitude. Certes, rien de mieux que de mourir pour savoir le fin mot de la mort. Mais telle est la loi de l'alternative : « Le savoir n'existe que dans l'oscillation vertigineuse de notre esprit entre ces deux impossibilités : la coïncidence, qui serait véridique mais inexistante, – l'éloignement, qui est sang-froid, mais aussi retard et menteuse rétrospection. La connaissance est donc un jeu avec l'insaisissable. C'est toute l'incognoscibilité de la mort (...) : ceux qui pourraient parler ne savent pas, car la mort seule, précisément, pourrait renseigner, – et

1. V. Jankélévitch, *Traité des vertus*, Bordas, 1948, p. 745-753 ; *Philosophie première*, PUF, 1953, p. 46-61 ; *Le Je-ne-sais-quoi et le Presque-rien*, PUF, 1957, p. 177-183 ; *Le Pur et l'Impur*, Flammarion, 1960, p. 68-81 ; *L'Aventure, l'Ennui, le Sérieux,* Aubier, 1963, p. 16-23.

ceux qui pourraient savoir ne disent rien, parce qu'ils sont morts ; de sorte qu'on arrive toujours trop tôt ou trop tard » (*L'Alternative*, Alcan, 1938, p. 13). L'idée se précisera d'un livre à l'autre, se réaffirmera à propos de tout ; rien n'atténuera jamais cette certitude acquise dès le point de départ. Ainsi, il en va de la mort comme de l'art, ou encore de l'amour : « Celui qui le fait n'est pas le même que celui qui en parle » (*Vertus*, p. 111). La mort est « le mystère métempirique par excellence » (*La Mauvaise Conscience*, 2e éd., PUF, 1951, p. 87), même s'il semble perpétuellement donné en pleine empirie. Jusqu'à la dernière fraction de seconde, notre expérience de la mort demeure purement empirique. Rien à savoir : « la mort n'a pas de nature (...). Tout le monde, en somme, est pitoyablement à côté de la question » (*Philosophie première*, p. 149).

Cela dit, on peut toujours parler de la mort dans ce qu'elle est *pour nous*. Il y a même beaucoup à en dire, à commencer par son imminence. Tel est le second thème : « Tout homme est mortel. » La belle banalité que voilà ! Chacun est en droit de répondre qu'il ne le sait que trop. Mais précisément, *ne* le savoir *que trop*, c'est ne pas le savoir *assez*, juste assez, c'est-à-dire comme il faut. Du coup, la certitude d'avoir à mourir comme tout homme est rejetée aux calendes ; elle tend à se confondre avec l'inimaginable fin des temps : ce n'est pas demain la veille... Si bien qu'on est paradoxalement toujours surpris par l'événement sur lequel on est censé être le mieux renseigné. Dès 1938, l'idée était présente : « Nous qui avons vécu dans l'impatience, bâclé une longue et belle durée (...), nous nous arrangerons pour être surpris par la mort ; nous mendierons, déjà centenaires, une petite minute à Monsieur le bourreau... Car la mort, si naturelle qu'elle soit, nous prend toujours au dépourvu » (*L'Alternative*, p. 218-219). C'est que si la mort est certaine, l'heure de la mort ne l'est point, ni le lieu, ni la manière : « Mourrai-je dans mon lit ? À pied ? À cheval, à la tête de mes troupes ? » (*L'Aventure*, p. 22.) Allez le savoir ! « Qui sait si vous ne vous étranglerez pas cet après-midi en mangeant des fraises ? » (*La Mort*, p. 127.) *Mors certa, hora incerta* : en fait, c'est seulement quand l'heure sera venue que je saurai *autrement* – et à quel point ! – ce que tout le monde sait conceptuellement de l'universelle mortalité, car alors j'aurai « réalisé », comme on dit, que tout ce qui finit est court, et que la mort n'advient pas seulement aux autres.

S'il en est ainsi, on comprend – et c'est le troisième thème – que les hommes ainsi menacés se soient défendus de toute la force de leurs philosophies. Les différentes sagesses auront décidément tout mis en œuvre pour étouffer le scandale. Bien sûr qu'on meurt ! Mais quelle importance ? Et d'abord, c'est moins grave que vous ne pensez ! Un paravent à crever, comme dans la pièce de Genet : « Par exemple ! Et dire qu'on fait tant d'histoires ! » Depuis 1947, Jankélévitch a pourchassé sous toutes ses formes cette sagesse « faite d'apathie, d'ataraxie, d'anesthésie et d'analgésie, sagesse dokétiste » (*Le Mal*, p. 116). La chose n'apparaît pas moins de sept fois dans les *Vertus*, où l'on dénonce les facilités de la sagesse antique, qui se borne à « subalterniser la mort », et donc qui la futilise. Le même thème se retrouvera par la suite dans chaque livre. Il y a d'abord l'intellectualisme socratique. On est quasi choqué de la légèreté de ces gens. Socrate, à l'article de la mort, s'endort comme dans son lit, entouré d'amitiés vigilantes : « Ah ! La belle mort athénienne, toute submergée de dialectique et de bavardages subtils et sans une seconde de silence et de recueillement solitaire avant l'instant tragique » (*Vertus*, p. 344). Mais quoi d'étonnant ? Relisez le *Gorgias*, le *Phédon*. Reprenez votre Platon en son entier... Dans la perspective où le corps-tombeau est la première des cavernes d'où il faut s'échapper, l'incarnation en vérité est incarcération. *Soma sema* : en ce cas, la mort est la grande purification, la levée d'écrou qui va refaire de nous des pensées pures. Mieux : la mort apparaît finalement comme le comble de la philosophie, et le *Phédon* est dans son rôle quand il en recommande la méditation habituelle au sage. La purification plotinienne rend le même service à qui tient l'au-delà pour sa vraie patrie : « Dans l'attente de la grande mort purifiante, l'impur peut commencer à mourir dès cette vie » (*Le Pur et l'Impur*, p. 75), puisqu'il fait « de la mort je ne sais quelle survie et de la vie une mort à petit feu : car il y a sans doute solidarité entre une conception thanatomorphique de l'existence et une représentation biomorphique de l'inexistence» (*Philosophie première*, p. 18). De même «l'illusionnisme épicurien» (*Vertus*, p. 125) qui va répétant que la mort ne nous concerne en rien. De même le stoïcisme, qui «subsume la mort sous des catégories impersonnelles» (*Vertus*, p. 474) et prodigue d'une voix désabusée ses consolations pour veuves spartiates. De même toutes les palingénésies, qui font de la mort, événement semelfactif, «un incident fréquentatif, un épisode banal, périodique et superficiel sur fond d'éternité» (*Le Pur et l'Impur*, p. 83). De même enfin, tout en bas de l'échelle, les liturgies sociales : «Les faire-part, nécrologies, cérémonies du deuil nous servent à minimiser la mort... Devenue pudiquement "décès", la mort deviendra après toilette un événement mondain, comme les "grands" mariages et les *garden-parties*» (*Le Je-ne-sais-quoi*, p. 183). En résumé, telle fut la tactique «d'une sagesse qui réduisit le malheur maximal de la mort à une simple apparence» (*La Mauvaise Conscience*, 2e éd., p. 79).

Mais c'est le contraire qu'il faut faire, et ne rien celer du scandale de la mort, du péril de mort «qui dénude notre destin» et fait apparaître sa dimension métaphysique. Tel est le quatrième thème. Dès 1933, à propos de l'irréversible, «la minute irréparable», l'instant de la mort est donné comme consacrant la faillite ultime de toute futurition. Tout s'en va, et de cette vie rien jamais ne reviendra. Or ce qui rend si solennelle notre durée, c'est précisément l'irréversible. Ainsi, c'est la mort qui fait que quelque chose arrive, par la conscience qu'elle nous donne de l'irréversibilité du temps. C'est elle qui pathétise et dramatise et passionne la durée : « La fruition dans l'instant est d'autant plus passionnée et fiévreuse qu'il faut renoncer au "bis" comme à une chimère » (*La Mauvaise Conscience*, 2e éd., p. 55). C'est elle encore qui rend aventureuse toute aventure, n'y entrât-elle qu'à dose homéopathique. Plus largement, « la vie (...) est une construction animée et limitée qui se découpe dans l'infini de la mort » (*La Musique et l'Ineffable*, A. Colin, 1961, p. 163-164), comme la musique tranche sur le silence. « La créature finie est immergée de la tête aux pieds dans sa mortalité comme dans un *a priori* qui devance et colore sa vie entière » (*Le Pur et l'Impur*, p. 191). Négation tragique, « non-être radical au cœur de l'être » (*L'Aventure*, p. 50), la mort fait de nous des êtres sans futur, dont la condition est d'autant plus sérieuse. Ainsi mourir est bien le seul acte absolument vrai de l'existence, l'acte où l'absolue présence se mue en absolue absence, l'acte auquel nul « après » ne succède, et qui donne à la destinée unique de qui va le poser – dans cinq minutes ou dans cinquante ans – une densité ontologique inconcevable. Ainsi, à la lumière de la finitude dévoilée, tout moment, tout *kairos* est *apax* : il n'a jamais lieu qu'une fois. Et la mort, finalement, révèle la vie de chaque homme comme un *apax* subsistant.

Si bien que le fait de la mort – ce sera le cinquième thème – apparaît comme la face négative de « l'incomparable haeccéité » de la personne, de l'ipséité sans pluriel et sans récidive dans les siècles des siècles. Dès la première édition de *La Mauvaise Conscience*, le philosophe de trente ans pressentait une vérité à laquelle peu de gens, dans la Sorbonne de ce temps-là, accordaient du crédit : « Un secret instinct nous avertit que chacune de nos expériences est quelque chose d'unique, une espèce de miracle qui ne se renouvellera plus. Mais tels ne sont pas seulement nos plaisirs, les divers contenus et événements de notre vie : notre personne tout entière porte en soi je ne sais quoi d'exceptionnel et de catastrophique, qui est donné une fois pour toutes et qui est vraiment quelque chose d'absolu. » Cinq ans plus tard, le thème a pris toute sa consistance : « La personne n'est-elle pas l'extrême limite de la singularité (...), la rareté tellement rare, et si exceptionnelle, si aberrante qu'il n'en existe pas dans le monde deux exemplaires semblables – en somme l'*apax* par excellence ? » (*L'Alternative*, p. 212.)

Par-delà les drames de la guerre, cette affirmation de l'unicité personnelle va prendre une résonance tragique et se détacher sur fond de mort. Car l'ipséité, figurez-vous, est mortelle : elle meurt, elle qui est « la seule fois », la très seule fois dans toute l'éternité. Aussi la seconde édition de *La Mauvaise Conscience* va-t-elle orchestrer en mineur, et d'une façon poignante, le thème de l'unicité, articulé dix-huit ans auparavant.

Ipseitas moritura : le drame est là, car il eût fallu, n'est-ce pas, ou être unique et ne point mourir, ou alors être mortel mais n'avoir point le sentiment de l'unicité... Mais cette unicité, cette monade « au prix hors de prix », tient son prix, précisément, de sa disparition imminente, car « le pur fait de l'ipséité personnelle ne se retrouvera plus dans toute l'éternité ». *Never more.*

Chaque livre désormais va tailler l'une des faces de cette énigme aux feux insoutenables et maléfiques. Les références ne manquent pas. « Un solstice se recommence, mais une maturité ne se recommence pas (...). Le court, le radieux été de la vie est une occasion unique en vue de laquelle la créature joue son tout ou rien. Ne manquez pas cet unique mois de juin de la vie ! » (*L'Austérité*, p. 38.) L'homme, spectateur de tous les recommencements, sait qu'il ne recommencera rien. Aussi, pourquoi attendre qu'il soit trop tard pour revaloriser le temps ?

Dès 1938, Jankélévitch avait fait choix de la maxime de Sénèque : *Omnis dies velut ultimus ordinandus est.* Mieux : « Comme si ce jour, n'importe lequel de nos jours, était à lui seul toute une vie » (*L'Alternative*, p. 218). La guerre et la vie quotidienne ont respecté la teneur du message, mais le lecteur attentif aura observé qu'elles en ont changé le ton.

Sixième et dernier thème, qui découle du précédent et qui, sans en garantir l'objet, rend possible l'espérance : la mort anéantit tout de la vie, *sauf* précisément ce fait que la vie *a été*, que l'ipséité unique, inexplicablement, est venue faire trois pas dans le temps, « trois petits tours et puis s'en vont ». Curieusement, ce thème n'apparaît chez Jankélévitch qu'au moment où, vers 1947, l'ombre de la mort s'allonge sur chacun de ses livres, et il prend avec les années une consistance de plus en plus ferme. La vie ne nous a été donnée qu'une fois et elle ne sera pas répétée, écrit-il dans les *Vertus*. Inintelligible que l'ipséité soit unique, inintelligible qu'elle ressuscite ou se réédite comme une marchandise de série. Pourtant, cet être qui ne surgit qu'une fois du néant, cette sorte de grand instant qu'est la vie entière au sein de l'éternité, comment comprendre cela ? Vraiment, « ce passage d'un être unique, inimitable, incomparable, irremplaçable qui surgit sans rime ni raison du néant éternel pour y faire retour quelques années après, ce passage est une apparition métaphysique » (*Philosophie première*, p. 245). Tout passe, tout se dissout ; indestructible est pourtant le fait d'avoir été. Au fond, la mort fait tout au plus *comme si* la vie n'avait pas été vécue : « Elle abolit peut-être les traces et jusqu'au souvenir de l'incarnation. Mais la mort ne fait pas *que* la vie n'ait pas été vécue, elle ne fait pas que le fait de la vie en général soit chose nulle et non avenue, que quelqu'un n'ait existé, péché, regretté, souffert et à jamais disparu » (*Le Pur et l'Impur*, p. 90). Ce n'est pas assez pour être sûr de quoi que ce soit qui aille au-delà ; c'est à peine suffisant pour espérer, mais il y a pourtant de quoi méditer là-dessus indéfiniment.

Tels étaient donc, jusqu'à ces derniers temps, les thèmes épars mais constamment réaffirmés, d'une pensée sur la mort dont ce livre a fait, en les rapprochant, une doctrine. Car on ne s'étonnera pas de les retrouver, ni de les voir se renforcer les uns par les autres : si profondément dans le temps s'enracine cette pensée ! C'est même l'un d'eux, le thème de l'inconnaissable mort, qui a fourni au livre son plan : qu'en est-il de la mort « selon les trois temps du Temps » – entendons : de la mort « en deçà de la mort », de la mort « dans l'instant mortel », de la mort « au-delà de la mort » ?

En fait, la philosophie citérieure de la mort est ou bien une pseudo-pensée ou bien une allégorie de la vie. Les philosophes et les ermites sont censés prendre la mort comme sujet de méditation. Mais que veut dire, en rigueur de termes, méditer *la* mort ? En fait, il faut bien le dire, « cette tête de sage reste aussi vide que le crâne sur lequel elle médite[1] ». La pensée du rien étant un rien de pensée, une telle méditation n'est qu'« une variété de somnolence ». Tout ce qu'il est possible de faire, c'est de penser autour, ou à propos de, *peri*. Il n'y a pas de philosophie possible de la mort, sinon apophatique. Mais alors, puisque la mort est incontestablement « le non-être de tout être et le non-sens de l'essence », une philosophie négative de l'absolue négativité n'est-elle

1. Cette citation, comme toutes celles qui vont suivre, est extraite de *La Mort*, *op. cit.*

pas une gageure ? Car sa ténèbre n'est pas révélatrice, comme pour le Pseudo-Denys « l'obscurité supra-lumineuse ». Loin que la mort donne un sens à la vie, elle est le contresens de ce sens ; elle est « l'absurde non-sens caché au fond de ce sens ; loin d'être une profondeur pleine de sens, la profondeur mortelle est une profondeur vide ». La finalité de la naissance en est ébranlée, « et en général l'utilité de la minuscule promenade que la vie nous fait faire dans l'éternité du néant ». Et sans doute est-ce là le seul sens que pourrait prendre la mort, et qu'elle récupère de façon tout indirecte : « En creusant au cœur de l'être le vide du non-sens, la mort nous oblige à chercher pour cet être des fondations absolues (...). La porte close fait penser à l'au-delà qui commence par-derrière. » Mais encore faut-il songer que la mort, qui est annihilation, limite, annihile tout, et jusqu'à la pensée qui pense un au-delà de l'annihilation. Si la *via negationis* pose Dieu comme ineffable, si je puis dire, par supériorité, la mort, elle, est indicible pour cause de vide. Il y a sur la comparaison des deux silences, silence mortel et divin silence, *arreton* et *aphaton*, des pages admirables et neuves, qu'on voudrait recommander aux amateurs d'ontologie, à supposer qu'il s'en rencontre beaucoup aujourd'hui. Après cela, il suffirait, sans doute, de dire que la mort « est le rien de notre tout psychosomatique ». Avec cela, on a tout dit. Mais a-t-on dit grand-chose ? « Il appartient au simplisme (...) de méconnaître l'amphibolie de l'*A priori* mortel. Or (…) la vie s'affirme *malgré* la mort et contre la mort et en dépit de la mort, mais en même temps et au même point de vue la vie n'est vitale que *parce que* vouée à la mort ; la mort est l'organe-obstacle de la vie. » C'est bien la menace du retour à l'informe qui entretient la tension de la vie. Mais « le temps par lequel l'être vivant s'affirme en niant le non-être de la mort est lui-même une mort progressive… Le quasi-inexistant devient sans cesse un peu plus existant, tout en marchant vers l'inexistence ! » C'est là ce qu'il faut finir par admettre, en dépit de l'oppression que cause à la conscience l'annulation du futur : un jour viendra où il ne sera plus question de se refaire un horizon, de se tailler dans la temporalité un tout petit dernier reste de carrière. Plus personne parmi les anges pour empêcher que s'accomplisse ce qui doit s'accomplir. Plus de demain. *Hora est.*

Celui qui veut en avoir le cœur net a donc tout à apprendre de l'instant mortel. Las ! « Comment l'intuition du mourant fixerait-elle une fulguration ou un signal dont elle n'est, par définition, jamais contemporaine, auquel elle n'est jamais coextensive ? » Les vivants assistent le *moribundus* dans l'*agon eschatos* ; ils accompagnent le *mortuus* à sa dernière demeure. Mais le *moriens*, qui l'accompagne tandis qu'il *passe* ? « Dépareillé » est l'instant mortel. Il est hors catégories, et il élude donc toute conceptualisation. Il n'est pas rien ; il est « presque rien » ; « le presque-rien de l'instant mortel est le seuil de deux mondes, et en même temps, il n'appartient ni à l'un ni à l'autre : il est à la fois *utrumque* et *neutrum* ; il est une date de notre biographie, mais il consacre l'anéantissement de toute chronique ». On ne meurt qu'une fois – mais c'est la bonne : rien ne vient prolonger, fût-ce de façon infinitésimale, cet instant-là. « La nihilisation mortelle [exclut] toute continuité souterraine, toute conservation clandestine. » Le néant commence *tout de suite* après, puisqu'il n'y a *pas* d'après, et il durera toujours, si tant est que le rien puisse être dit durer toujours. Rien à éluder, rien à banaliser en cela ; toutes les doctrines font long feu, quand on a une bonne fois compris. On conçoit aussi pourquoi l'Adieu est depuis la nuit des temps un thème élégiaque et lyrique. C'est que l'Adieu est une allusion à la mort : « Les petites morts de la séparation sont une ellipse de la grande séparation de la mort. » La vie est une « brève rencontre », une aventure semelfactive que bornent aux deux extrémités le tout premier et le tout dernier instant. Au-delà… Mais ici, que veut dire « au-delà » ? « Telle est l'amère et sérieuse vérité à laquelle les adultes doivent faire face quand ils ont abandonné pour toujours les douces illusions et les contes de fées des petits enfants. »

Car de la mort au-delà de la mort, que dira-t-on qui vaille ? C'est le temps des spéculations – le temps des survivants : c'est le seul désir de l'immortalité qui tient au-delà de la mort pour un avenir. Mais une hirondelle ne fait pas le printemps, et une espérance n'a jamais compté pour un futur. Quitter le temps de l'histoire, c'est s'excuser de tout avenir. N'ayez donc pas peur de l'au-delà. Mais la fin de nos craintes n'est pas la paix de la raison. Certes, absurde est la survie, qui par-delà le vide de la mort prendrait la relève de nos présents virés au passé. Et pour faire revivre *quoi*, s'il vous plaît ? Une essence pensante ? une âme subsistante ? « Si l'âme ne va nulle part après la mort, c'est qu'à vrai dire elle n'était déjà nulle part pendant la vie. » Mais si la survie est absurde, absurde tout autant est la nihilisation, qui n'a de quoi contenter rationnellement personne, sinon le tout petit rationaliste, celui qui « y croit », qui croit passionnément au néant comme son homologue croit en Dieu et en la résurrection. « Invoquer la nihilisation, c'est démissionner devant le mystère. » Le seul fait, dirais-je, de *commencer d'être* crée des droits à la raison – et des obligations à la nature ou au Créateur, ou alors, comme l'a si bien dit Camus, c'est l'absurde. Et c'est hélas ! le cas. Le roseau pensant peut bien savoir qu'il meurt, et Pascal y voir une supériorité, mais enfin, il meurt, son roseau supérieur, et c'est encore un peu plus scandaleux qu'il meure le sachant ! Interrogée, la nature ne répond rien, et les dieux trop de choses. Si Er, fils d'Armenios, en raconte si long sur le temps qu'il a passé chez les morts – il dit même que c'est un spectacle qui valait la peine d'être vu –, c'est la preuve qu'il n'y est jamais allé... Le Pamphylien n'a rien vu du tout, ni

Lazare, ni Jésus sortant du tombeau – et d'ailleurs eux ne disent rien. Depuis qu'il y a des hommes, et qui meurent, le secret est bien gardé. Dieu lui-même pourrait-il quelque chose pour notre entendement ? « Nous avons de bonnes raisons de croire à la nécessité de la mort, et nous n'en avons aucune de conclure à l'existence d'un Dieu irrémédiablement caché… Le sauveteur n'est pas du même ordre que le naufrage. » Mort et immortalité sont aussi incompréhensibles l'une que l'autre : voilà du moins ce qu'on peut avancer en toute vérité. Ce n'est pas peu de chose. Car « il n'est pas exagéré de dire que l'inintelligibilité du néant est notre plus grande chance, notre mystérieuse chance ». Encore une fois, si la mort détruit tout, elle ne peut nihiliser le fait d'avoir vécu. « Si la vie est éphémère, le fait d'avoir vécu une vie éphémère est un fait éternel. » Ainsi, « la vie et la mort sont un seul miracle, et dans la même nuit ».

Sur ces mots s'achève ce livre qui a épanoui sur le plan métaphysique ce que promettait depuis trente ans et plus une pensée dont nous avons suivi la croissance. Haute est la consolation, et peu nombreux ceux qui y atteindront. Il est vrai qu'elle est homogène aux prises de conscience que vaut le livre à ses lecteurs. Cette douceur-là n'est promise qu'à ce degré d'amertume, et cette quasi-lumière n'est donnée qu'à ceux qui ont à ce point cheminé dans la vraie profondeur de la nuit.

1971 : le temps des Amicales

Nous avons donc appris, ce dernier printemps, que le *SS-Obergruppenführer* Lammerding, au terme d'une vie remplie de tâches diverses, s'était éteint, ravi prématurément à l'affection des siens et à l'admiration d'Allemands enchantés d'avoir servi sous ses ordres. Lors de ses obsèques, fort recueillies, on n'a pas hésité à faire de lui une espèce de chevalier sans peur et sans reproche. Ces tout derniers jours, nous avons également appris que la petite ville de Rosenheim, quelque part en haute Bavière, a été le théâtre d'une vraie fête de famille, puisque les quelque trois cents survivants de la division blindée *Das Reich* s'y sont groupés en Amicale. Nous avons tout appris sur cette réunion du souvenir et jusqu'au montant de la cotisation annuelle. Un hebdomadaire nous a même régalés de quelques visages – édifiants, s'il est vrai qu'à cinquante ans tout homme soit responsable du sien –, de ces paladins retraités, reconvertis depuis trente ans dans l'épicerie, les travaux publics ou les transports en commun. Heureux guerriers qui ont encore, après tant d'années, la joie de se rappeler ensemble, dans la fumée des cigares, le bon vieux temps d'Oradour ! Heureux pays qui peut offrir, sans problème aucun, à ces élites sans emploi du fait des circonstances, d'aussi efficaces recyclages ! Ainsi, chacun a les chevaliers qu'il peut et les Bayard qu'il mérite, ces épiciers aussi et ses entrepreneurs : des goûts et des couleurs on ne discute pas.

Au reste, la question n'est pas là. Ce qui surprend, c'est que d'aussi intéressantes informations tombent quasi à plat aujourd'hui, de ce côté-ci du Rhin. Les uns auront pensé que tout cela était de l'histoire ancienne, qu'il urgeait d'oublier enfin, pour autant qu'elles ne le soient pas encore, les vies et les choses des années quarante. D'autres, compréhensifs, auront estimé qu'après tout, les Allemands avaient payé assez cher un moment d'égarement au lendemain du *Diktat* de Versailles : ils n'avaient jamais fait, n'est-ce pas, que plébisciter, un sauveur, pour momentané qu'il soit. Là encore, je dirai : à chacun son genre de sauveur, fût-il momentané. Et puis, n'y a-t-il pas l'avenir à construire, l'Europe à bâtir, les jumelages à réussir, le commerce à développer… ?

Je sais bien que des urgences toujours nouvelles ont tenu trente ans durant le monde en alerte. Je sais aussi que les souvenirs s'amenuisent, et, avec eux, beaucoup de fidélités au départ sincères. Le silence finit toujours par l'emporter, où victimes et parents des victimes ont enfermé leur chagrin, où les criminels peuvent, à tout le moins, quand la grâce leur en a été donnée, tenter de se faire oublier. Encore faudrait-il que ce silence, les bourreaux le respectent. Qu'ils le mettent à profit pour disparaître, puisqu'ils le peuvent. Et puisque nul Dieu ne pourrait faire que leurs crimes n'aient point existé, qu'au moins ils s'exercent à devenir transparents. Hitler, du moins, s'était suicidé, et Heinrich Himmler, l'éleveur de volailles, devenu au pays du recteur Martin Heidegger, grand inquisiteur et maître de toutes les polices, et Goebbels, l'homme si l'on peut dire, de la radio. Mais voilà que ce qui reste de ces bandes trouve le moyen de se constituer en Amicale ! Et que ces gens ont parlé, Dieu me damne, de leurs idéaux ! Nous ne savions pas encore qu'à l'abominable, on pouvait ajouter l'incongru, le grotesque. Du moins, pas jusqu'à ce point.

Or, dans le temps de ces retrouvailles germaniques, dans le temps des photos de groupe et des guirlandes vertes, un livre de cent pages a paru, dont personne ou presque n'a parlé : *Pardonner ?* Il est vrai que l'auteur y traitait en philosophe d'une chose dont il est malséant de parler à présent, d'une chose dont il ne sied pas de parler sous peine de manquer aux convenances. Cet ouvrage, le dernier en date de Vladimir Jankélévitch, est à ma connaissance le premier ouvrage proprement philosophique écrit à la mémoire des pitoyables victimes de la barbarie nazie, et notamment des quelque six millions de Juifs sacrifiés, comme cela, parce que c'étaient eux, dans les camps allemands de la mort au cours de la dernière guerre, celle dont on ne souvient plus. Je voudrais parler de ce livre précisément parce qu'il empêche – avec quelle obstination têtue, avec quelle obstination tragique – qu'on passe comme tant de gens le voudraient aujourd'hui, à d'autres sujets, plus intéressants pour les hommes de bonne volonté d'une époque toute neuve. Il faut remercier Jankélévitch de nous avoir, une fois de plus, empêchés de parler trop vite d'autre chose, au temps où se constituent d'aussi intéressantes Amicales.

On me dira peut-être : qu'a donc à voir la philosophie avec cela ? Je réponds : *cela*, c'est quand même beaucoup de choses, les pauvres corps percés de balles et calcinés d'Oradour, les pendus de Tulle, les petits enfants tirés comme des lapins, comme cela, pour se distraire un peu, les expériences médicales, les aveux dans les caves aménagées et cette immense montagne de cendres misérables à qui personne jamais ne rendra vie... Si la philosophie n'avait rien à voir avec *cela*, c'est pour le coup qu'elle ne vaudrait pas une heure de peine. Mais qu'on se rassure : la philosophie est partout présente dans ces quelques pages, révélant une dimension insoupçonnée de ces horreurs sans nom : une dimension métaphysique. Portée proprement ontologique du non *licet esse vos* (pour le dire comme Néron) de Hitler résolvant comme on sait la « question juive » ;

caractère imprescriptible, en rigueur de termes, des crimes nazis ; bonne conscience des criminels et fils de criminels (Oh ! l'Amicale...) ; inconsistance éthique des « non-concernés », comme on dit joliment aujourd'hui, comme s'il pouvait y avoir, dans cette affaire, des non-concernés !

Suite tragique d'un autre livre, *Le Pardon*, paru en 1967, scholie bouleversante, le petit livre oppose aux propres thèses de l'auteur la plus existentielle, la plus insoutenable des contradictions. Or, Vladimir Jankélévitch n'a pas craint, parce qu'il est philosophe comme on ne l'est plus guère, de soumettre sa propre pensée à cette épreuve, sévère et sans retour comme une ordalie. Car cette épreuve est son épreuve. Pardonner ? – Mais « le pardon est mort dans les camps de la mort ». Et, c'est pourquoi, maintenant, sans qu'on y puisse rien, « il existe entre l'absolu de la loi d'amour et l'absolu de la liberté méchante une déchirure qui ne peut être entièrement recousue. Nous n'avons pas, dit-il, cherché à réconcilier l'irrationalité du mal avec la toute-puissance de l'amour ». Après cette méditation navrée, personne, je pense, ne s'y exercera plus.

Vladimir Jankélévitch, l'absolu entrevu

Qu'aurait été Platon s'il n'avait rencontré Socrate ? De même Diogène de Sinope sans Antisthène ? Sans Épicure, qu'aurait pu dire Lucrèce *de rerum natura* ? Pas d'*Ennéades* sans Ammonios Sakkas, grâce à qui Plotin a mieux connu Platon. Plotin ? « Platon ressuscité », dit Augustin. On trouverait bien d'autres exemples de ces rencontres. Si toute philosophie est unique, dès lors qu'elle émane d'une ipséité elle-même unique dans le temps comme dans l'éternité – et là, c'est du Jankélévitch que je cite –, elle n'est pas pour autant une génération spontanée surgie *ex nihilo*. On est toujours, si peu que ce soit, inspiré par quelque philosophe. Jankélévitch l'était par Bergson, qui lui-même l'était par Plotin. C'est ainsi qu'en 1924, Jankélévitch présenta les *Ennéades* (I, 3) en vue du diplôme d'études supérieures (aujourd'hui master). Une étude éditée soixante-quatorze ans plus tard par deux étudiantes, et que j'ai préfacée. Oui, Jankélévitch était un maître. Et sans nous comparer à ces dieux de la philosophie que je citais, ce qui serait désopilant, je puis bien dire que sans lui, notre « vision du monde », notre *Weltanschauung*, pour parler comme Heidegger – histoire de taquiner sa mémoire, car ce penseur-là n'était pas des siens –, aurait été différente, la mienne en tout cas.

Ainsi Vladimir Jankélévitch était-il de ceux dont la rencontre décide d'une vie ; à qui l'on doit d'être soi pour de bon et de se connaître, comme le voulait l'inscription de Delphes : « Connais-toi toi-même. » Rien à voir avec ce que Jankélévitch appelle, dans le *Traité des vertus,* « la conscience bien contente qui s'installe dans la stupide vanité d'être ce qu'elle est ». Mais, autant le dire tout de suite, sa philosophie ne se résume ni ne se dissèque. Je ne puis ici qu'en évoquer l'ambiance, espérant tout juste donner l'envie de s'y perdre et donc de s'y trouver. En mieux.

À qui la découvre, cette philosophie apparaît comme une seule et même journée. Lisez *L'Ironie ou la Bonne Conscience* de 1936, et vous voilà contemporain des deux éditions du *Traité des vertus*, de 1949 à 1978. Plongez-vous dans *Philosophie première* de 1953 et dans *Le Je-ne-sais-quoi et le Presque-rien* de 1957 – selon moi essentiels –, et c'est le même air que vous respirez, découvrant le jamais-vu dans le déjà-vu. Tant il est vrai, selon Bergson, que le philosophe, le vrai, a une chose à dire et que, pour la dire, sa vie n'est pas de trop. Un grand moment, donc, où à propos de tout, une seule et même chose vous est dite, et d'emblée vous savez que c'est la seule qui compte : la raison se satisfait du mystère dès lors que c'est de l'Absolu qu'il s'agit. De l'Absolu seulement entrevu. « L'intuition philosophique est cette pensée infinitésimale ponctualisée, instantanéisée à la ressemblance du fiat initial » *(Philosophie première).* On ne sera jamais que « sur le point de comprendre ». Une chance sur laquelle on ne comptait pas.

N'allons donc pas ordonner les livres hérités de Jankélévitch en grands ensembles : la nature des choses, la morale, l'esthétique, et bien sûr la métaphysique. Quant à ce dernier point, lui-même vous en décourage à sa façon : « Et pour quelle longueur d'onde, s'il vous plaît, l'excitant physique tournerait-il au métaphysique ? » *(Philosophie première.)* De la métaphysique, vous en ferez tout du long, dès lors que vous aurez pris conscience du surgissement sous vos yeux d'un monde contingent, et de cet espace-temps rationnellement injustifiable, et de la présence – mais pour combien de temps ? – d'une ipséité unique dans l'éternité : la vôtre. La vôtre, unique au milieu d'une infinité d'autres, uniques tout autant.

Fini pour vous, comme cela le fut pour moi, le temps des ontologies qui ont tout vu et rien entrevu ; des enfilades de certitudes sans l'ombre d'une perplexité ; des logomachies des « penseurs sachant penser », qui finalement ne doutent de rien. Mais vous viendra, et c'est assez, l'espérance d'entrevoir un instant l'absolu d'où procède l'incompréhensible. Quelque chose de simple, « d'extraordinairement simple... Si simple que nous nous demanderons, le jour où nous saurons, comment nous n'y avons pas pensé plus tôt » *(La Mort).*

Petits meurtres entre moines : au sujet d'Umberto Eco

« Cathares, joachimites, vaudois, béguins, patarins, bogomiles, fraticelles, dolciniens ? Maître, je n'y comprends plus rien », avoue Adso de Melk, le novice, à Guillaume de Baskerville, l'inquisiteur retiré du service pour cause de scrupules. Telle est bien l'ambiance de cette fin d'année 1327, peinte par Umberto Eco dans *Le Nom de la rose*, un roman où intrigue policière et débats théologiques s'entremêlent. En fait, cette effervescence du monde chrétien émane des deux siècles précédents. À la suite de l'évolution de la société, de la croissance des villes et du commerce, la différence de niveau de vie s'accuse entre paysans, marchands, clercs, seigneurs. Avec l'émergence du laïcat, on se scandalise du relâchement des gens d'Église : un clergé enrichi prêche la vertu aux indigents... C'est pourquoi on n'a jamais représenté autant d'Apocalypses, de Jugements derniers, de diables convoyant aux Enfers bourgeois, seigneurs et prélats. Des mouvements contestataires se lèvent, appelant à la pénitence, à la sainteté de la primitive Église, comme à Milan les patarins (vers 1055). D'autres mouvements, hérétiques ceux-là, emprunteront ce nom, ce qui accroîtra la confusion. Même propos chez les cathares, mais cette Église ésotérique est un cas à part. Dualistes, ils rejettent la chair, donc l'Incarnation, dans les ténèbres du Mal, le Christ étant la Lumière et la consolation. Dualistes aussi, encore que d'une tout autre secte, les bogomiles de Bulgarie, ou bougres.

Mais dans l'Église même, on aspire à la rénovation. L'ermite Joachim de Flore (1135-1202) prétend révéler le sens des Écritures à partir de l'Apocalypse. Il y aurait trois âges du monde : du Père, du Fils et, passé le millénaire, du Saint-Esprit. Il précise même que l'avènement de ce dernier se produira en 1260. L'Église en sera renouvelée, et régneront l'empereur de la paix et le pape angélique. Ferveur réformatrice aussi, mais musclée, du politique et du religieux chez le chanoine Arnauld de Brescia, brûlé en 1155, et les arnaldistes, ses disciples. De même chez Valdès (vers 1140-1217) et les vaudois, ou pauvres de Lyon. Sans domicile fixe, vivant d'aumônes, ils vont par les chemins en prêchant à la façon, pensent-ils, des Apôtres, refusant tout d'une Église jugée corrompue, y compris les sacrements. Même motivation chez les humiliés de Lombardie, qui parfois rejoignent les vaudois, et chez les bégards ou béguins, mouvement d'artisans épris de vie pauvre et sainte, que le clergé, tout comme le pouvoir séculier, ne voit pas d'un bon œil.

La venue de François d'Assise (1182-1226), qui prêche la pauvreté évangélique et fonde l'ordre des frères mineurs, ou franciscains, permet à l'Église catholique de reprendre le contrôle de ces initiatives passablement anarchiques. Mais voilà qu'à l'intérieur même de l'ordre, qui entre-temps a acquis une importance considérable, certains frères radicalisent encore leur exigence de pauvreté. Ils en font un absolu : selon eux, le Christ n'a jamais rien possédé en propre. On les appelle les « spirituels », parmi lesquels on trouve Pierre Dejean-Olieu ou Pierre de Jean Olivi (mort en 1298), Ange Clareno, Ubertin de Casale (vers 1259-1328). Ils trouvent un soutien en la personne de Célestin V, mais la démission de ce saint pape les abandonne aux tracasseries de Boniface VIII et de Jean XXII, pour qui la pauvreté n'a que peu d'attrait. Ajoutons à cela les multiples communautés plus ou moins issues de l'ordre franciscain, qu'on appelle *fraticelli*, plus irresponsables que vraiment dangereuses.

Plus inquiétants déjà sont les apostoliques, qu'on appelle aussi pseudo-apôtres, disciples de Gérard Segarelli de Parme. Reprenant à son compte les prophéties de Joachim, il confirme pour 1260 le dernier âge de l'humanité, et il entraîne les foules vers une libération où, finalement, tout serait permis aux frères régénérés par l'Esprit. Segarelli une fois brûlé (1300), Dolcino de Parme lui succède. Selon lui, la fin des temps est imminente. Il s'agit de préparer la descente de l'Esprit-Saint en massacrant tous ceux qui d'avance sont exclus du nouvel âge du monde, à commencer par les clercs et les fidèles de l'Église. Il faudra une croisade, en 1307, pour venir à bout du dernier carré des dolciniens.

On se doute bien que, dans un tel imbroglio, l'Inquisition ne chôme pas, ratissant large, attribuant aux uns les hérésies des autres, en inventant au besoin. Au reste, l'aide toujours disponible du « bras séculier » facilite l'obtention d'aveux circonstanciés, écourtant d'autant la procédure. Bernard Gui, l'inquisiteur du *Nom de la rose*, n'est pas un personnage de fiction. Son manuel, si instructif, s'intitule *Méthode, art et procédés à employer pour la recherche et l'interrogatoire des hérétiques, des croyants et de leurs complices.* Il a fait l'objet d'une édition bilingue… L'occasion d'en savoir plus.

Goudji, l'or et les pierres

L'or et les pierres : matière à quoi le génie donne une forme, dirait Aristote. Les œuvres de Goudji : autant d'objets d'or, de pierre et de génie. De génie au sens premier du mot : de ce qu'on voit depuis toujours sans tellement le regarder, et que depuis toujours on regarde sans tellement l'avoir vu, le génie sait tirer ce à quoi nul n'aurait seulement pensé. « Résolu à ne plus rien faire d'autre que créer », comme dit de son père Stéphane Barsacq, le génie fait surgir du déjà-vu un jamais-vu que l'on n'oubliera plus. Contempler un Goudji, c'est voir soudain un objet s'accomplir. C'est consentir au dynamisme inattendu qui soudain vous entraîne. C'est en accompagner le mouvement qui se poursuit et se poursuivra dans l'espace et dans le temps. Ainsi, regardant *L'Oiseau de feu*, *La Haquenée d'or à l'oiseau* ou encore cette crosse abbatiale de Saint-Maurice de Clervaux, je me sentais entraîné dans le parcours de chacune de ces créatures naissant là sous mes yeux… Le chemin qu'elles continuent de faire, qui va de tous les possibles vers le seul réel, du limité vers l'infini, du lieu vers l'ubiquité, de cet instant vers l'éternel. Et me revenait cette intuition qui parfois me saisit, si ancienne et toujours si nouvelle, dirait saint Augustin, quand le monde surgit là, sous mes yeux, émanant d'un principe au-delà de tout ce que j'en pourrais penser et dire. « Au-delà même de l'essence », dit Platon. Notre monde qui ne tient son être que d'aspirer à cet au-delà de tout dont il procède. Ainsi Goudji nous éveille à l'étonnement, dont Platon a dit qu'il était le commencement de la philosophie. Dans l'œuvre de Goudji, on l'aura compris, rien n'est figé, rien n'est daté, rien n'est statique. Pour lui, le passé n'est jamais qu'un futur que nous ne savons plus ou ne savons pas encore déchiffrer. Quant aux cultures des pays que le sort – la fortune, aurait-on dit à Athènes ou à Rome – a assignés à Goudji pour y créer sa propre liberté, elles s'y croisent sans s'y confondre. Elles s'entre-exaltent de leurs dissemblances et de leurs connivences d'un instant dans l'esprit de l'artiste. Je dirais que de ces formes *a priori* de la sensibilité dont parlait Kant, de l'espace et du temps, Goudji a su tirer cette omniprésence de l'instant, car voilà que tout soudain vous sont rendues la lumière de l'Égypte des pharaons, une touche de majesté du Saint-Empire et cette nostalgie du siècle de Périclès, le siècle de l'idéal. Tout cela dans leurs originalités qui dans l'instant n'en font qu'une. Un absolu de liberté jaillissante qui vous fait être ici et là, hier et ce matin, sans l'ombre d'un anachronisme ni d'une extravagance. La tangence d'un instant à l'éternel à quoi tant aspirent les mystiques. Car chacune de ces créations qui vous restent au fond des yeux, par leur beauté même, leur beauté singulière, nous élève, comme le disait à Socrate Diotime de Mantinée, « vers ce qui est beau par soi seul ». Comme l'a dit Platon – encore et toujours lui... –, « le temps est l'image mobile de l'éternité immobile ». Et Goudji, l'anti-banal, qui toujours nous incite à chercher ce qu'il y a d'absolu en n'importe quelle chose, Goudji, par son art, aura su nous faire entrevoir dans le temps cette éternité que saint Augustin regardait comme « l'aujourd'hui de Dieu ».

VI

VARIÉTÉS

La belle espérance

« Les hommes ne sont pas nés pour longtemps », soupire Pénélope, bien anxieuse du retour d'Ulysse. L'homme vit sur fond de mort : devoir un jour quitter ce monde n'a déjà rien de plaisant. Que s'y ajoutent les risques d'un avenir posthume, et l'appréhension vire à l'angoisse. Depuis toujours, l'homme a donc cherché dans les mythes une réponse à la mort. Ainsi, il imagina les Enfers. Chez les Perses, le mort Enkidu raconte à son ami Gilgamesh toujours vivant le drame de la vie dans l'au-delà, « la demeure dont les habitants sont privés de lumière, dont la ration est la poussière, dont le pain est l'argile. Ils sont vêtus comme les oiseaux d'un vêtement de plumes et sans plus voir la lumière, ils habitent la ténèbre ». Chez les Égyptiens, on multiplie rites et charmes pour survivre dans une après-mort que l'on devine terrible. « Que mon corps se trouve bien en place, sans qu'il puisse se détruire, sans qu'il puisse s'anéantir dans ce pays-ci éternellement », invoque la momie.

La descente aux Enfers n'est pas moins une obsession dans les lettres grecques et latines. Homère leur consacre le chant XI de l'*Odyssée*. Finie la guerre de Troie, Ulysse aimerait rentrer chez lui, vœu que de célestes rancunes rendent aléatoire. Aussi voudrait-il consulter Tirésias, mais le divin devin est mort. Comment l'aller trouver aux Enfers, de l'autre côté de l'Achéron ? Or Circé la magicienne sait un passage par chez les Cimmériens, peuple qu'on serait en peine de localiser : les Enfers transcendent les atlas. Ulysse se glisse donc sous terre, parvient chez les morts, y rencontre sa mère qu'il veut embrasser, n'étreignant que du vent : les Enfers transcendent aussi la densité. Du moins lui donne-t-elle des nouvelles de sa femme, Pénélope : assiégée de prétendants, elle n'espère que lui. Il entrevoit quelques condamnés à perpétuité pour outrage à divinité : Tantale et sa fringale ; Sisyphe, son rocher et son lumbago… Puis, Tirésias lui ayant dit comment déjouer les coups tordus, Ulysse s'échappe discrètement.

Vers 700 av. J.-C., la *Théogonie* d'Hésiode évoque elle aussi « les demeures des dieux de l'ombre », Hadès « le prince des morts », Perséphone, sa femme, et Cerbère le chien polycéphale qui accueille les entrants en remuant la queue, mais décourage toute tentative d'évasion. Encore deux cents ans, et voilà les Enfers sur scène. Dans *Les Sept contre Thèbes*, Eschyle évoque l'Achéron où clapotent les rames du bateau desservant « le sombre rivage qui nous attend tous ». Quelques allusions un peu plus tard, chez ses jeunes confrères Sophocle et Euripide, et on en vient à la comédie. Dans *Les Grenouilles*, Aristophane met en scène Dionysos, le dieu du théâtre. Il lui faut un poète : et s'il allait aux Enfers et en ramenait Euripide, qui vient de mourir ? L'Achéron, le passeur Charon et sa barque, tout y est. Mais Aristophane multiplie les gags. Avisant un enterrement, Dionysos fait du « corbillard-stop », pour charger le mort des bagages ; Charon et son rafiot rappellent l'Escartefigue de Pagnol et le « ferry-boîte » ; des punis pataugent dans une fosse d'aisances, etc. C'est finalement avec Eschyle que Dionysos revient de sa randonnée : politiquement, c'est lui le plus sûr.

Ces mythes seront repris par Platon dans ses dialogues. Dans le *Phédon*, les morts jugés ont la résidence qu'ils méritent : du Tartare, pour les pires, aux vacances, pour les meilleurs, à « l'île des Bienheureux » du *Gorgias*. En *République*, livre X, Er le confirme : mort au combat, descendu aux Enfers et ressuscité, c'est bien ce qu'il y a vu.

Le monde grec devient romain ? On garde en tête les Enfers. Avec l'*Énéide*, Virgile donne une suite à la série homérique. C'est l'après-guerre de Troie. Énée, fils de Vénus et d'Anchise, erre de par le monde. Mais Anchise, qui prend ses éternelles vacances à l'Élysée, lui apparaît en songe. Vite, qu'il vienne le voir : il a des choses importantes à lui dire de la part de Jupiter, le chef des dieux. Muni d'un laissez-passer, Énée traverse le fleuve Styx avec Charon, entrevoit les camps de l'après-mort, croise la reine carthaginoise Didon, un temps sa maîtresse. Il l'a quittée, elle s'est suicidée par désespoir et paie là son suicide, allant droit devant elle, vers nulle part. Rendu à l'Élysée, lui aussi comme Ulysse tente d'embrasser son père, qui lui dit que Jupiter l'a désigné pour fonder Rome ! Belle revanche : un descendant des Troyens gouvernera un jour le monde. Dans la IVe *Géorgique*, on revit aussi la fausse joie d'Orphée aux Enfers : sa voix en charme les souverains, mais par trop de hâte il échoue à en tirer sa chère Eurydice, morte d'une morsure de serpent. Dans les *Métamorphoses*, Ovide voit les ombres déambuler dans une mégalopole aux mille avenues. Les *Moralia* de Plutarque relatent ce qu'a vu Thespesios, mort et ressuscité le troisième jour : les défunts en apesanteur espérant le verdict ; les damnés chutant dans l'abîme de feu ; les récupérables, purifiés, voltigeant dans le ciel. Plus tard encore, Lucien de Samosate raconte sa croisière à l'île des Bienheureux, sa visite aux lieux de détention, la mutinerie vite réprimée au quartier des Impies. Ailleurs, il cite la réponse du sage Daemonax à qui il demandait comment il voyait les Enfers : « Attends ; je t'écrirai de là-bas ! »

Ainsi parlait-on des Enfers aux temps gréco-romains. Mais y croyait-on ? Les mythes disaient tout : que la vie, la mort, la cité avaient un sens ; que les bons étaient récompensés et les méchants punis, etc. Les dieux s'en portaient garants. Cela dit, la façon dont on en parle, la disparité des contextes, l'humour désamorçant la peur, tout cela porte à répondre : oui et non. La piété traditionnelle, libre de tout dogme, se bornant à entasser les rites, c'était l'affaire de chacun de croire ou de ne pas croire.

En effet, dès le VIe-Ve siècle av. J.-C., les premiers philosophes contestaient déjà les mythes d'Homère et d'Hésiode. Pythagore, au Ve siècle avant notre ère, serait descendu lui aussi aux Enfers entre deux renaissances et assure y avoir vu… Homère et Hésiode expiant dans les tourments ce qu'ils avaient osé dire des dieux ! Même rejet de la part d'Héraclite. Mais Théagène de Rhégium objecte : ces légendes ne sont pas à prendre à la lettre, il faut en décrypter le sens. C'est l'allégorie, promise à un bel avenir en milieu païen, juif ou chrétien. Ainsi d'ailleurs faisait déjà Platon : Cieux et Enfers sont à entendre comme symboles de la « belle espérance » que nourrit l'âme éclairée. Enfin sortie de la caverne, elle partagera l'éternité des dieux. Plus radical sera l'atomisme d'Épicure, que reprendra le Romain Lucrèce. La peur des Enfers ? Une imposture religieuse. « Tant que nous sommes là, la mort n'y est pas ; quand elle est là, nous n'y sommes plus. » De même, dans *La Nature des dieux*, Cicéron fustige-t-il Homère : il a prêté aux dieux les pires de nos vices. Quant aux Enfers, « pas même une vieille assez gâteuse pour y croire ». Dans la *Satire* II, Juvénal, un autre Romain, dira que le royaume souterrain, le Styx, Charon, etc., « même les gosses n'y croient pas, sinon ceux qui n'ont pas l'âge de payer leur entrée aux bains ». Dans son *Traité sur la tolérance*, Voltaire s'en souviendra.

Omniprésents dans la littérature, les Enfers ne faisaient donc pas l'objet d'une foi bien assurée. Restait la peur de la mort. Certains, même, en mouraient : « Mourir par peur de la mort », ricane Sénèque, qui fut le précepteur de Néron... De fait, Euripide l'avait dit déjà : n'était-ce pas là « se charger de deux maux au lieu d'un » ? Alors que, dit-il dans *Les Héraclides*, « la mort est le remède à tous les maux ». Parfois, l'évidence vous échappe.

D'un espace-temps à tous les autres

Ici, maintenant : le sort, le hasard, la nécessité ou comme on voudra, assigne à chaque être une place dans le temps et une seule, ainsi que dans l'espace, où il a toutefois licence d'aller et venir. De ce déterminisme, qu'ils appelaient *eimarménè, ananké, fatum*, disons : « destin », les Anciens avaient une conscience d'autant plus nette que bien courts étaient leurs jours et hasardeux leurs déplacements. « Nous ne sommes rien, écrit Pindare dans la cinquième *Néméenne* ; le ciel de bronze toujours demeure inébranlable. Nous vivons tout juste un jour sans savoir vers quel but le destin écrivit qu'il nous fallait courir. » Et Catulle, le poète du badinage et de l'amour, le sait bien : « *Nox est una perpetua dormienda*... Les soleils se lèvent et se couchent. Pour nous, quand une fois sera tombée la brève lumière, il ne restera plus qu'une interminable nuit qu'il nous faudra dormir. »

L'ici-maintenant dévolu aux humains fut tôt perçu comme une nécessité dont il leur fallait s'accommoder, mais aussi – et la littérature l'atteste – comme une limite qu'on aspirait à transcender en esprit. La double question fut sans cesse reconduite : Qu'en est-il ailleurs ? Qu'en était-il en d'autres temps ?

Depuis toujours, les voyages et les récits des voyageurs ont suscité l'intérêt, voire la passion. Au-delà de la mer, des montagnes, des murs de la cité ou des derniers champs du municipe commençait l'ailleurs, qu'on imaginait avec des sentiments mêlés : à la fois appréhension et envie d'y aller voir, dès lors que là-bas, on vivait et mourait autrement. Dans l'Antiquité grecque et romaine, on était friand de telles expériences. Des générations d'écoliers ont rêvé sur les voyages d'Ulysse. Au ve siècle av. J.-C., Hérodote le Grec avait raconté son Égypte, et sur ce monde énigmatique on fantasmerait à Rome jusqu'à l'égyptomania, comme ce fut le cas aux temps néroniens. Cent ans après Hérodote, Pythéas le Marseillais avait longé la côte atlantique jusqu'à la Bretagne et l'Ultima Thulé, où luisait le soleil à minuit, terre mystérieuse qu'idéaliseraient des générations, et jusqu'à la Marguerite de Faust…

Les contraintes du commerce, de l'administration, poussaient à l'ingéniosité. Mais l'imagination aussi allait bon train. Au Ier siècle ap. J.-C., Pline l'Ancien tient un catalogue de ces contrées où il pleut, disait-on, un peu de tout : du lait, du sang, de la ferraille, du miel, et même des briques. Trois siècles encore et on pourra lire l'*Expositio totius mundi et gentium* – vaste programme ! – d'un mystérieux Oriental, qui dépeint tous les pays, ceux, notamment, où il n'a jamais mis les pieds. Tout y est de ce que nous trouvons dans nos guides : sites valant le détour, gastronomie, etc. À Ancyre, le pain est digne, paraît-il, de la table des dieux, Alexandrie regorge d'écoles de philosophie, et Beyrouth de juristes. Au pays d'Éden, où il pleut du pain tous les jours, on chercherait vainement puces et punaises. Ainsi, la geste des grands voyageurs, mêlant sans hésitation le vrai et le faux, le sûr et l'approximatif, la réalité prosaïque et le mythe, enchantera les siècles.

Plus crédibles viendront Marco Polo, Magellan, La Pérouse, Cook, Dumont d'Urville, Charcot, Paul-Émile Victor, sans même parler de Jules Verne et de Tintin, dépaysant jusqu'à nos jours tous ceux à qui leur coin de terre paraît un peu juste, et qui aspirent à vivre ailleurs un autre quotidien, fût-ce par personne interposée. Aspiration tout compte fait bénéfique : au-delà de la simple distraction que procure l'évasion, réalisée ou rêvée dans un fauteuil, l'exotisme exorcise la tentation d'absolutiser sa propre manière de vivre, ses petites idées, ses coutumes et ses lois, bref, la tentation de faire coïncider le centre du monde avec l'agora, le forum ou la place du village, autrement dit avec son propre nombril. Des voyages, on répète « qu'ils forment la jeunesse ». D'un sédentaire par nécessité ou par choix, on dit qu'il n'est jamais sorti de son trou. La commisération du ton renseigne sur le degré d'ouverture qu'on prête à la personne en cause.

Ce que nous venons de dire de l'autrement spatial vaut pour l'autrement temporel. On s'est toujours intéressé au passé le plus lointain. Et d'abord à ces commencements que la Bible, Hésiode et tant d'autres ont narrés par le menu : c'était « en ces temps-là », en des temps hors du nôtre, qui n'en est que la conséquence. Prestige inusable des commencements ! De même on entreprit de consigner la geste des rois, des chefs de guerre, des fondateurs. Depuis Hécatée, dès le Ve siècle av. J.-C., Thucydide, Polybe, César, Tite-Live, Tacite et combien d'autres ont évoqué un présent révolu mais toujours à l'arrière-plan : avoir été est encore une manière d'être. Jusqu'aux infimes traits d'esprit, anecdotes, petites histoires en marge de la grande, que les compilateurs recueillaient avec scrupule, se recopiant les uns les autres avec ferveur. Pour Valère Maxime, Aulu-Gelle et Macrobe, pour Plutarque et le pseudo-Athénée, le temps d'un dîner entre amis, on revivait des heures mortes qui pour d'autres avaient compté. Rien de tout cela ne devait se perdre : que serait l'avenir hors de tout passé ? *Historia magistra vitae* : l'aura-t-on dit et répété, à temps et à contretemps ! Rompre avec tant de présences évanouies aurait été couper ses propres racines, congédier ses ancêtres, poser un nouvel instant premier, à l'instar des dieux. *Hybris*, démesure impensable.

Le Moyen Âge s'investira tout autant dans la tradition. L'essentiel étant d'avoir la caution des *auctoritates*, dépositaires de ce qui s'est une fois dit, on se mettra en tête les paroles des morts et on jouera à des jeux de logicien, comme le dit Aldous Huxley dans *Adonis et l'alphabet*.

À la Renaissance on changera de cap. Montaigne entend qu'« on ne loge rien en sa teste par simple autorité et à crédit » (*Essais*, I, 26), mais il ne quitte guère son Plutarque, où il pratique, « par le moyen des histoires, ces grandes âmes des meilleurs siècles », présences tutélaires, modèles surtout pour des hommes nouveaux qui se voulaient la tête bien faite plutôt que bien pleine.

Ensuite viendra le siècle où les lumières du présent inciteront à souffler celles du passé, misérables quinquets laissant trop d'ombres propices aux monstres engendrés par le sommeil de la raison. Faire référence au passé autrement que pour en chasser la nuit était la marque d'un obscurantisme à jamais révolu. Ce fut le temps du passé-repoussoir, qu'on étudiait tout juste pour y dénoncer ce qu'il n'eût pas fallu penser, dire ou faire. Paradoxalement, jamais peut-être le passé n'aura pesé aussi lourd. Puis la conscience s'enchanta d'un progrès surtout technique, à vrai dire, et les âmes simples, voire simplettes, s'avisèrent de faire du passé table rase. De la conjugaison ne devait compter que le futur. Mais dans les temps mêmes où l'on croyait déjà percevoir la chanson des lendemains, Renan, l'auteur autrement avisé de *L'Avenir de la science*, écrivait dans la préface de ses *Souvenirs d'enfance et de jeunesse* : « Les vrais hommes de progrès sont ceux qui ont pour point de départ un respect profond du passé. Tout ce que nous faisons, tout ce que nous sommes, est l'aboutissement d'un travail séculaire. »

On en revint donc à l'histoire, si tant est qu'on l'eût jamais quittée. Toutefois, on traita le passé autrement : « Tout le monde consent, dit Valéry, que Louis XIV soit mort en 1715. Mais il s'est passé en 1715 d'autres choses observables... » (*Variété*). L'historien affina ses techniques, varia ses angles de vision, les élargit. Les « grandes figures », celles qui jamais ne profèrent un mot qui ne soit historique, perdirent le monopole. On s'inquiétait enfin des obscurs, des sans-grade, de ceux qui ne disaient rien et moins encore écrivaient, immergés dans un quotidien économique et social en perpétuel mouvement, qu'il fallait tenter de restituer au plus près. D'un historien qui ne tiendrait pas compte de ces mutations, on dirait qu'il est resté de son temps, carence analogue à celle qu'on déplorait chez l'infortuné « jamais sorti de son trou ».

Parallèlement à la recherche historique toujours en éveil, la fiction elle aussi, romanesque, cinématographique, télévisuelle, témoigne de la passion du passé. *Fabiola, Les Derniers Jours de Pompéi, Quo vadis ?*, autant de romans qui évoquent de façon attachante autant qu'évasive « la Rome antique », toutes époques confondues, bien sûr. Et que de films « historiques », heures émues de contagion affective et de dérapages chronologiques si distrayants pour le spécialiste venu là à la recherche d'un moment de saine gaîté. Nous y reviendrons. Tout cela pour dire que l'*autrefois*, plus ou moins bien restitué, hante depuis toujours les *maintenant* qui se succèdent, tout comme l'*ailleurs* a toujours hanté l'*ici*. Fût-ce avec Astérix, qui joue dans le temps le rôle qu'assume Tintin dans l'espace. Il me semble toutefois que les facilités de la communication aient un peu banalisé l'exotisme. Chaque soir, c'est *de visu* qu'on apprend de quoi l'on vit et de quoi l'on meurt au Tibet ou au fin fond de l'Afrique. Les cartes postales, appels téléphoniques, e-mails qu'on reçoit des quatre autres parties du monde attestent qu'il est presque aussi aisé, encore qu'un peu plus dispendieux, d'aller bronzer sur l'île Maurice que sur les bords du Cher, à Vierzon. Sans même parler de la mondialisation galopante, qui tend à instaurer, pour le meilleur et pour le pire, le partout-pareil. Quel lointain étonnerait encore des gens qui savent que l'Ultima Thulé est à trois heures de Roissy-C.D.G. ? Maurice Druon me disait un jour qu'il fallait aujourd'hui dépayser les gens dans le temps. À quoi excelle l'auteur de ces *Rois maudits* que j'aime à relire, et même à revoir, comme aussi je relis *Le Nom de la rose*, heureux chaque fois de me dégourdir à la chaleur du rêve. Encore y a-t-il plus que du rêve à gagner dans ce dépaysement temporel, dans cet exotisme chronologique. À tout le moins un profit analogue à ce qu'apportait l'exotisme spatial. Pas plus qu'on ne prend désormais la place de son bourg ou de sa mégapole pour le centre de l'univers, on ne prend l'heure présente pour le point oméga du temps universel. Aurait-on acquis le sens du relatif, et donc le sens de la contingence ? Ce ne serait pas un mince progrès. Mais ce n'est pas là le seul bénéfice qu'apporte une plongée dans les temps et les espaces autrement vécus, dont ne reste plus qu'une partielle – ou partiale – mémoire, figée dans les pierres et dans les textes.

On n'échappe, disions-nous, ni à l'espace ni au temps, d'ailleurs inséparables, sinon abstraitement : dès lors qu'il était un *maintenant*, tout *hier* s'est écoulé dans un *ici*, et c'est aux deux qu'il faut se rendre attentif. Qu'on parle avec Kant de formes *a priori* de la sensibilité, ou avec Bergson des données immédiates de la conscience, il faut toujours intérioriser cette vérité première, à savoir que l'espace-temps conditionne toute présence de soi à soi, et de soi à ce qu'on appelle confusément « le monde ». Confusément, parce que, trop souvent, on parle de « vision du monde » comme s'il y avait une sorte de noumène, une entité identique, « le monde », qu'on regarde différemment au cours des siècles, et qu'on finira bien par connaître un jour dans son essence. Or le *cosmos* de Ptolémée n'est pas le monde de Copernic ni celui de Galilée, issus d'autres intuitions et déterminant d'autres formes de pensée et d'action. Sur un autre plan, Auguste ne se fait pas de la *Res publica* en 10 ap. J.-C. la même idée que Cincinnatus 400 ans avant, et Caton l'Ancien ne voyait pas l'esclave du même œil au IIe siècle av. J.-C. que Pline le Jeune au IIe siècle après. Le temps fait beaucoup à l'affaire, mais l'espace aussi. Entre ce que pensent dans le même temps un Illyrien, un Alexandrin, un juif (de Jérusalem, ou de la diaspora ?) et un Romain de Rome, il y a des différences non négligeables, qu'accuse encore la diversité des milieux. C'est chaque fois d'autres ensembles qui se créent pour un temps et pour un espace donnés, où chacun se fait une place, dit sa façon de penser, et se conduit le plus souvent comme tout le monde en des temps où l'identité n'était pas comme aujourd'hui une obsession, l'originalité moins encore, car le *Nous sommes* primait le *Je suis.* La prolifération des pseudépigraphes, des pseudo-Untel, le montre assez, de nos jours difficile à imaginer, sauf à titre de canular. Or ce n'était pas le cas lorsqu'un disciple de Proclus converti au christianisme fit endosser son *Traité des noms divins* et sa *Hiérarchie céleste*, tout cela d'ailleurs fort remarquable, à un certain Denys, dont les Actes des Apôtres disent qu'il avait entendu sur l'Aréopage le message de salut qu'y délivrait saint Paul, et qu'on appela pour cela Denys l'Aréopagite.

Entre ces deux inconnus, il y a un intervalle de quatre cents ans. Bref, l'Antiquité avec un grand A, l'Antiquité comme idée générale, n'existe pas plus que le monde avec un grand M. Sauf pour le cinéma, pour les grands films « historiques » dont je parlais plus haut, où l'on voit, par exemple, les « premiers chrétiens » prier à genoux, position innovante, devant une croix fixée au mur. Alors qu'au temps de Néron ou de Domitien, afficher cet instrument de supplice chez soi aurait été aussi incongru que d'accrocher, sous la Terreur, une petite guillotine dans sa chambre, devant quoi pleurer les victimes de Robespierre et consorts. Et d'abord, quels « premiers chrétiens » ? Ceux des Actes des Apôtres, dont il est écrit qu'« ils n'avaient qu'un cœur et qu'une âme » (IV, 32) ? ceux des IIe et IIIe siècles, où souvent l'Église évoque un panier de crabes ? La « primitive Église » s'étale sur trois siècles, où son statut ne cessa de changer. De même parle-t-on du « paganisme » comme d'une essence immuable persistant en tout temps comme en tout lieu dans la *romanitas*. Or il se trouve qu'à Rome, au temps de Cicéron, l'on était plutôt sceptique, attentif surtout à la dimension politique de la religion, comme l'a bien vu Varron, alors que trois siècles plus tard, sous Decius ou Valérien, l'on sera pieux, voire dévot. Etc. Encore une fois, il y a autant d'« Antiquités », si j'ose dire, qu'on pourrait évoquer de moments et de lieux, mettons entre Homère et ce que nous appelons commodément le haut Moyen Âge. Ces « Antiquités »-là, il ne faut ni les mêler ni les confondre, mais s'attacher à la spécificité de chaque espace-temps révolu.

On a su très tôt le bénéfice qu'apportait le contact avec le passé dans son infinie diversité, temporelle et spatiale. À lire les historiens grecs et romains, les compilateurs aussi, qu'il ne faudrait jamais négliger, on voit bien l'attention qu'ils portent à ce que d'autres ont vécu ailleurs, en d'autres temps. Ils entendent « puiser des enseignements dans l'histoire », comme écrivait Valère Maxime à Tibère, le dédicataire de ses *Actions et paroles mémorables*. « Tout ce qui peut rendre ton intelligence plus vigoureuse », précise Macrobe quatre siècles plus tard dans la préface de ses *Saturnales* (I, 10), et tous prennent grand soin à situer dans le temps et dans l'espace les faits et les dits qu'ils rapportent : en Grèce, en Égypte, en Orient, en Italie, en Afrique. On les sent attentifs aux nuances des langues, dont chacune est une manière unique d'appréhender les choses. Ennius, qui vivait au IIIe siècle av. J.-C., parlait l'osque, le latin et le grec, se réjouissant ainsi d'avoir « trois cœurs ». Cela même se fera plus tard à grande échelle, du fait de l'extension de l'Empire romain et du brassage des peuples qui en résultera. La philosophie aidant, plus d'un *vir bonus*, plus d'un homme cultivé, se dira « citoyen du monde », et ce cosmopolitisme intellectuel s'accompagnera, par la curiosité historique, d'une ubiquité chronologique.

Ainsi, dès ces temps lointains, on cherchait dans la coïncidence avec le passé révolu quelque chose comme une intensification de sa présence au monde. L'étude de l'Antiquité avait commencé… dès l'Antiquité. À nous d'en prolonger la course, et d'entrer ainsi, sinon dans l'Histoire, du moins dans l'histoire de l'Histoire.

Du « politiquement correct » *ou de la bonne conscience*

Que j'entende l'expression, et me voilà tenté d'être incorrect. Ce serait même l'unique secteur de ma vie relationnelle où je tiendrais à l'être. Aussi voudrais-je justifier cette réaction de rejet, puis tenter d'éclairer la genèse du phénomène psycho-social ainsi nommé.

Pourquoi cette aversion pour le « politiquement correct » ? Parce que j'ai le sentiment d'une intrusion dans ma vie sociale, morale, intellectuelle. Je n'aurais plus le droit de donner mon avis, fût-ce courtoisement. Pire : je devrais me sentir gêné, voire confus, d'oser penser par moi-même. En effet, je ferais scandale si d'aventure mon opinion n'était pas conforme à ce qu'a défini le magistère politique. Et sur tout sujet, puisque tout aurait rapport au politique.

Ainsi, il y aurait une opinion droite, en grec « *orthè doxa* », une orthodoxie, dont certains détiendraient le monopole, ainsi que la faculté d'exercer, le cas échéant, une « *diorthôsis* », en latin une « *correctio* ». Dans cette optique, l'opinion, la « *doxa* », doit être conforme à ce qui a été décrété, au « *dogma* », dont les gardiens feraient fonction de censeurs, voire d'inquisiteurs.

C'est précisément de ce fait-là que si souvent se mettent en place les arrière-pensées, ces « pensées de derrière » que Pascal tenait toujours en réserve : « Il faut avoir une pensée de derrière et juger de tout par là, en parlant cependant comme le peuple. » Ainsi, la durée intime, hantée par quelque fin et se mouvant dans la pensée collective, va s'y fournir en moyens. Car notre durée se vit nécessairement sur deux plans. Il y a la durée collective, au sein de laquelle chacun prend conscience de soi, et dont on finit par émerger, plus ou moins selon les individus, vers la singularité... Ou dont on n'osera pas sortir, de crainte de prendre froid. Et puis, il y a la durée personnelle, unique, où se forme notre liberté, notre ipséité, un monde intérieur qui semble procéder, comme dirait mon cher Plotin, d'un au-delà de l'être. Nous sommes les seuls à être nous. Jankélévitch parlait d'une vérité éternelle à deux pattes...

Tout se joue dans le rapport entre les deux durées, le « nous » et le « je ». Or le « je » respire, fatalement, l'air du temps, plus ou moins pollué par le « politiquement correct ». Il pénètre d'autant plus facilement dans les têtes qu'il y rencontre un grand vide culturel. La culture, seule capable de vous vacciner contre cette pollution. La culture, celle qui vous fait vivre avec d'autres âges, converser avec d'autres époques, celle qui ne peut être que personnelle. On nous rebat les oreilles de la culture de masse. Nous avons connu la vraie culture populaire, pétrie de bon sens, nourrie des connaissances et des traditions de la transmission orale, mais une culture de masse ? Je n'y crois pas. Les masses sont, par définition, compactes, impénétrables. Mieux vaudrait parler de « culture de société » car des sociétés peuvent se rencontrer. Cet air du temps, celui qui prend le risque d'être lui-même ne peut le respirer qu'avec un filtre, car il y a péril. Péril de conditionnement.

Que chacun en arrive à penser spontanément « comme il faut » suppose en effet un processus de conditionnement. Y pourvoiront les mots, les images, les slogans opérant une efficace « pavlovisation » du citoyen bien disant et bien-pensant, bref orthodoxe. Quelques exemples ? Si dans les faits divers on signale une agression, il ne sied pas que figure le prénom du « mis en examen » s'il n'est pas français. On parlera alors d'un « jeune ». Et si j'évoque un chanteur de « blues », à moi de me débrouiller pour en préciser l'origine : Antillais ? Africain ? Brésilien ? En aucun cas je ne dois mentionner la couleur de sa peau. Pour désigner un quartier où même un policier ne s'aventure pas seul, on le dira « sensible ». Jusqu'à ces dernières années, mieux valait même n'en rien dire : un journaliste aurait sur-le-champ diagnostiqué « l'obsession sécuritaire », maladie socialement transmissible. De même, les tropismes sexuels que je tenais jusqu'alors pour affaire privée auraient désormais pignon sur rue. Un agent de publicité veut-il vanter un fromage, des pâtes, une lessive ? Qu'il mette en scène un curé, des bonnes sœurs, des moines, surtout pas un ministre de quelque autre religion. Etc. Tout cela omniprésent, ressassé. Ainsi, chacun baigne dans une ambiance sociale, morale, politique, sémantique vraiment pédagogique : « Soixante-deux mille quatre cents répétitions font une vérité », écrivait Huxley. Mais qui lit *Le Meilleur des mondes* ?

L'idéal du « politiquement correct » serait qu'il ne se voie pas, qu'il puisse suggérer, d'une manière subliminale, les pires culpabilités intérieures à ceux auxquels s'adresse celui qui détient – quelle image ! – la vérité.

Cela étant, d'où procède l'initiative de l'autodiscipline spontanée ? D'en haut ? Tyrans ou démocrates, les gens de pouvoir ont toujours eu le souci d'une uniformité allant dans le bon sens, le leur. Mais dans la France d'aujourd'hui, ces gens pour qui le « comme il faut » a valeur de credo n'exercent pas une censure d'État, comme il en va dans les pays totalitaires. Ce sont des censeurs autoproclamés, fondant sur leur idéologie une juridiction usurpée. Comment se fait-il, alors, que cet arbitraire ne rencontre pas la résistance qu'on attendrait, du genre : « De quel droit ? », voire : « De quoi je me mêle ? »

C'est précisément cette complaisance qui me fait souci. Elle trahit la renonciation à la liberté de penser et de dire. Circonstance aggravante, elle pousse les idéologues, une fois aux affaires, à concocter une « loi

Tartemol » muselant plus serré le citoyen. Ironie de l'histoire : ces gens selon qui il serait interdit d'interdire n'ont de cesse qu'ils n'aient cloîtré une liberté revendiquée pourtant toutes les cinq minutes. « C'est quand la chose manque, qu'il faut en mettre le mot », disait Montherlant.

Me risquerai-je à une phénoménologie révélant le trajet de la conscience sur lequel apparaît le « politiquement correct » ? Beau sujet de thèse ! Aussi m'en tiendrai-je à une ébauche. Il y a certes, chez l'idéologue moyen, le complexe de Torquemada : j'enjoins, donc je suis. Mais qu'il s'investisse dans le « politiquement correct » trahit comme un retour du refoulé, un règlement de comptes avec un passé qui appellerait une catharsis. Ce qui me le suggère, c'est la manie contemporaine de l'atténuation sémantique : les aveugles sont des malvoyants, les sourds sont des malentendants, les infirmes des personnes à mobilité réduite, etc. Si cela ne change rien à leur sort, c'est censé libérer d'une gêne à leur égard : la chance qu'on a de voir, d'entendre, de marcher. Et s'il en allait de même à propos des crimes du dernier siècle – et de tous, c'est la Shoah qui nous laisse au cœur la plus lourde peine –, des exactions durant les guerres coloniales, de l'exploitation de l'homme par l'homme, etc. ? Et, remontant dans le passé, de la si peu évangélique imposition par le Saint-Office du « religieusement correct » ? Alors, en brocardant les seuls ministres du culte catholique, en prohibant l'emploi des mots de juif, d'Arabe, de Noir, si ce n'est sur le mode laudatif, on se donnerait bonne conscience. À peu de frais : en donnant à d'autres mauvaise conscience.

Cela étant désormais l'usage, je ne vois pas en quoi cette conduite pré-logique, en quelque sorte incantatoire, aura amélioré la situation. Du moins en ce qui touche à l'antisémitisme qui sévit des écoles jusque dans les cimetières, à la violence endémique que j'évoquais plus haut, aux poussées racistes et xénophobes qui en découlent. Ainsi, plutôt que de s'abandonner à la conduite pseudo-cathartique, quasi pénitentielle, du « politiquement correct », on serait mieux inspiré de procéder à l'éradication de ces conduites, et de façon drastique. Mais ce disant, nul doute : aux yeux des idéologues, j'ai blasphémé.

C'était mieux avant…

Roulez tambours, sonnez trompettes, les troupes des 27 pays européens défilent cette année sur les Champs-Élysées. « Un symbole fort », comme on dit en politique. Des gens pour ronchonner là-dessus ? Certainement. Les uns, gardant les yeux braqués sur l'avenir, redouteront de perdre dans cette fichue Europe ce qu'il leur restait d'indépendance. Les autres, tournés vers le passé, croiront entendre les Allemands – les Prussiens ? – défiler dans Paris occupé. On trouve toujours quelque raison de râler, en déplorant que tout change.

Dans le premier quart du siècle dernier, mon père déjà disait que tout se dégradait, et la mine de cet homme de science ne laissait pas présager un mieux dans l'immédiat. Pour ma grand-mère non plus, rien n'allait. Quant à mon arrière-grand-père, celui qui avait vu Napoléon III à Saint-Cloud lors de son service militaire, je l'entends encore assurer que, depuis ce temps-là, tout avait fichu le camp. La guerre de 1870 et celle de 14-18 l'avaient conforté dans ses certitudes. Et s'il avait pu seulement entrevoir celle de 39-45, il se serait exclamé comme parfois : « Hein, qu'est-ce que je vous avais dit ? »

Bien sûr que les choses changent. Que feraient-elles d'autre, dès lors que le temps les emporte, et nous avec ? Fini, la paix du zoo préhominien, la sérénité de la vache moyenne regardant passer le train à vapeur. L'expérience du moi emporté par le temps est devenue obsédante dès lors que les humains ont trouvé les mots pour la dire puis les techniques pour l'écrire, et donc pour la diffuser dans le temps. Les générations suivantes savent d'emblée de quoi il retourne, perdant ainsi le peu qu'elles avaient gardé d'innocence. On n'apprend jamais trop tôt que les corbillards ne sont pas faits seulement pour les gens d'à côté ; que de n'avoir mal nulle part est une aubaine à savourer ; que les tartines tombent normalement du côté du beurre. Ce dernier point pose même problème au-delà de la physique. Un juif de mes amis me disait s'en être ouvert à son rabbin. Ayant médité un instant, ce dernier répondit : « Mon fils, es-tu sûr de tartiner le beurre du bon côté ? » Reste qu'un pessimiste n'a jamais que de bonnes surprises.

Pas facile d'être sage dès lors que tout présent est obsédé par l'avenir. Un avenir dont on entend dire tous les jours qu'il est bouché, en tout cas incertain. Aussi passe-t-on sa vie à anticiper. Se fondant sur tout ce que l'on sait avoir mal tourné, on en conclut que le pire est toujours sûr. Avec un brin de férocité, Machiavel observait : « Il est dans l'ordre des choses que jamais on ne cherche à éviter un inconvénient sans tomber dans un autre. »

De cela, j'ai autant de preuves qu'on voudra. Depuis quelque chose comme trois millénaires, tous les auteurs ou presque, et de toutes les époques, ont dit du mal de l'amour, de la famille, de la politique et des politiciens, de la philosophie, de la religion… Lisez donc Homère, Sophocle, Euripide, Sénèque, Dante, Fénelon, Talleyrand, Chateaubriand, Victor Hugo, Mauriac, Cioran, etc., tous témoins irrécusables de leur siècle. De quoi entreprendre une philosophie du pessimisme à travers les âges. Tous ronchons, bougons et grognons… N'est-il pas attendrissant d'entendre Pétrone soupirer déjà, au Ier siècle de notre ère : « Hélas ! hélas, c'est pire tous les jours… Plus personne ne croit que le ciel est le ciel, personne n'observe le jeûne, personne ne fait cas de Jupiter plus que d'un poil, tout le monde se met des œillères et compte ses sous… » Juvénal de renchérir : « Déjà du temps d'Homère notre race baissait. La terre ne nourrit plus aujourd'hui que des hommes méchants et chétifs. » Et Pline le Jeune de taper sur la racaille : « Les jeunes sont tout de suite des sages ; dès l'abord ils savent tout ; ils n'ont de respect pour personne, ils n'imitent personne, ils sont à eux-mêmes leurs propres modèles. » Je peux au moins avancer une chose, de façon sûre : à dire aujourd'hui que tout va mal, on ne saurait prétendre à l'originalité.

De tout cela, il ressort aussi que depuis toujours on regarde les temps révolus comme les plus beaux, les plus heureux, parfois jusqu'à l'absurde. Imbattables en humour, les Espagnols des années 75-80 brocardaient les nostalgiques du Caudillo qui déploraient à leur manière la sécheresse de la saison : « *Bajo Franco, llovia...* » (« Du temps de Franco, il pleuvait... »)

Entre optimisme et pessimisme, chacun aura donc compris qu'aucune des deux positions extrêmes n'incarne le vrai. Le pessimisme absolu, sincère un peu, beaucoup, passionnément, le pessimisme à la Cioran, est tout juste une pose : « Celui qui n'est pas mort jeune s'en repentira tôt ou tard ! » grinçait l'auteur du *Précis de décomposition* et des *Syllogismes de l'amertume*. « Imaginez, disait Jean-François Revel, l'humeur d'un Pascal venant d'apprendre qu'il a perdu son pari et vous aurez Cioran. » Mais l'optimisme fervent où tout s'arrange est tout autant une pose. En vérité, ce qu'expriment tant d'auteurs disparates, poètes, romanciers, philosophes, etc., et sur tous les tons – le désenchantement, la colère, l'amertume, la nostalgie et souvent la résignation –, tout cela revient à une seule considération : le mal ne s'élude pas.

Oui, nostalgie. Nostalgie de l'âge d'or, de l'époque des géants. De quoi encore ? Mais du paradis, voyons ! Du paradis perdu. Et de fait, disait Vladimir Jankélévitch, mon maître : « Un paradis peut-il être autre chose que perdu ? » À chacun le sien. Nous ne verrons pas cela, mais il s'en trouvera bien, quelque jour, pour porter aux nues les charmes du radieux XXe siècle. Ils auront leurs raisons. Pour ma part, je trouve plutôt rassurant ce défilé européen du XXIe siècle.

« *Dis-moi qui tu adores…* »

« Dis-moi qui tu adores… et je te dirai qui tu es. » Et cela vaut d'abord pour les peuples. C'est aux dieux de l'Égypte qu'on doit le Sphinx et les pyramides. C'est à la vierge Athéna, fille de Zeus, qu'on doit le Parthénon d'Athènes, et à la Vierge Marie, mère de Jésus, Notre-Dame de Paris. C'est à l'Olympe grec que les Romains doivent le Panthéon d'Agrippa. Sans le dieu des juifs, pas de temple d'Hérode, et sans le dieu des Arabes, pas de mosquée de Cordoue. En l'absence des dieux et des déesses, l'*Iliade* et l'*Odyssée*, l'*Énéide*, les *Métamorphoses* d'Ovide ou d'Apulée seraient autant de feuilletons sans grand suspense. Et que de blancs dans les pages des historiens, des philosophes, des compilateurs antiques s'ils avaient décidé de faire l'impasse sur les cieux ! Et cela vaut pour toutes les époques. Sans Dieu à l'arrière-plan, ni Montaigne, ni Descartes ne seraient les mêmes, ni Rousseau, ni Chateaubriand, et Nietzsche non plus. J'hésite à penser que Dante serait passé à la postérité comme pharmacien, mais Pascal, c'est sûr, serait resté. Comme physicien.

Mais alors, quelle explication avancer de cette présence du mythico-religieux dans les arts comme dans les lettres, elle-même reflet d'une omniprésence au quotidien ? D'où vient que la conscience humaine s'y soit tant impliquée ? Bref, sur le trajet de quelle intention de la conscience, collective, individuelle, ont surgi les mythes, qu'ont mis en forme de façon spécifique toutes les religions, et cela depuis les origines des civilisations ? C'est à cette question que j'ai tenté de répondre – je dis bien : tenté... – dans *Les dieux ne sont jamais loin* (Desclée de Brouwer, 2002). Disons rapidement que si les hommes se sont si fort impliqués dans le mythico-religieux, c'est que ces images anthropomorphes d'un au-delà du vécu éclairaient leur présence au monde et à eux-mêmes. Transmises par les traditions ancestrales, elles exorcisaient leurs phobies, conjuraient leurs peurs, donnaient vraisemblance à leurs espoirs. Ainsi, c'était le ciel qui organisait la terre ; c'était l'éternité qui réglait l'avance inexorable du temps vers la mort et l'après-mort. Tant et si bien que chaque civilisation réagissant à sa manière, et de même chaque humain quand se sera affirmé le sentiment de l'individualité, le mythico-religieux aura déterminé pour l'essentiel ce que plus tard on appellera « l'identité culturelle des peuples, et des personnes ». Encore faut-il rappeler qu'un Romain ne croyait pas à Jupiter sous Marc Aurèle de la même façon que ses ancêtres y croyaient sous les rois étrusques, huit cents ans plus tôt. Et pas davantage le chrétien d'aujourd'hui ne croit à l'Ascension de la même façon qu'on y croyait au temps du « bon roy saint Louis ». Si donc nous prenons en compte le fait qu'évolue le regard porté sur la religion en même temps qu'évolue chaque civilisation, nous concevons que, selon la formule de Henry Duméry, la religion soit un miroir anthropologique parfait. Qu'on s'en réjouisse ou qu'on échoue à s'en consoler, peu importe : le fait est là.

De quoi il faut déduire, me semble-t-il, qu'il conviendrait de ménager au fait religieux une place dans les programmes de l'enseignement public, de façon aussi objective que possible. Autrement, on occulte ce que tous les peuples y ont investi des millénaires durant parfois au péril de leur vie. On donne de ces mondes disparus, mais à ce compte de notre propre époque aussi, une vision étriquée, donc mutilée de notre fait. On s'interdit de comprendre les motivations des uns et des autres dans les crises et les guerres. Celles du passé, les persécutions antichrétiennes de la Rome antique, les croisades au Moyen Âge, les guerres de religion, mais tout autant la Shoah en un temps qui se proclamait moderne et aujourd'hui les pulsions exterminatrices des islamistes. Étudier les religions permet une approche précise du pire et du meilleur dans une civilisation donnée. Du pire ? Lucrèce l'a dit mieux que personne : *Tantum religio potuit suadere malorum*, « Tant la religion a conseillé de crimes » ! (*De rerum natura*, I, 101.) Du meilleur aussi, et c'est l'apôtre Jean qui exprime ici l'idéal : « Qui n'aime pas n'a pas connu Dieu, car Dieu est amour » (1re Épître, IV, 8).

Mais d'un point de vue plus superficiel, puisque la vie se vit en surface plus qu'en profondeur, les religions sont aussi un fait de culture, et donc d'accomplissement personnel. Là encore, on perd plus qu'on ne gagne à négliger le fait religieux. Des salles qu'on parcourt dans un musée, tire-t-on le meilleur profit culturel quand, faute d'un minimum de connaissances, l'on ne voit rien de plus dans une Cène qu'un dîner entre amis ? Quand, dans une descente de croix, une mise au tombeau, les personnages et les gestes sont perçus comme identiques, sans plus, à ce qu'on a pu voir dans un accident de la circulation : un homme mal en point, des gens qui s'affairent ? Dans la salle suivante, une nature morte avec un lapin et des tomates, une vue de la gare Saint-Lazare sont, en effet, d'aussi beaux morceaux, pour dire cela comme Binet, mais convenons que le sujet est moins loquace. Étudions le fait religieux. Il ne faut rien négliger de l'humain.

VII

CINÉMA

À propos de Gladiator[1]

Avec la musique, le noir de la salle glisse à la pénombre. S'impose à nos yeux le clair-obscur d'une chambre dont quelques lucarnes laissent entrevoir bustes, tentures et meubles. C'est la nuit. Marc Aurèle, l'empereur philosophe – plus philosophe peut-être qu'empereur – dispute avec son fils Commode de sa succession. Elle a cessé d'être de ces éventualités qu'on évoque en passant. En guerre, on sait encore moins de quoi demain sera fait.

En cette fin du IIe siècle de notre ère, s'achèvent aussi les temps heureux de la *pax romana*. D'où cette bataille, une mêlée où nous voilà soudain pris. Ferraille des javelots, cuirasses et casques ; hennissement interrompu d'un cheval renversé. Ici un rire féroce coupé d'un hoquet ; là cet œil entrevu d'un soldat découvrant sa propre mort. Les combats de ces temps se vivent en

1. *Gladiator*, film américano-britannique de Ridley Scott, avec Russell Crowe et Joaquin Phoenix (2000).

direct, sans qu'aucune technologie interpose d'instruments entre gens qui ont à s'entre-tuer. Une bataille entre bien d'autres – magnifiquement rendue – à ce moment précis de ce qui s'appellerait l'Histoire. Cet après-midi-là, j'y étais, ayant oublié mon siècle. Un bon point pour le cinéaste.

C'était donc une bataille entre bien d'autres dans ce coin que nous dirions d'Autriche ou de Bohême-Moravie. Comme toutes les civilisations, l'Empire romain – 3 300 000 km^2 autour de la Méditerranée – amorçait sans le savoir son déclin. La prospérité n'était plus ce qu'elle avait été sous un Trajan ou un Hadrien. Sur fond de marasme économique, de laisser-aller militaire, les frontières n'étaient plus aussi présentes dans l'esprit des responsables. De ce fait, elles devenaient perméables, ce qui arrangeait, on s'en doute, les peuples voisins, estimant qu'il faisait meilleur vivre sur les terres romaines.

En ces jours-là, c'étaient les gens de l'autre rive du Danube que repoussait une fois de plus Marc Aurèle. Mais derrière, il y en avait bien d'autres, on ne le savait que trop. Ces masses qu'on appelait « les Barbares », du nom que les Grecs jadis leur avaient donné : *barbaroï*, les « bafouilleurs », autrement dit ceux qui ne parlent pas bien puisqu'ils ne parlent pas comme nous. Et si tout cela ne faisait que commencer ? Goths, Gétules, Burgondes, Vandales, Marcomans, Quades, Yaziges, Huns… Un peuple poussant l'autre, le lent, l'inexorable déferlement de populations en quête d'espace vital en terres hospitalières allait se poursuivre durant deux siècles et demi. Mais ce jour-là, qui le savait ? Plus d'une fois, Marc Aurèle avait dû guerroyer le long du Danube. Sur les dix-neuf années de son règne, ce stoïcien militant, attentif à son âme autant qu'à ses devoirs, en avait passé dix-sept sur un cheval, défendant tant bien que mal ce secteur de l'Empire où précisément l'attendait la mort. Car il va mourir à Vienne de la peste. Je dis bien : de la peste.

En effet, si pour l'historien – s'il s'en trouve un dans la salle – jusque-là tout va on ne peut mieux, voilà bien que Marc Aurèle décède… étranglé par Commode, qui va lui succéder. Oui : par son fils ! Il y a là, pour le spectateur averti tant soit peu de l'Histoire, de quoi sursauter. Imaginez en 4011 la sortie d'un grand film sur la légendaire guerre mondiale de 1939-1945, dont on parle encore, comme nous de la guerre de Cent Ans ou de Roland à Roncevaux. On y voit Hitler, Churchill, Staline ; le Débarquement est magnifiquement restitué : il ne manque pas une barge, et les bombes pleuvent sur la Normandie. Les troupes défilent en uniformes garantis d'époque, etc. Puis, tout soudain, dans une chambre mal éclairée, le général de Gaulle meurt étranglé par son fils, qu'on verra par la suite défilant sur les Champs-Élysées… De quoi mal étouffer un hoquet. Mais du coup, j'avais compris. Bien sûr ! Il y aurait là de quoi tenir en haleine le spectateur lambda, peu regardant quant à l'Histoire. Ridley Scott a inscrit dans l'Histoire avec un grand H une histoire de son cru : celle d'un Commode tel qu'il l'imaginait, aggravant encore ce que la légende lui prête. Avec Néron, Domitien, etc., Commode est du club des Césars maudits. Quoi de mieux pour un péplum ?

De Commode, en effet, la tradition a tout dit et le reste. Il faut bien admettre, et là, j'en reviens à l'Histoire, que cet empereur de dix-neuf ans était tout le contraire de son philosophe de père. Au point que le bruit courait, sans l'ombre d'une preuve, qu'il n'était pas de lui, mais… d'un gladiateur pour qui Faustina, l'impératrice, aurait eu des bontés. Voilà qui était censé expliquer un fait, avéré celui-là : la passion de Commode pour la gladiature, dont Marc Aurèle n'avait que faire. Il en avait scandalisé plus d'un en faisant son courrier dans sa loge durant les jeux, quand il lui fallait y être officiellement…

De la gladiature, Commode, en revanche, raffolait. Il s'y était du reste très sérieusement initié, et s'y entraînait. Et là, dans les décors, les jeux de scène, le film retrouve la même rigueur que plus haut dans les batailles. Il est exact que tout César qu'il fût, Commode descendait dans l'arène, luttant avec les gladiateurs aussi bien qu'avec les fauves. Et cela sous les yeux du public dans un amphithéâtre bondé. Situation qu'on a quelque peine à imaginer de nos jours. Il faut toutefois préciser que Commode avait ses motifs et ses raisons, qui s'inspiraient de l'air du temps.

Les motifs tenaient en grande partie à sa nature de mégalomane, hanté du besoin de vaincre, de dominer, d'être reconnu partout et toujours comme le premier. Quelle plus belle occasion pour lui que les jeux ? Certes, les gens cultivés d'un peu toutes les époques – Cicéron, Horace, Sénèque, Martial, Juvénal et autres – n'en étaient pas précisément fanatiques, se moquant volontiers de ceux qui l'étaient. Horace n'avait-il pas écrit que pour s'amuser aux jeux, mieux valait encore se retourner vers les gradins pour regarder la tête des spectateurs ? Mais de la haute société romaine, Commode ne se souciait guère, souvent en conflit avec les gens du Sénat qui, du reste, n'aimeront guère le nouvel empereur. Les couches populaires, en revanche, guettaient la date des prochains jeux, qu'ils n'auraient manqués pour rien au monde. On allait y voir avec bonheur s'entretuer ces surhommes dont la notoriété surdépassait celle de nos « maillots jaunes » et autres « médailles d'or ». Pour un prince tout jeune et quelque peu paranoïaque, quelle plus belle occasion d'accéder au maximum de la popularité en même temps que de la gloire ? Des gladiateurs, des fauves, des luttes à mort, du public braillant, du *pollice verso*, de l'ambiance, Ridley Scott a tout si bien rendu qu'on s'y croit.

Mais outre ses pulsions, Commode, disais-je, avait ses raisons, et d'un autre ordre, dont le film aurait pu faire état, et d'autant plus que les manifestations en étaient ostentatoires. Si quelque jour vous passez par Rome, montez au Capitole et vous verrez au musée des Conservateurs un buste de Commode attifé en Hercule avec tous les accessoires : la peau de lion, la massue, les pommes d'or. S'insérant, en effet, dans une tradition séculaire qui faisait du fils de Zeus et d'Alcmène l'un des patrons de la Rome éternelle, duquel d'ailleurs plus d'un s'était recommandé, Commode s'était bel et bien fait reconnaître comme « l'Hercule romain » en chair et en os. Il incarnait ainsi le héros, vainqueur par essence dans l'amphithéâtre comme sur les champs de bataille, et à vrai dire dans le monde en son entier. Il était le nouvel Héraclès, et s'il n'hésitait pas à se produire en public dans cette tenue, c'est qu'il se savait de connivence avec le peuple romain. Connivence qu'on a peine à imaginer de nos jours. Dans *Les Divins Césars*, j'ai tenté de montrer la dimension politique que pouvaient avoir les mythes aux temps d'un polythéisme où les concepts de dieu, de divinité, etc., n'étaient pas affectés dans les esprits du même coefficient de transcendance qu'aujourd'hui, après des siècles de monothéisme, ni n'étaient l'objet d'une foi de même nature. Sans même parler ici de l'évolution des mentalités : on ne croit pas aux dieux au temps des rois étrusques comme on y croira au temps de Cicéron, ou de Septime Sévère. Depuis les Julio-Claudiens, au début de notre ère, il était convenu que l'empereur fût tenu pour divin, dès lors qu'une tradition séculaire donnait le pouvoir royal, puis « impérial », comme procédant de l'Olympe, comme le montre d'ailleurs tel bas-relief ou telle peinture. Au reste, à ce mythe, tout le monde trouvait son compte : le prince, qui rencontrait sous lui moins de résistance ; les sujets, qui voyaient là une nécessité à laquelle on ne pouvait se dérober, et qu'il était promouvant d'accepter de bon gré.

Ainsi Commode se voyait-il légitimé dans sa gloire, même si aux yeux de la noblesse romaine elle n'était que gloriole. Passons sur son règne, dont je dirai seulement ici qu'il ne fut en rien glorieux, notamment du point de vue militaire, mais qu'il y en eut de pires. On ne peut tenir Commode pour un tyran, comme d'aucuns pourtant le voyaient. Mais la faculté exceptionnelle qui était la sienne de se mettre à dos le Sénat romain le vouait à périr, comme plus d'un César, d'un complot fomenté par la haute société. Après douze années de règne, Commode mourut donc, non point dans l'arène comme l'imagine Scott, mais occis dans son bain comme un quelconque Marat. Étranglé toutefois… par un gladiateur, homme de main des conjurés. Et là, nous ne sommes pas dans la fiction. Un grand film, qui comme tant d'autres a squatté l'Histoire, mais cette fois de somptueuse façon.

*À propos d'*Alexandre[1]

Mais si, rappelez-vous, en sixième : Alexandre le Grand, 356-323 av. J.-C. Un fils de famille : d'un côté Philippe II, roi de Macédoine, de l'autre Olympias, fille du roi d'Épire. Et donc descendant de Zeus des deux côtés. On lui fait donner des leçons particulières par Aristote. Bonnes études ; avenir garanti.

Et de fait. Son père, déjà, avait mis la main sur toute la Grèce, transformant cette collection de cités-États en un ensemble à sa botte. Lui, il va faire mieux : il va conquérir l'Égypte, la Palestine, la Syrie, la Mésopotamie, l'Afghanistan, allant carrément jusqu'aux Indes. Du jamais vu. Il massacre ce qu'il faut de gens – on ne fait pas d'omelette sans casser des œufs –, mais il sait être généreux avec les perdants, avec Darius notamment, le roi des Perses, comme il convient à un envoyé des dieux.

---

1. *Alexandre*, film d'Oliver Stone, avec Colin Farrell, Angelina Jolie, Val Kilmer (2005).

Au fait, dieu, ne l'est-il pas lui-même ? À l'époque, c'est le mieux, si l'on veut être obéi, tant de ses conquêtes que de ses propres troupes. Bref, le voilà maître d'un fameux empire. Mais sur le retour, il attrape un microbe – paludisme ? typhoïde ? –, et il décède à Babylone à l'âge de trente-trois ans. Comme il sied à un héros de légende : vous voyez Alexandre le Grand devenu gâteux ? Le mythe en prendrait un coup. Bref, en deux heures et cinquante minutes, on repasse la plus époustouflante des pages d'histoire.

D'histoire, me dites-vous ? Oui, d'histoire. Vous pensez bien que de ma planque je guettais la faute. Vous savez, le méchant anachronisme, du genre Jules César se promenant devant le Colisée. Ou la belle bourde dans le décor, le bec de gaz oublié, ou l'antenne de télé. Là, rien, mais alors rien à dire. Ils ont tout respecté, tout : Arrien, Diodore, Quinte-Curce, Plutarque. Même Aristote qui fait ses cours en marchant de long en large, ce qui a valu à ses élèves le nom de « péripatéticiens ». Historiquement correct, je vous dis. Archéologiquement aussi. Alexandre est équipé comme les Romains l'ont dessiné cent ans plus tard sur une belle mosaïque pompéienne visible au musée de Naples. De même pour les décors naturels : le Maroc, la Thaïlande ont fourni les paysages, avec ce qu'il fallait de sable et de soleil, de fleuves aussi, et de végétation appropriée. Frustré, j'étais, moi qui ai tant de fois pouffé dans le noir.

Mais, bon, pour une fois qu'un film historique respecte l'histoire…

Cela dit, on ne quitte pas comme cela notre XXIe siècle, vous pensez bien. Trop lancinantes sont nos modernes hantises pour ne pas se projeter sur une si belle aventure. Ni sur ceux qui l'ont vécue, dont les bouquins ne nous donnent que l'idée. Là, c'est du concret. Papa Philippe (Val Kilmer), la brute borgne, éthylique et machiste. Maman Olympias (Angelina Jolie), le type même de la dame – disons : mal comblée –, et avec cela possessive, qui mitonne à son Alexandre de fils un de ces œdipes… Alexandre, justement, incarné par Colin Farrell : il marine dans l'ambition paranoïaque, divine il est vrai, et mijote dans la confusion des sentiments et des tropismes. Qui encore ? Roxane, bien sûr, sa jeune femme (Rosario Dawson), qui amorce une longue marche vers un féminisme qui n'est pas au bout de ses peines. Les amours, les amitiés ferventes et les haines qui le sont tout autant, les jalousies qui vont de soi, tout cela va bon train entre deux batailles avec ou sans éléphants, quelques séditions réprimées vite et bien, une agonie ou deux, et des règlements de comptes entre faux jetons déçus. Les choses de la vie.

Autant vous prévenir : on ne fait pas dans la nuance. Vous aurez du bruit et de la fureur, du sang et des larmes. À discrétion : on n'a lésiné ni sur le vin ni sur l'hémoglobine. Les grandes passions, les empoignades, les troussées sauvages, tout cela trahit la nostalgie du zoo perdu. Et le bruit, par tous les dieux, le bruit ! La canonnade de 14-18, si bien restituée dans *Un long dimanche de fiançailles*, n'est que doux murmure. Mon fauteuil en tremblait, et, une fois rentré, j'ai avalé une aspirine. Curieux : je ne savais pas que le seuil de perception eût baissé à ce point chez nos contemporains.

Et après Alexandre, me direz-vous ? Cela, le film ne vous le dira pas. En fait, la Macédoine s'éveillera tôt de cette mondialisation avant la lettre. Faute de structures adéquates, faute surtout d'un idéal commun, tout cela se défera une fois Alexandre monté aux cieux. Cela dit, l'idée restera, que les Romains, plus tard, reprendront de façon plus réaliste. Toujours est-il que, côté grec, c'en était fini des petites républiques à l'échelle humaine. Pour Aristote, l'idéal était qu'on puisse en embrasser du regard le territoire. Sur ce point, il aurait pu coller un zéro à l'élève Alexandre ! Fini le temps où tout citoyen pouvait défendre son point de vue devant l'Assemblée. Désormais, les grandes décisions se prendront ailleurs, loin. Sur place, on décidera de la voirie, ou de l'implantation d'une pissotière. Restera la nostalgie de la cité perdue. On l'investira ailleurs, autrement. Jusque-là, on pensait : « nous autres ». Voilà qu'on se mettait à penser : « moi, je ». Une pensée s'affirmait, bonne à mûrir, bonne à répandre. Les temps hellénistiques avaient commencé. Alexandre ne serait pas venu pour rien. Et il n'est pas si mal qu'un film nous le rappelle.

*À propos d'*Agora[1]

Un grand film d'Alejandro Amenabar, que je ne pouvais manquer : un péplum, et qui évoque Hypatie, la vierge martyre… Agora ? Un mot grec que les Romains traduisaient par « forum » : la place publique, où tout le monde rencontre tout le monde. Dans la Grèce de Périclès, c'était là qu'on se réunissait entre citoyens pour discuter, disputer plutôt, de politique, et voter les lois de la Cité, qui alors était un État.

Ici, nous sommes en ce printemps de 415 dans le centre-ville d'Alexandrie, fondée sept siècles plus tôt par Alexandre le Grand. Alexandrie, la métropole de l'Égypte romaine, sa haute réputation intellectuelle, ses émeutes raciales, politiques, religieuses… Ces jours-là, c'est entre chrétiens, désormais majoritaires, juifs et païens qu'on s'y bouscule. Et c'est dans une ambiance où tout le monde observe tout le monde que va se

1. *Agora*, film d'Alejandro Amenabar, avec Rachel Weisz, Max Minghella, Oscar Isaac, Michael Lonsdale (2010).

décider le sort d'Hypatie. Un drame barbare autant qu'absurde, sous couvert de religion.

Hypatie, une jeune femme fort savante comme il n'y en avait guère en ces temps. Elle a succédé à Théon, son célèbre père. Elle enseigne donc, non pas à la bibliothèque d'Alexandrie, qui a flambé au temps de Jules César, mais au Muséum. Disons qu'elle y tient un séminaire de recherche en sciences : mathématiques, géométrie, astronomie, mais aussi philosophie. Toutes choses qui lui valent, certes, grande réputation dans l'intelligentsia alexandrine. Entre autres V.I.P., on y voit Oreste, le préfet augustal, autrement dit le représentant de l'autorité impériale. Un chrétien, bien sûr. Toutefois, enseigner, nous le verrons, ne va pas sans risques.

Mais Hypatie ne manque ni de caractère, ni de charme, et la belle Rachel Weisz en rend joliment la personnalité. Hypatie est simplement vêtue, comme le voulaient les philosophes cyniques. Elle parle vrai ; on la sait vertueuse, soucieuse même de sa virginité. C'est ainsi qu'agacée par les avances, les convoitises plutôt, d'un élève, elle entend bien le décourager. Elle lui met sous le nez une pièce de lingerie dont les dames font usage quelques jours dans le mois : « C'est de cela que tu as tant envie ? Cela n'a rien de beau ! » Un comportement à la Diogène de Sinope. Rappelez-vous : Alexandre lui demandant ce qu'il pouvait faire en sa faveur, il lui avait répondu : « Que tu t'ôtes de mon soleil ! » À la Socrate aussi, dans le *Banquet*, où Diotime lui expose comment on s'élève de la beauté d'un corps jusqu'à « ce qui est beau par soi seul », le Bien en soi, autrement dit l'Un. Le soupirant congédié aura-t-il compris ? Allez savoir… Mais l'initiative d'Hypatie n'a pas échappé, on s'en doute, à l'auteur du scénario.

Cela étant, du simple fait d'enseigner la philosophie des temps païens – Platon, Aristote, Plotin… –, Hypatie, disions-nous, prenait un risque. Et d'autant plus sérieux qu'on la savait païenne. La pensée grecque n'en avait d'ailleurs plus pour longtemps dans l'Empire. Depuis Constantin – presque un siècle déjà –, la politique impériale avait fait main basse sur « le Royaume de Dieu », bien que Jésus ait précisé que ce royaume-là n'était pas de ce monde. De son côté, l'Église avait su tirer parti de cette nouvelle situation, allant jusqu'à prétendre, avec le temps, détenir l'autorité suprême au nom de la primauté du spirituel sur le temporel. Dans cette perspective, « la vraie philosophie, c'est la vraie religion », pour le dire comme Augustin. Du coup, le « philosophiquement correct » devait s'inscrire dans les strictes limites de la Révélation. L'Écriture n'avait-elle pas défini une fois pour toutes ce qu'il fallait savoir, penser et dire ? La foi détenait donc sur toutes choses le premier et le dernier mot.

Précisons qu'à l'époque où Hypatie enseignait, les décrets de l'empereur Théodose avaient prohibé, et sous peine de mort, les cultes païens. Si longtemps persécutés, les chrétiens étaient devenus persécuteurs. On devine que ce petit centre d'études tenu par une femme qu'on savait païenne, et qui avec cela vivait en bonne intelligence avec les élites chrétiennes, ne pouvait guère sourire aux « intégristes » de ces temps-là. Et voilà qui ne plaisait pas du tout au patriarche Cyrille. Ce personnage se prévalait de ses fonctions ecclésiastiques pour estimer que c'était bien à lui que revenait l'autorité suprême. Tout le contraire de ce que pensait Oreste, le préfet, pour chrétien qu'il fût : la primauté revenait au pouvoir impérial qu'il représentait. Il ne ratait d'ailleurs aucune occasion de contrecarrer les empiètements du patriarche sur ce qui relevait de son autorité, et au besoin par la force. Un conflit d'intérêts temporels, donc, plus que spirituels. Ce qui entraînait troubles et bagarres entre communautés dans une métropole qui de tradition n'y était que trop portée.

C'est dans cette ambiance qu'à la suite d'une obscure histoire entre juifs et chrétiens, Hypatie fut soupçonnée d'avoir soutenu le préfet dans sa volonté d'indépendance par rapport au patriarche. Des chrétiens fanatiques avaient alors agressé Oreste, et c'est de justesse qu'il s'en était tiré. Peu après, rentrant un soir chez elle, Hypatie fut tirée de sa litière par un commando de moines, traînée jusqu'à l'église du Caesareum, dénudée, lapidée et finalement dépecée par ces « fous de Dieu » – ou ces tarés – qui brûlèrent ce qui restait de son corps. Hypatie, vierge et martyre, avait été moins bien traitée par les chrétiens que la femme adultère des Évangiles par Jésus.

Nul n'a jamais bien su quelle part de responsabilité avait le patriarche Cyrille – pardon : saint Cyrille – dans ce crime collectif. Je serais tenté, faute d'en savoir plus, de me ranger à l'avis du regretté Christian Lacombrade, le plus sûr connaisseur du dossier. Laissons, dit-il, le patriarche « bénéficier d'un non-lieu au tribunal de l'Histoire ». En revanche, il est réconfortant de rappeler qu'Hypatie avait compté, parmi ses étudiants, Synésios de Cyrène. Proclamé prêtre, comme cela se faisait alors, et sans trop l'avoir souhaité – rappelons-nous Augustin –, Synésios avait assuré que désormais, « dans le privé, il serait *philosophos*, et en public *philomuthos* ». Croire aux mystères chrétiens n'était donc pas, pour lui, renoncer à la philosophie. Voilà qui montre bien qu'au séminaire d'Hypatie, on apprenait à distinguer les différents plans de vérité. Toujours est-il que devenu évêque de Ptolémaïs, Synésios garda jusqu'à la fin de sa vie une émouvante fidélité à celle qu'il regardait comme son maître en philosophie.

Une sombre affaire, dont le film d'Amenabar ne pouvait évidemment suivre d'aussi près les méandres. Il n'est déjà pas exempt de quelques longueurs quant aux mouvements de foules, méticuleusement tournés ; on pense parfois à Eisenstein. De beaux décors, plus fidèles que ceux de tant de films « historiques » où les anachronismes déchaînent le fou rire des initiés. Mais gageons qu'Amenabar, qui déjà avec *Mar adentro*, ce film sur l'euthanasie, avait suscité à Madrid des réactions hostiles, ne se sera point concilié avec *Agora* les catholiques traditionalistes comme, me dit-on, il s'en trouve encore.

SOURCES

Je remercie chaleureusement Stéphane Barsacq, de qui est venu le projet de publier ces articles jadis recueillis par revues et magazines, tant en France qu'en d'autres pays, ce qui entraîna pour lui un fort lourd travail.

L. J.

« Mythes et raison, duel ou duo ? », *Le Nouvel Observateur*, janvier-février 2011.

« Platon, la carrière d'un philosphe », *L'Histoire*, nº 147, septembre 1991.

« Faut-il réhabiliter les sophistes ? », *L'Histoire*, nº 115, octobre 1988.

« Plotin et la figure de ce monde », *Revue de métaphysique et de morale*, nº 2, avril-juin 1971.

« Les vrais-faux : Platon, Denys, etc. », *Historia*, février 2004.

« Que devons-nous à Rome ? », *La Nouvelle Revue d'histoire*, nº 1, juillet-août 2002.

« *Roma æterna* », *La Nouvelle Revue d'histoire*, n° 15, novembre-décembre 2004.

« Sénèque au cœur du siècle », *Rome Ier siècle ap. J.-C.*, Autrement, coll. « Mémoires », 1996.

« Éduquer et instruire à Rome », *La Nouvelle Revue d'histoire*, n° 26, septembre-octobre 2006.

« Psychopathes et médecins au temps des Césars », *La Nouvelle Revue d'histoire*, n° 49, juillet-août 2010.

« Policiers et barbouzes sous les Césars », *L'Histoire*, n° 71, octobre 1984.

« Constantin sans péplum », *La Nouvelle Revue d'histoire*, n° 29, mars-avril 2007.

« Religion romaine et religion chrétienne », *La Nouvelle Revue d'histoire*, n° 28, janvier-février 2007.

« Saint Augustin à l'école de Plotin », *Le Point*, Hors-série n° 3, juillet-août 2005.

« Saint Augustin, la conscience mise à nu », *Le Magazine littéraire*, Hors-série n° 11, mars-avril 2007.

« Les mythes et l'image de la destinée d'Homère à saint Augustin », *Tuché kai ananké*, Académie d'Athènes, Centre de recherche sur la philosophie grecque, Athènes, 2005.

« Saint Augustin et la diffusion de la pensée grecque », *Cahiers de la villa Kérylos*, n° 16, J. Leclant et M. Zink éd., 2005.

« Le secret des gnostiques », *L'Histoire*, n° 95, décembre 1986.

« Arius sème la zizanie pour deux siècles », *Historia*, n° 82, mars-avril 2003.

« Donat et les circoncellions », *Historia*, n° 82, mars-avril 2003.

« Pélage ou l'attrait des insolubles », *Historia*, n° 82, mars-avril 2003.

« Entre la solitude et la banalité », *Revue de métaphysique et de morale*, n° 3, juillet-août 1962.

« Le thème de l'*ipseitas moritura* dans l'œuvre de Vladimir Jankélévitch », *Présence de Vladimir Jankélévitch. Le charme et l'occasion*, Beauchesne, 2010.

« Vladimir Jankélévitch, l'absolu entrevu », *Philosophie Magazine*, n° 50, juin 2011.

« Petits meurtres entre moines. Au sujet d'Umberto Eco », *Historia*, n° 82, mars-avril 2003.

« Goudji, l'or et les pierres », *Goudji, des mains d'or et de feu*, éd. Thalia, 2011.

« La belle espérance », *Le Point – Références*, mai-juin 2010.

« D'un espace-temps à tous les autres », *Atala*, n° 6, 2003.

« Du politiquement correct », *Géopolitique*, n° 89, janvier-février 2005.

« Dis-moi qui tu adores », *Lettres ouvertes*, 19, 2003.

« À propos d'*Alexandre* », *Le Nouvel Observateur*, 6-12 janvier 2005.

Note de l'éditeur

La collaboration étroite entre Lucien Jerphagnon et les Éditions Albin Michel a été engagée en 2009. Deux livres ont déjà vu le jour : *La… sottise (Vingt-huit siècles qu'on en parle)* et *De l'amour, de la mort, de Dieu et autres bagatelles*, un livre d'entretiens avec Christiane Rancé que Lucien Jerphagnon a menés, pendant plusieurs mois, en vue d'une publication, à partir de textes qu'il a pris soin de rédiger sur la base de leurs conversations. En parallèle, d'autres projets avaient été conçus. Ce nouveau livre, *Connais-toi toi-même*, qui réunit quelques uns de ses textes étalés sur plusieurs décennies, a été voulu par Lucien Jerphagnon : il en a suivi l'élaboration de près, dès 2009, puis en a lu les premières épreuves qu'il a corrigées de sa main. Le hasard a voulu qu'il ait remis ses ultimes corrections le 22 août 2011, le jour même où il recevait de l'imprimerie *De l'amour, de la mort, de Dieu et autres bagatelles*. Humaniste, homme de rigueur et d'espoir, Lucien Jerphagnon savait qu'il ne verrait pas de son vivant *Connais-toi toi-même* ; il y a pourtant travaillé jusqu'au bout, avant de nous quitter le 16 septembre 2011, pour retrouver – comme il nous l'avait écrit dans une de ses dernières lettres –, « l'Olympe, en compagnie des dieux, si j'en crois Socrate ».

Les Éditions Albin Michel remercient tout spécialement Thérèse Jerphagnon pour sa présence à leurs côtés, et de son aide continue pour la diffusion de l'œuvre et de la pensée de son mari.

Table

DU MÊME AUTEUR

Aux Éditions Albin Michel

LA... SOTTISE ? (VINGT-HUIT SIÈCLES QU'ON EN PARLE), 2010.

DE L'AMOUR, DE LA MORT, DE DIEU ET AUTRES BAGATELLES (entretiens avec Christiane Rancé), 2011.

Chez d'autres éditeurs

LE CARACTÈRE DE PASCAL, PUF, 1962.

DE LA BANALITÉ. ESSAI SUR L'IPSÉITÉ ET SA DURÉE VÉCUE, Vrin, coll. « Problèmes et controverses », 1966 ; 2e éd. 2005.

INTRODUCTION À LA PHILOSOPHIE GÉNÉRALE, SEDES-CDU, 1969.

DICTIONNAIRES DES GRANDES PHILOSOPHIES, sous la dir. de Lucien Jerphagnon, Privat, 3e éd. 1989.

VIVRE ET PHILOSOPHER SOUS LES CÉSARS, Privat, ouvrage couronné par l'Académie française, 1980.

VIVRE ET PHILOSOPHER SOUS L'EMPIRE CHRÉTIEN, Privat, 1983.

JULIEN, DIT L'APOSTAT, Seuil, 1986 ; 3e éd. Tallandier, 2010.

HISTOIRE DE LA ROME ANTIQUE, 4e éd. Tallandier, 2010.

DU BANAL AU MERVEILLEUX, Mélanges offerts, les Cahiers de Fontenay, 55-57, 1989.

HISTOIRE DE LA PENSÉE, « D'Homère à Jeanne d'Arc », Tallandier, ouvrage couronné par l'Académie des sciences morales et politiques, 4e éd. 2011.

LES DIVINS CÉSARS. IDÉOLOGIE ET POUVOIR DANS LA ROME IMPÉRIALE, Tallandier, 2e éd. 2004 ; Hachette littératures, 2009.

ŒUVRES, de saint Augustin, sous la direction de Lucien Jerphagnon, Gallimard, « Bibliothèque de la Pléiade », 3 vol., ouvrage couronné par l'Académie française, 1998-2002.

SAINT AUGUSTIN. LE PÉDAGOGUE DE DIEU, Gallimard, coll. « Découvertes », 2e éd. 2007.

LES DIEUX NE SONT JAMAIS LOIN, Desclée de Brouwer, 2e éd. 2006.

LE PETIT LIVRE DES CITATIONS LATINES, Tallandier, 2004.

AUGUSTIN ET LA SAGESSE, Desclée de Brouwer, 2006.

AU BONHEUR DES SAGES, Hachette Littératures, 2007.

LA LOUVE ET L'AGNEAU, Desclée de Brouwer, 2007.

LAUDATOR TEMPORIS ACTI, C'ÉTAIT MIEUX AVANT, Tallandier, 2007.

ENTREVOIR ET VOULOIR : VLADIMIR JANKÉLÉVITCH, La Transparence, 2008.

LA TENTATION DU CHRISTIANISME, avec Luc Ferry, Grasset, 2009.

Composition : IGS-CP
Impression : Imprimerie Floch, février 2012
Éditions Albin Michel
22, rue Huyghens, 75014 Paris
www.albin-michel.fr
ISBN : 978-2-226-24011-8
N° d'édition : 19776/02 – N° d'impression : 81705
Dépôt légal : février 2012
Imprimé en France.